国家铁路局规划教材
职业教育·铁道运输类专业教材



Pusu Tielu Xingche Jishu Guanli

# 普速铁路行车技术管理

李一龙　主　编
冯双洲　徐　伟　田长海　主　审

人民交通出版社股份有限公司
北　京

## 内 容 提 要

本书为国家铁路局规划教材、职业教育铁道运输类专业教材，经铁路行业专家审定。全书系统地介绍了普速铁路行车技术管理的基础知识、基本理论和基本方法。其主要内容包括：普速铁路设备设施、行车组织基础、编组列车、调车工作、行车闭塞、列车运行、调度指挥、施工维修，共8个项目39项工作任务。

本书为职业院校铁道运输类专业教材，也可作为铁路运输企业员工培训教材，并可供铁路运输管理人员、专业技术人员参考使用。

**本书配有教学课件，读者可通过加入"职教铁路教学研讨群"（教师专用QQ群号：211163250）免费获取。**

**图书在版编目（CIP）数据**

普速铁路行车技术管理/李一龙主编. —北京：人民交通出版社股份有限公司，2020.9

ISBN 978-7-114-16814-7

Ⅰ.①普… Ⅱ.①李… Ⅲ.①铁路行车—技术管理—教材 Ⅳ.①U292

中国版本图书馆CIP数据核字（2020）第161707号

国家铁路局规划教材
职业教育·铁道运输类专业教材

**书　　名**：普速铁路行车技术管理
**著 作 者**：李一龙
**责任编辑**：袁　方
**责任校对**：刘　芹
**责任印制**：刘高彤
**出版发行**：人民交通出版社股份有限公司
**地　　址**：（100011）北京市朝阳区安定门外外馆斜街3号
**网　　址**：http://www.ccpcl.com.cn
**销售电话**：（010）59757973
**总 经 销**：人民交通出版社股份有限公司发行部
**经　　销**：各地新华书店
**印　　刷**：北京科印技术咨询服务有限公司数码印刷分部
**开　　本**：787×1092　1/16
**印　　张**：14.5
**字　　数**：344千
**版　　次**：2020年9月　第1版
**印　　次**：2024年1月　第3次印刷
**书　　号**：ISBN 978-7-114-16814-7
**定　　价**：45.00元
（有印刷、装订质量问题的图书，由本公司负责调换）

# 前言 Preface

铁路是国民经济大动脉、国家重要基础设施和大众化交通工具，是综合交通运输体系的骨干、重要的民生工程和资源节约型、环境友好型运输方式，在我国经济社会发展中的地位至关重要。铁路运输具有高度集中的特点，各工作环节须紧密联系、协同配合。为确保铁路安全正点、方便快捷、高速高效，必须依法依规加强铁路技术管理。铁路法律体系一般分为三个层次：一是由国家的专门立法机关制定的法律，如全国人大颁布的《中华人民共和国铁路法》等；二是由国家的最高行政机关制定的行政法规，如国务院颁布的《铁路安全管理条例》等；三是由国务院铁路主管部门发布的规章。依法就是严格遵守法律、法规和规章，依规就是要执行铁路运输相关国家标准、行业标准和技术规范（技术管理的规范性文件）。铁路局集团公司应根据有关法律、法规、规章和技术标准等规定，建立企业规章制度体系，不断提升铁路技术管理水平。

铁路技术规章是铁路技术设备完成施工和制造并且交付运营后，涉及行车组织和信号显示及技术设备运用、管理、维修等方面规章制度的统称。铁路行车技术规章（简称铁路行车规章）是指铁路技术规章中涉及行车组织的有关内容，是铁路技术规章的重要组成部分，是铁路运输企业安全、正点、优质、高效完成运输任务，组织运输生产活动，约束经营行为的规范和准则。在铁路运输生产过程中，科学规范制定行车规章，正确合理管理行车规章，全面有效实施行车规章，是铁路运输企业行车技术管理的主要任务之一。同时，铁路行车规章也是铁路实施安全基础建设的重要内容，是规范安全生产和组织运输生产活动的基本依据和行为准则，铁路运输企业必须在实践中不断总结、不断完善，形成科学严密、统一规范、动态优化、具体可行的技术规章体系。

本教材由国家铁路局统一规划，根据教育部制定的铁道运输类专业教学标准编写。教材对传统教学内容进行重构，以任务驱动的模式编写，突出实践技能，根据职业要求组织教学内容，体现工学结合。本教材在编写中，坚持以国家有关法律法规、铁路现行规章制度、作业标准为依据，突出了规章及作业标准介绍，力求在强化岗位操作技能训练的同时，加强对规章的理解和作业标准的训练。通过学习，可使读者全面系统地了解和掌握普速铁路行车技术管理的基础知识、基本理论和基本方法。

本教材共分为 8 个项目 39 项工作任务。项目 1 技术设备，主要介绍铁路技术设备运用与管理、养护维修及检查、行车安全设备、铁路基本建设以及铁路信号等 5 个工作任务；项目 2 行车组织基础，主要介绍铁路行车组织认知、车站技术管理、货物列车编组计划和列车运行图等 4 个工作任务；项目 3 编组列车，主要介绍编组列车认知、货物列车中车辆的编挂、旅客列车中车辆的编挂、列车尾部安全防护装置的使用、列车中机车的编挂及单机挂车、列车制动限速及其编组要求以及列车中车辆连挂、检查及修理等7个工作任务；项目4调车工作，主要介绍调车工作认知、调车作业计划及准备、调车工作制度、调车作业以及机车车辆停留等5个工作任务；项目5行车闭塞，主要介绍行车闭塞法认知、自动闭塞、自动站间闭塞、半自动闭塞、电话闭塞以及一切电话中断时的行车等6个工作任务；项目6列车运行，主要介绍列车运行认知、接发列车、列车区间运行以及救援列车开行等4个工作任务；项目7调度指挥，主要介绍运输调度机构、调度工作计划、调度命令、调度指挥方法等4个工作任务；项目8施工维修，主要介绍施工维修认知、施工维修防护、轻型车辆及小车的使用和固定行车设备检修及故障处理等4个工作任务。

本教材由湖南铁路科技职业技术学院李一龙主编，国家铁路局科技与法制司冯双洲、中国国家铁路集团有限公司（简称国铁集团）运输部徐伟、中国铁道科学研究院集团有限公司研发中心田长海主审。具体编写工作分工如下：国家铁路局科技与法制司刘晓冬编写项目1（任务1、2、3、4），北京全路通信信号研究设计院集团有限公司程光红编写项目1（任务5），广州铁路监督管理局夏滨编写项目2，武汉铁路监督管理局王贻有编写项目3，广州铁路监督管理局石东编写项目4，武汉铁路监督管理局刘剑锐编写项目5（任务1、2、3），兰州铁路监督管理局王世恒编写项目5（任务4、5、6），湖南铁路科技职业技术学院李一龙编写项目6、项目7，国家铁路局市场监测评价中心杨晓明编写项目8。本书的出版，得到了国家铁路局、国铁集团、中国铁路广州局集团有限公司（简称广州铁路局集团公司）等单位的帮助，以及人民交通出版社股份有限公司的大力支持，在此一并表示衷心的感谢。

由于时间仓促，编者水平有限，书中难免有疏漏之处，恳请读者批评指正。

**编　者**

**2020年6月**

# 目录 Contents

# 项目1　技术设备

## 项目内容

本项目主要介绍技术设备的运用与管理、养护维修及检查、行车安全设备、铁路基本建设、铁路信号等。

## 教学目标

**1. 能力目标**

了解铁路技术设备用、管、修的基本要求。

**2. 知识目标**

了解铁路技术设备运用、管理及维修的基本规定，了解铁路基本建设流程，铁路行车安全设备及铁路信号设备的基础知识。

**3. 素质目标**

培养安全生产意识，树立设备保安全的思想。

## 任务1　运用与管理

铁路是一个复杂庞大的系统，涉及的专业多，技术全面，产品种类多、范围广。为确保整个系统协调运转，其技术设备必须实行标准化、系列化、模块化和信息化。

标准化是指各项技术设备应有统一的规格和技术标准；系列化是指同类技术设备应根据使用要求，将其主要参数和性能指标按一定的规律排列起来，形成多级型号；模块化是指各项技术设备要尽量向模块组装结构发展，以便于实行换件修，从而简化维修作业，减少维修工作量，延长设备整体使用寿命；信息化是指应用于铁路调度指挥、客货营销和运营管理的技术设备，都要采用计算机、网络传输技术，以实现铁路运输管理的现代化。

### 一、新技术设备管理和运用

新设备在管理、使用和养护、维修上都有新的技术要求，如违反或不认真执行这些要求，不仅可能损坏设备，甚至危及行车及人身安全。因此，在新设备使用前，有关单位必须根据施工部门和设备供应商提供的操作规程、竣工图纸等技术文件，制定保证安全生产的作业办法、设备养护维修办法和管理细则，供有关人员学习、执行。新设备正式使用前应进行技术测验，测验合格方可使用；设备使用和检修人员应进行技术培训，熟悉新设备性能和操作程序以及养护维修、排除故障等办法后，方可担任操作和检修工作。

铁路机车车辆、线路、桥隧、通信、信号、牵引供电、电力、信息、安全、给水、房建等技术设备，直接关系铁路运输安全，应全面管理和及时掌握其技术状态，因此，均须有完整和正确反映其技术状态的文件及技术履历等有关资料。建立技术履历的目的是掌握技术设备的来历、历次检修情况和技术状态的变化过程，以便查询、使用和管理。

设备技术履历等技术资料是设备使用、维修、改造以及临时抢修的主要依据，有关部门或单位应指定专人妥善保管，并根据设备的技术状态、检修情况，及时、正确地填写和修订。

房建设备是旅客购票、候车、乘降、进出站的场所，也是铁路作业人员工作的场所，须有反映其技术状态的完整和正确的文件及技术履历等有关资料。

铁路机车车辆、线路、通信、信号、牵引供电等技术设备，属于行政许可管理目录内的，应当按《铁路安全管理条例》等法规、规章规定，办理相应的行政许可手续。

## 二、机车车辆设备管理和运用

为便于运用和管理，机车车辆等移动技术设备应在明显的部位标明其所属单位、类型及编号等标记。

机车应有识别的标记：配属单位名称或者简称、车型、车号、最高运行速度、制造厂名及日期。在机车主要部件上应有铭牌，在监督器上应有检验标记。电气化区段运行的机车应有“电化区段严禁攀登”的标识。内燃机车燃料箱上应标明燃料油装载量。

车辆应有识别的标记：车型、车号、制造厂名及日期、定期修理的日期及处所、自重、载重、容积、换长等；车辆应有车号自动识别标签；客车及固定配属的货车上应有所属单位的名称或者简称；客车还应有车种、定员、最高运行速度标记；罐车还应有容量计表标记；电气化区段运行的客车、机械冷藏车等应有“电化区段严禁攀登”的标识。

动车组应有识别的标记：配属单位名称或者简称、车型、车号、定员、自重、载重、全长、最高运行速度、制造厂名和日期、定期修理日期、修程和处所。动车组应有“电化区段严禁攀登”的标识。

给水工程的地下管道，通信、信号和电力工程的地下电缆，无管沟等隐蔽设备，因其线路走向不易识别，均应在地面设置标志，以便检查时易于查找。路基的盲沟、渗水沟和暗检查井等工务部门隐蔽建(构)筑物及设备，亦应在其出口处，面向线路设置标志。

国家铁路机车、客车、动车组等主要移动设备实行集中统一管理，为合理使用和有计划更新，对其报废、调拨及重大改变等，均须经中国国家铁路集团有限公司(简称“国铁集团”)批准。

国家铁路机车车辆报废时，须按机车车辆报废相关管理办法规定的程序和手续办理。报废前，须经过技术鉴定，报国铁集团批准。

国家铁路机车、客车、动车组均配属于各铁路局集团公司，局与局间进行调拨时须经国铁集团批准。调拨时，应由接收单位派人去调出单位办理固定资产(包括技术文件)交接手续。

国家铁路机车、客车、动车组主要设备的重大改变，须经国铁集团批准。重大改变是指机车车辆的重要结构和主要部件设计发生变化，改变了机车车辆的主要性能，不仅仅是结构的改变,包括在机车车辆上加装装置,增加或完善机车车辆的功能等。重大改变后变更机车车辆型号的,不属此范围的,应按《铁路安全管理条例》规定,申请型号合格证。

国家铁路的货车一般是在国家铁路范围内流转,统一使用,因此,通用货车的管理规定与机车、客车、动车组不同,无固定配属,由国铁集团统一管理。

# 任务2 养护维修及检查

## 一、技术设备养护维修

加强技术设备的养护维修工作,是提高设备质量、发挥设备潜力和延长其使用年限的主要措施,对保证行车安全具有重要意义。

(1)技术设备的养护维修工作,应实现机械化、自动化、专业化、信息化,落实责任制和检验制,坚持以预防为主、检修与保养并重、预防与整治相结合的原则,合理确定检修项目和检修周期,组织定期检查,加强日常维修,提高设备质量。基础设施实行天窗修制度,推行预防性计划修、专业化集中修制度。

(2)为保证不间断地组织列车运行和调车工作,铁路各种技术设备,应经常保持良好完整状态。各种技术设备由于长期不间断地使用和季节变化等多种因素的影响,会引起部件磨耗和技术质量的降低,因此,必须根据设备在使用期间的变化规律及季节性等特点,正确及时安排检查和修理。检修单位应严格执行有关技术标准,确保技术设备的检修质量。经过检修的技术设备,须按规定进行检验合格后,方准交付使用。

(3)为保证各种技术设备的良好状态,满足其检修的需要,铁路检修基地应合理布局,在适当地点建立各种技术设备的修理工厂和日常检修的机务段、机车检修段、车辆段、动车段(所)、工务(桥工)段、工务机械段或大型养路机械运用检修段、工务大修段、电务段、通信段、供电段、房建段等。

各检修基地应根据需要,设置必要的检修、试验设备,配备各种检查车(如钢轨探伤车、轨道检查车、限界检查车等)、试验车(如电务试验车等)和各种运输工具,必要时还应建立生产辅助车间和生产房屋等。为保证及时完成各项设备的检修任务,缩短检修时间,各检修基地均应储备定量的重要部件、器材及其零部件,以备急需和替换使用,动用后应及时补齐。

为加强对各种机械设备的养护维修工作,应根据其性能和运转特点,明确规定其检修、保养范围及安全操作规程。有关人员应严格遵守安全操作规程,正确使用机械;爱护设备,勤清扫、勤检查、勤给油,精心保养;并应按照规定的检修范围及作业程序,细心检修,保持机械设备状态良好。

## 二、技术设备检查

为了保证铁路运输安全,铁路技术设备除由直接负责维修及管理的部门经常检查和周期维修外,铁路局集团公司还应组织有关人员进行定期全面检查和专项检查。

检查时应高标准、严要求,发现的问题应及时解决;对危及行车安全的必须立即采取措施,防止事故发生。检查中不能立即解决的,要安排计划,限期完成,并要进行复查;需要上级解决的,要按程序上报。

在进行定期全面检查和专项检查时,需要检查的内容很多,固定行车设备的检查结果在"行车设备检查登记簿"内登记,包括利用移动设备对固定行车设备的检查结果。

铁路局集团公司有关专业管理部门组织专项检查的内容如下:

(1)普速铁路对重要线路的平面及纵断面复测、限界检查,每五年不少于一次;技术复杂及重要的桥梁、隧道检定,其他线路的平面及纵断面复测、限界检查,每十年不少于一次;对其他桥梁、隧道检定,应根据实际需要进行。对驼峰及调车场线路溜放纵断面复测,每五年不少于一次。高速铁路对线路的平面及纵断面复测、限界检查,每五年不少于一次;技术复杂及重要的桥梁、隧道检定,每十年不少于一次。

(2)登乘机车、动车组列车或其他旅客列车尾部对线路全面检查,每月不少于一次。

(3)场强覆盖每季度检查一次。

(4)普速铁路对干线地面信号、机车信号、轨道电路设备和列车无线调度通信设备等的运用状态,每月检查一次;登乘机车检查信号显示距离、机车信号显示状态及列车无线调度通信设备运用质量,每月不少于一次。高速铁路对线路地面信号、机车信号、轨道电路设备、应答器和列车无线调度通信设备等的运用状态,每月检查一次;登乘动车组列车检查车载信号显示状态及列车无线调度通信设备运用质量,每月不少于一次。

(5)对接触网状态,每月检查一次;对接触网设备限界检查,每五年不少于一次;对其他供电设备定期检查。

(6)对为客货运服务的建(构)筑物(包括限界)和生产、办公房屋检查,每年不少于一次;对客运服务设备每年春运前进行一次全面检查。

铁路局集团公司根据需要可加密检查或随时检查。

国铁集团专业技术机构根据线路的年通过总重、线路允许速度,使用专用设备定期对主要线路进行轨道、通信信号、接触网检查和钢轨探伤。

## 三、维修机构设置

### 1. 工务维修机构

线路、桥隧、路基等设备,是列车运行的基础,是铁路的大型技术设备,其状态的好坏,直接关系到铁路行车的安全和运输效率。

工务维修机构包括工务(桥工)段、工务机械段、大型养路机械运用检修段、工务大修段等。为了保持线路、桥隧、路基等设备能够经常处于良好状态,保证设备质量,使列车按照规定的行车速度安全和不间断地运行,延长设备的使用寿命,应设立工务(桥工)段,负责线路、桥隧、路基等设备的计划维修、临时补修和重点病害整治以及巡守工作;设立工务机械段或大型养路机械运用检修段,配置大型养路机械,负责线路、桥隧、路基等设备的大修、综合维修。工务机械段或大型养路机械运用检修段还应承担铁路局集团公司工务部门大型养路机械的检修和维护。

工务段管辖区域的划分,应考虑既有铁路和路网规划的结合。工务段的所在地应考虑位置适中,并且要尽量与机务、车务和电务等站段设在一处,以利于管理顺畅和职工生活便捷。

工务段管辖正线长度，应根据单线或双线，平原或山区，线路、桥隧、路基等设备的多少或繁简情况，以及是否便于管理等具体条件确定。

双线线路的实际长度比单线线路增加一倍，正线管辖长度应适当缩短；山区线路、桥隧、曲线、坡道较多时，质量保持周期较短，养护维修工作量增大，正线管辖长度应比平原地区适当缩短。工务段管辖范围内如有动车段（所）、枢纽或编组站时，因有动车组走行线、联络线、存车线，而且岔线、站线及道岔也较多，增加了养护维修工作量和管理上的困难，因此，应适当缩短管辖正线长度。

铁路局集团公司根据需要和条件，设立供应道砟、砂石的采石场（砂场）和设立专为铁路线路防护和绿化服务的林场。

为了完成各种小型机械的大修、定期巡回检修、协助现场进行定期保养，以及零配件和小型工具的制造任务，工务维修机构应有检修机具的车间、线路和车库，配件修理、辅助加工等厂房，动力、机修、起重、试验等设备以及轻重型轨道车和汽车等运输工具。

工务机械段或大型养路机械运用检修段还应配备大型养路机械及桥隧施工机械、移动检测设备，以便承担线路、桥隧设备的大修、维修任务，还应配有相关大型养路机械的检修车间及与检修修程相适应的检修设备，以及按布局要求的焊轨基地等。

**2. 信号、通信维修机构**

铁路信号设备是指挥列车运行，保证行车安全，提高运输效率，改善行车组织方式，实现行车指挥现代化的关键设施。

铁路通信网是铁路的重要基础设施，是保证铁路运输正常、安全运行的重要工具，是支撑铁路信息化的重要载体。

为保证信号、通信设备的质量，应设电务段、通信段等电务维修机构。电务维修机构必须坚持以运输生产为中心，做好维护管理工作，保证信号、通信设备和系统处于良好运用状态。

电务维修机构是信号、通信设备维护管理的主体，电务段、通信段管辖范围应根据信号、通信设备等条件确定，应建立健全维修组织，强化职能科室和车间管理，加强工区建设，适应维修生产需要。

铁路信号设备是铁路运输安全生产的重要组成部分，直接涉及运输安全，必须做好铁路信号维护工作，保证行车安全。要搞好铁路通信的维护工作，确保铁路通信网全程全网安全、可靠、迅捷、畅通。

电务段、通信段根据维护工作需要和管理区域实际情况可设设备的检修、中修等专业车间，实现信号、通信设备检修专业化、规模化。动车段（所）、机务段内应设列控车载设备、机车信号、列车运行监控装置（LKJ）、轨道车运行控制设备（GYK）及车载无线通信设备等的专业车间，负责检修与测试工作。驼峰调车场应设信号检修车间，负责驼峰调车场车辆减速器等驼峰专用机械设备的修理及中修工作。

**3. 机车车辆维修机构**

（1）机务维修机构

①为适应运输需要，必须保证机车的良好状态，因此，应在机务段或机车检修段等机务

维修机构按有关修程对机车进行检修作业。一般在机务段进行机车年检或中修及以下的修程、整备作业和部分机车的大修修程等，由机车检修段等机务维修机构担当机车六年检、二年检或大修修程。

②机务段的设置应遵循资源优化配置、便于运输组织及提高运输效率等原则，一般设置在客、货列车始发终到较多，车流大量集散的枢纽地区。

③为保证机车在段内停放和整备作业的安全、防止机车溜逸，机车各停留线、整备作业线应保持平坦。因地形限制时允许线路纵断面坡度不超过1‰。

(2)车辆检修机构

为了适应运输需要，必须保证铁路车辆良好的技术状态，因此，需要在车辆段等车辆维修机构对铁路车辆进行定期检修、技术改造、日常维修及整备作业。

车辆段按其业务性质主要分为：客车车辆段、货车车辆段、客货车车辆段等。

客车车辆段(简称客车段)一般应设在旅客列车始发终到较多的地区，并配属有一定数量的客车。

货车车辆段(简称货车段)一般应设在编组站、国境站、枢纽和货车大量集散或大量装卸货物的地区。

客货车车辆段(简称客货混合段)一般设在货车编组作业较多，还有一定数量旅客列车到发的地区。

(3)动车组检修机构

为了适应运输需要，必须保证动车组良好的技术状态，因此，需要在动车段、动车所等维修机构按时对动车组进行定期检修、技术改造、日常维修及整备作业。目前，动车段主要承担动车组高级修(三、四、五级修)，动车所主要承担动车组运用维修(一、二级修)和整备作业。

**4.牵引供电检修机构**

铁路牵引供电设备是保障动车组或电力机车供电和运行，提高运输能力，实现列车安全可靠运行的关键基础设施之一，其状态的好坏直接关系到铁路的安全和效率。

为保证牵引供电设备的质量，应设供电维修机构。供电维修机构必须坚持以运输生产为中心，做好维护管理工作，保证供电设备和系统处于良好运用状态。

供电维修机构包括供电段、车间、工区等，其设置应满足生产力布局和抢修、维修的需要，管辖范围应与抢修、维修能力及运行管理能力相适应。供电维修机构的管辖区域还应考虑与既有铁路和路网规划的匹配，并根据线路状况、地形条件、设备情况以及便于管理等条件确定，其所在地应位置适中，以利管理工作和方便职工生活。管辖范围内如有动车段(所)、枢纽或编组站时，因有动车组走行线、联络线、存车线，增加了养护维修工作量和管理上的困难，应适当缩短管辖正线长度。

供电段应承担段管内的各牵引变电所、分区所、开闭所、自耦变压器所的电气设备及接触网、电力设备等牵引供电设施和供电调度系统的运行管理、维护、检修、试验和事故抢修任务，还应承担对接触网、变电所的检测任务。供电段除应配置必要的各种交通机具外，还应配备必要的抢修车辆、检测设备及车辆。

**5.房建维修机构**

为保证房建设施设备的质量，应根据房建设备责任量、分布情况设置房产建筑段，负责管辖区域内房建设备的大修维修、安全管理、使用监督等工作。房产建筑段应根据设备使用维护手册、维修方案及相关规范要求，配备相应的维修机具、备品备件、运输工具及检修安全保护设施等。房产建筑段应对维修机具、备品备件、运输工具及检修安全保护设施定期进行检查检测。

# 任务3　行车安全设备

## 一、救援设备

根据《铁路交通事故应急救援规则》中“加强铁路交通事故的应急救援工作，最大限度地减少人员伤亡和财产损失，尽快恢复铁路运输秩序”等有关规定，为及时处理行车事故，起复机车车辆，清除线路故障，迅速恢复行车，在国铁集团指定的沿线适当地点设事故救援列车（救援列车是在铁路线路上发生列车脱轨、颠覆和线路水害、塌方等事故时，用以排除线路故障物、起复机车车辆的专用车列）、电线路修复车（电线路修复车是为了修复自然灾害或其他原因造成的信号、通信电线路损坏而装备的有工具、器材的专用车辆，可编入救援列车开往事故现场）、接触网抢修车（接触网检修车是为了修复电气化铁路接触网断线、电杆及铁塔倒伏、瓷瓶破损等情况而特设的专用车），配备应急通信设备，并处于整备待发状态，其工具备品应保持齐全整洁，作用良好。各种维修、救援车辆上配备应急通信设备，如对讲机或其他专用通信设备，保证车上工作人员、现场和铁路局集团公司应急救援中心之间通信通畅，以提高工作效率。

除上述三种救援设备外，为使发生轻微脱轨的机车车辆及时起复，根据运输生产需要，铁路局集团公司应在无救援列车的编组站、区段站和二等以上车站成立事故救援队，配备简易起复设备和工具。

随着铁路通信事业的发展和救援工作的需要，国铁集团、铁路局集团公司应急救援指挥中心建设了应急平台，配备相应的应急指挥设施和通信等设备，确保事故现场的图像、话音及数据在规定的时限内传送至应急救援指挥中心，各种救援、维修车辆上配备应急通信设备，保证救援工作顺利进行。

为防止机车、自轮运转特种设备在线路上无动力停留时溜逸，应使用铁鞋（止轮器）防溜。为使发生轻微脱轨的机车、自轮运转特种设备能及时起复，开通区间或线路，减少救援列车的出动，规定机车、自轮运转特种设备上均应备有复轨器，大型养路机械及轨道车还需配备液压复轨器。有关乘务人员应掌握复轨器的使用方法。

动车组应配备铁鞋（止轮器），以防止无动力停留时溜逸。在应急状态下，为方便动车组上的旅客换乘或疏散，需使用紧急用渡板、应急梯，故需随车配备。使用机车救援动车组时，需使用过渡车钩和专用风管，因此动车组还应配备过渡车钩和专用风管。

《铁路交通事故应急救援规则》规定：“事故应急救援需要出动救援列车时，救援列车应在接到出动命令后30分钟内出动”。为保证迅速出动救援，救援列车停留线，原则上应设在两端接通、便于救援列车出动的段管线（站线）上。其固定停放线路，须与正线或到发线衔接，能够开入区间。救援列车基地应配备生产、生活、培训设施设备。

## 二、电子电气设备的雷电防护及电磁兼容防护

电子电气设备容易受到雷电攻击和电磁干扰，从而影响铁路运输和行车安全，加强对电子电气设备的雷电防护及电磁兼容防护尤为重要。因此，要逐步建立雷电预警系统，提高设备抗御电磁干扰的能力，减少或防止雷电等自然灾害对设备的影响。

(1)铁路信号设备雷电防护应采取综合防护的方法，主要为三个方面：

①改善电磁兼容环境条件，包含屏蔽、等电位设置以及合理布线；

②分区分级设置防雷保安器；

③良好接地措施。

(2)铁路信号设备本身的电磁兼容性应符合《铁道信号电气设备电磁兼容性试验及其限值》(TB/T 3073)的要求。电气化牵引区段，与钢轨连接的信号设备，还应符合牵引电流传导性干扰试验(即不平衡牵引电流抗干扰度试验)的要求。

(3)与室外连接的信号设备，其雷电电磁脉冲的抗扰度应符合《铁道信号设备雷电电磁脉冲防护技术条件》(TB/T 3074)要求。

## 三、行车安全监测设备

随着铁路列车运行速度不断提高、新技术装备大量应用，行车安全监控设备在保证铁路运输安全方面所发挥的作用越来越大。铁路行车安全监测设备是指对铁路运输移动设备、固定设备的运行状态进行实时监测，对设备故障及时报警，并具有数据记录和存取功能的装置。安全监测设备应安装在被监控设备上或其附近，一般不参与设备的直接控制。

(1)机车车辆的车载监测设备，是指安装在机车、客车、货车上，对其本身运行状态和故障进行监测的安全技术设备。例如机车、货车行车安全监测诊断系统、客车轴温报警及运行安全监控系统、列车运行状态信息车载设备、机车车载安全防护系统等车载设备。车载监测设备对机车和车辆出现的故障可通过报警提示司机，不直接对列车运行进行控制。

(2)机车车辆的地面监测设备，是指安装在铁路线路两侧地面上，对机车车辆进行安全监测的技术设备。例如车辆运行品质轨边动态监测系统、车辆轴温智能探测系统、货车故障轨边图像检测系统、车辆滚动轴承故障轨边声学诊断系统、客车运行故障图像检测系统等地面监测设备。地面监测设备应满足铁路限界规定，不得影响行车安全，且便于维修养护。

(3)轨道、通信、信号、牵引供电、电力、电力贯通(自闭)线等固定设备的移动检测设备，是指利用安装在移动设备上的装置对固定设施进行监测的安全技术设备。例如综合检测车、车载式线路检查仪、轨道检查车、电务试验车、接触网检测车、钢轨探伤车、隧道检查车、隧道限界检测车等。

(4)线路、桥梁、隧道、通信、信号、牵引供电、电力等固定设备的在线自动监测设备，是指安装在地面上，对固定设备进行监测的安全技术设备。例如信号计算机监测、道岔电气机械状态监测装置、轨温检测与报警、桥梁监测、路基安全、隧道运营机械通风监控、视频监控、高

危路段线路障碍自动监测预警、信号微机监测、信号设备故障专家诊断、车站信号应急联锁、电力远动自动监测等系统设备。

(5)车站行车作业监控设备,是指安装在车站对站内行车作业进行安全监控的设备。例如货运站安全监控管理、货运计量安全检测监控、危险货物运输安全监控、铁路限界管理及超限超重货物运输、调车作业监控系统、货车装载视频监视系统、铁路散堆装货物运输抑尘智能控制及作业质量监控、车务远程网络监控、客运站视频监控、牵引变电所远程视频监控、公安编组站站车安全监控、货场视频监控、货车装载安全状态监测(安全门)、货车装载安全监控视频系统等设备。

(6)自然灾害综合监测预警设备,是指对铁路沿线不良地质条件和线路周边环境等自然灾害进行现场监测的设备。

(7)列车安全防护预警系统、道口及施工防护设备,是指列车接近铁路沿线的平交道口和施工作业位置的安全防护预警系统设备。例如道口自动防护设备、施工人员对讲机定位设备等。

铁路行车安全监测设备应保持技术状态完好,以保证其充分发挥作用。根据国家铁路局和国铁集团的有关规定,计量检测设备(含器具、仪器)须制定相应的计量检定规程或校准规范,定期进行计量检定、校准,保证监测设备检测数据的准确、可靠。

### 四、信号集中监测系统

信号集中监测系统是反映信号设备运用质量、预防设备故障、保证设备正常运用、提高电务部门维护水平和维护效率的重要设备,应统一规划、统一实施,与联锁、闭塞、列控、CTC等系统同步设计、施工、调试、验收和使用。

信号集中监测系统监测信号设备状态信息报警分为三级报警及预警。涉及行车安全的信息属于一级报警信息;影响行车和设备正常工作的信息属于二级报警信息;电气特性超标等信息属于三级报警信息;电气性能偏离预定界限或设备状态运用趋势逻辑判断超标等信息属于预警信息。

各类监测报警应及时通过监测网络传到各级受理监测终端,并发出声光报警信息。三级报警、预警信息须上传到车间、工区终端。

信号集中监测系统实现国铁集团、铁路局集团公司、电务段、车间、工区联网。

铁路局集团公司应制定信号集中监测系统运用维护管理办法,明确工作职责,健全分析制度,规范运用管理,管好、用好信号集中监测系统。

电务段加强对监测数据和报警信息的分析,及时掌握设备特性变化趋势,有针对性地进行维修和处理,预防设备故障。

## 任务4 铁路基本建设

铁路基本建设是一个比较庞大的系统,涉及专业多,范围广,技术全面,必须采取系统集成技术,统筹考虑各子系统间的协调一致,在实现各子系统的目标时,要确保总体效果最优。

## 一、规划设计阶段

铁路建设必须贯彻国家有关方针政策，严格执行国家有关法律法规、规章和工程建设国家标准、行业标准、企业标准，严格执行国家规定的建设程序，高度重视环境保护、水土保持、文物保护、防灾减灾、运输安全和施工安全工作，节约能源和土地，使用先进、成熟、经济、适用、可靠的技术、工艺、设备和材料，提高铁路建设水平。

## 二、施工阶段

为确保工程质量，应按批准的设计文件和概算进行施工。施工前，要做好施工组织设计，准备好材料、机具，安排好劳动力，制订安全措施。

施工期间必须贯彻"以人为本"的原则，妥善处理环境保护、噪声控制、扬尘污染及道路交通等问题。

## 三、营业线施工

在营业线或邻近营业线上施工，须遵守《铁路营业线施工安全管理办法》等技术规定，按照规定的程序审批和执行。施工前，施工单位要密切配合使用部门、维修部门和运输部门，共同研究施工方案和行车安全措施；施工中，各部门要主动配合，紧密联系，协同动作，力争减少对运输的影响，按计划完成施工任务；施工完毕应及时清理现场，不得影响铁路运营安全。

## 四、竣工验收

新建、改建工程竣工后，应按《铁路建设项目竣工验收交接办法》等规定进行竣工验收。建设项目一般按整个项目进行验收，验收交接范围应包括全部项目。但因运输生产急需时，在确保运输安全的前提下，经批准后可分期、分段，并按批准的阶段组织验收，工程全部完工后，再办理整个项目的验收。分期、分段验收交接的要求和程序与全面验收的要求和程序原则相同，不应降低标准、缺省程序。

铁路建设项目组织竣工验收后，方可正式移交接管使用单位运营。达到竣工验收条件的建设项目应及时进行验收；验收合格的建设项目，接管使用单位应及时接管并办理有关手续。未经验收或验收不合格的建设项目一律不得交付，接管使用单位不得接管使用。

# 任务5　铁路信号

铁路信号设备是指挥列车运行，保证行车安全，改善行车组织方式，提高铁路车站、区间通过能力，实现行车指挥自动化的关键设备。现代化的铁路信号系统集成了计算机技术、通信技术、网络技术，是铁路运输的"中枢神经"，是铁路现代化的重要标志。

## 一、铁路信号的分类

铁路信号分为视觉信号和听觉信号。

**1. 视觉信号**

视觉信号是指以物体或灯光的颜色、形状、位置、闪光、数目或数码显示等特征表示的信号。如信号机、机车信号机、信号旗、信号牌、各种表示器、各种标志及火炬等显示的信号。

视觉信号又分为固定信号、移动信号和手信号,如图 1-1 所示。

(1)固定信号,是指固定安装在一定位置用于防护固定地点的信号,如信号机、信号表示器和机车信号。

(2)移动信号,是指当线路上出现临时性障碍或进行施工时,临时设置在铁路线路旁边的信号牌、信号灯等显示的信号。

(3)手信号,是指有关行车人员用手持信号旗或信号灯作出各种规定动作来显示的信号。

a)固定信号　　b)移动信号　　c)手信号

图 1-1　视觉信号

我国铁路规定的视觉信号的基本颜色:

红色——停车;

黄色——注意或减低速度;

绿色——按规定速度运行。

除基本颜色外,以蓝色、月白色、透明白色、紫色作为铁路信号的辅助颜色。其中,蓝色和月白色主要用于调车信号,分别表示禁止调车和允许调车。透明白色用于信号表示器,紫色仅用于道岔表示器。

**2. 听觉信号**

听觉信号是指以不同声响设备发出的音响的强度、频率和长短等特征表示的信号(见图 1-2)。如号角、口笛、响墩发出的音响和机车、自轮运转特种设备的鸣笛声。

## 二、信号装置的分类及设置

信号装置一般分为信号机和信号表示器两类。

a)

b)

图 1-2 听觉信号

## (一)信号机

(1)信号机按类型分为色灯信号机、臂板信号机和机车信号机。目前铁路大多采用的是色灯信号机。由于臂板信号机已很少使用,故这里只介绍色灯信号机和机车信号机。

①色灯信号机。

色灯信号机不管白天还是夜间都是用不同颜色的灯光来显示信号的。按照它们制作结构的不同,色灯信号机可以分为透镜式和探照式两大类。

a. 透镜式色灯信号机(见图 1-3):是一组透镜给出一个颜色的灯光。如果要显示多种颜色信号灯光时就要有多组透镜,所以又称它为多灯式信号机,铁路上大多采用此类信号机。透镜式色灯信号机特点是结构简单,便于生产,比较安全可靠。主要缺点是显示距离有限,特别是安装在曲线上时,不能保证连续显示。

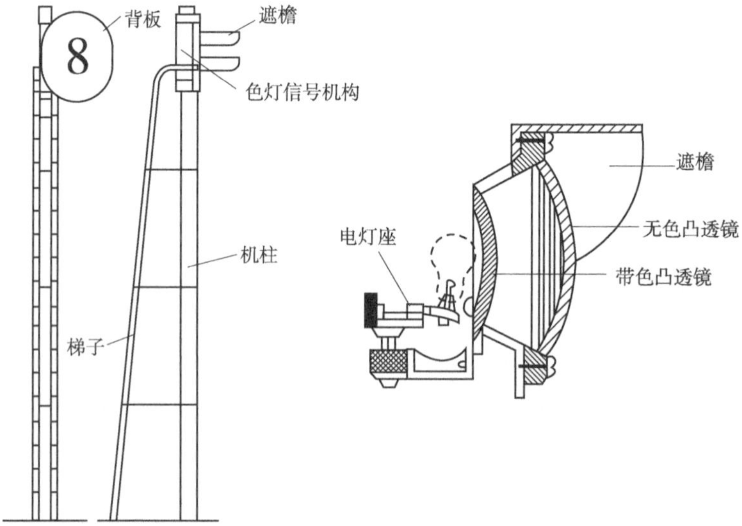


图 1-3 透镜式色灯信号机

b. 探照式色灯信号机:是一组透镜能显示出三个颜色灯光,所以又称它为单灯式。探照式色灯信号机具有节省电能,显示距离远等优点。但存在结构复杂,制造工艺要求严格,维修困难等缺点,铁路上基本不采用。

②机车信号机。

机车信号又称为机车自动信号。机车信号机(见图1-4)设在机车司机控制室内,用来自动反映运行条件,指示机车运行。机车信号能复示地面信号机的显示,克服天气影响和地形地物影响改善司机瞭望条件。当列车速度超过司机辨认地面信号机显示的临界速度(160km/h)时,机车信号则作为主体信号来使用。

图1-4 机车信号机

机车信号分为接近连续式机车信号和连续式机车信号。接近连续式机车信号是指当机车到达进站信号机前方的接近区段,才可以连续得到由地面传输来的用以控制机车信号显示的信息。连续式机车信号使用在自动闭塞区段。由于自动闭塞区段每个闭塞分区都装设轨道电路,地面信息能利用轨道电路不间断地向机车传送,使机车信号机可以连续预告地面信号机的显示状态。

(2)按信号机的安装方式分为高柱信号机、矮型信号机、信号托架、信号桥。

(3)信号机按用途分为进站、出站、进路、通过、接近、遮断、驼峰、驼峰辅助、复示、调车信号机,预告。

①进站信号机。

进站信号机(见图1-5)设置于车站的入口处,用于防护车站,指示列车进站条件,并能表示接车进路是否安全可靠。车站每一个接车方向必须设置一架进站信号机,进站信号机安装在距离进站第一组道岔尖轨尖端(顺向道岔为警冲标)不少于50m的地方。因调车作业或制动距离需要延长时,一般不超过400m。双线自动闭塞区间反方向进站信号机前方应设置预告标。

②出站信号机。

出站信号机(见图1-6)的作用是防护区间,其允许显示作为列车占用区间的凭证,指示列车能否由车站进入区间。当显示禁止灯光时,指示进站列车在站内的停车位置。

在车站的正线和到发线上,应设出站信号机。出站信号机应设在每一发车线的警冲标内方(对向道岔为尖轨尖端外方)适当地点。

在调车场的编发线上,必要时可设线群出站信号机。

③进路信号机。

设有两个及以上车场的车站,转场进路设进路色灯信号机。进路信号机按用途分为:接车进路信号机、发车进路信号机和接发车进路信号机。

a)　b)

图 1-5　进站信号机

a)　b)

图 1-6　出站信号机

接车进路信号机和接发车进路信号机的显示方式与方法，和进站信号机一样，发车进路信号机的显示方式与方法与出站信号机相同。

④通过信号机。

通过信号机（见图 1-7）应设在闭塞分区或所间区间的分界处。自动闭塞区段的通过信号机，不应设在停车后可能脱钩、牵引供电分相的处所，也不宜设在起动困难的地点。自动闭塞区段信号机设置位置和显示关系应根据列车牵引计算确定，并应满足列车运行速度规定的制动距离和线路通过能力的要求。

⑤遮断色灯信号机。

有人看守道口设遮断色灯信号机（见图 1-8）。在有人看守的桥隧建（构）筑物及可能危及行车安全的坍方落石地点，根据需要设遮断色灯信号机。该信号机距防护地点不得小于 50m。

a)　b)

图 1-7　通过信号机

图 1-8　遮断色灯信号机

⑥驼峰色灯信号机。

驼峰应装设驼峰色灯信号机（见图 1-9）。驼峰色灯信号机可装设驼峰色灯辅助信号机。驼峰色灯信号机或辅助信号机的显示距离不能满足推峰作业要求时，根据需要可再装设驼峰色灯复示信号机。驼峰色灯辅助信号机，可兼作出站或发车进路信号机，并根据需要装设进路表示器。

⑦色灯复示信号机。

进站、出站、进路信号机及线路所通过信号机，因受地形、地物影响，达不到规定的显示距离时，设色灯复示信号机（见图1-10）。

设在车站岔线入口处的调车色灯信号机，达不到规定的显示距离时，根据需要可装设调车色灯复示信号机。

a)　　b)

图1-9　驼峰色灯信号机

a)　　b)

图1-10　色灯复示信号机

⑧调车色灯信号机。

为满足调车作业的需要，设调车色灯信号机。

在作业繁忙的调车场上，因受地形、地物影响，调车机车司机看不清调车指挥人的手信号时，设调车表示器。

⑨预告信号机。

半自动闭塞、自动站间闭塞区段，进站信号机为色灯信号机时，设色灯预告信号机或接近信号机。遮断色灯信号机和半自动闭塞、自动站间闭塞区段线路所通过信号机，设预告信号机。

列车运行速度不超过120km/h的区段，预告信号机与其主体信号机的安装距离不得小于800m，当预告信号机的显示距离不足400m时，其安装距离不得小于1000m。

### （二）信号表示器

信号表示器分为发车、道岔、脱轨、进路、发车线路、调车及车挡表示器。

#### 1.进路表示器

出站信号机有两个及以上的运行方向，而信号显示不能分别表示进路方向时，在信号机上装设进路表示器（见图1-11）。

a)　　b)

图1-11　进路表示器

发车进路兼出站信号机，根据需要可装设进路表示器，区分进路方向。双线自动闭塞区段，有反方向运行条件时，出站信号机设进路表示器。

**2. 道岔表示器**

非集中操纵的接发车进路上的道岔，装设道岔表示器，如图 1-12a）所示；集中操纵的道岔、调车场及峰下咽喉的道岔，不装设道岔表示器；其他道岔根据需要装设道岔表示器。集中联锁调车区进行连续溜放作业的分歧道岔，设道岔表示器，如图 1-12b）所示。

a)

b)

图 1-12　道岔表示器

**3. 脱轨表示器**

集中联锁以外的脱轨器及引向安全线或避难线的道岔，设脱轨表示器（见图 1-13）。

a)

b)

图 1-13　脱轨表示器

**4. 发车表示器**

发车信号辨认困难的车站，在便于司机瞭望的地点可装设发车表示器（见图 1-14）。

**5. 发车线路表示器**

设有线群出站信号机时，在线群每一条发车线路的警冲标内侧适当地点，装设发车线路表示器（见图 1-15）。

图 1-14　发车表示器

图 1-15　发车线路表示器

## 三、信号标志

设在线路上的信号标志，用来表示线路所在地点的某种情况或状态，以便司机和其他有关行车人员能够及时、正确地进行作业。

信号标志包括：警冲标（见图1-16）、坡度标（见图1-17）、站界标、预告标、引导员接车地点标、司机鸣笛标、作业标、减速地点标、补机终止推进标、机车停车位置标和电气化区段的电力机车禁停标、断电标、合电标、接触网终点标、准备降下受电弓标、降下受电弓标、升起受电弓标、四显示机车信号接通标、四显示机车信号断开标、轨道电路调谐区标志、级间转换标、通信模式转换标以及除雪机用的临时信号标志等。

图1-16 警冲标

图1-17 坡度标

## 四、固定信号机的定位显示

信号机有开放和关闭两种状态，信号机经常保持的显示状态为定位显示。

进站、出站、进路、调车、驼峰、驼峰辅助信号机均以显示停车信号为定位；线路所的通过信号机以显示停车信号为定位，其他通过信号机以显示进行信号为定位。

接近信号机、进站预告信号机、非自动闭塞区段通过信号机的预告信号机及通过臂板，以显示注意信号为定位。

遮断、遮断预告、复示信号机以无显示为定位。

在自动闭塞区段内的车站（线路所），如将进站、正线出站信号机及其直向进路内的进路信号机转为自动动作时，以显示进行信号为定位。

## 五、信号显示距离的规定

信号显示距离是指从机车上能连续确认信号的距离。《铁路技术管理规程》（简称《技规》）规定正常情况下各种信号机及表示器的显示距离为：

（1）进站、通过、接近、遮断信号机，不得小于1000m。

（2）高柱出站、高柱进路信号机不得小于800m。

（3）预告、驼峰、驼峰辅助信号机，不得小于400m。

（4）调车、矮型出站、矮型进路、复示信号机，容许、引导信号及各种表示器，不得小于200m。

在地形、地物影响视线的地方，进站、通过、接近、预告、遮断信号机的显示距离，在最坏条件下，不得少于200m。

## 复习思考题

1. 什么是铁路技术设备的标准化、系列化、模块化和信息化?
2. 哪些技术设备需建立技术履历?
3. 机车应有哪些识别的标记?
4. 车辆应有哪些识别的标记?
5. 动车组应有哪些识别的标记?
6. 如何进行技术设备维修?
7. 技术设备专项检查的内容有哪些?
8. 救援设备有哪三种?
9. 行车监测设备有哪些?
10. 信号表示器是如何分类的?
11. 信号机按用途如何分类?
12. 信号显示距离是如何规定的?

# 项目2　行车组织基础

## 项目内容

本项目主要介绍铁路行车组织基础知识、车站技术管理、货物列车编组计划、列车运行图等内容。

## 教学目标

**1. 能力目标**

了解铁路行车技术管理，了解列车运行图、列车编组计划在铁路运输工作中的地位、作用、执行要求。

**2. 知识目标**

了解列车运行图、列车编组计划的编制方法，掌握执行要求。

**3. 素质目标**

重视基础管理，树立安全意识。

## 任务1　铁路行车组织认知

铁路行车组织是铁路运输工作的重要组成部分，是综合运用铁路各种技术设备，合理组织列车运行，以实现旅客和货物运输过程的生产计划与组织工作。

### 一、铁路行车组织

#### （一）国铁集团行车组织工作

国铁集团行车组织工作，应根据《铁路技术管理规程》（简称《技规》）有关要求办理。《技规》依据《中华人民共和国铁路法》《铁路安全管理条例》等有关法律、法规、规章和技术标准等制定，是国家铁路技术管理的基本规章，国铁集团各部门、各单位制定的技术管理文件等都必须符合《技规》的规定。

《技规》包括高速铁路和普速铁路两部分，高速铁路部分适用于200km/h及以上的铁路和200km/h以下仅运行动车组列车的铁路，普速铁路部分适用于200km/h以下的铁路（仅运行动车组列车的铁路除外），200km/h客货共线铁路有关货运技术设备的要求参照普速铁路部分执行。

《技规》的章节结构主要包括六部分内容：

（1）总则：铁路的性质和地位，《技规》编制的依据，适用范围，执行《技规》的要求。

（2）技术设备：规定了国家铁路的基本建设、产品制造、验收交接、使用管理及保养维修方面的基本要求和标准。

（3）行车组织：规定了各部门、各单位、各工种在从事铁路运输生产时，必须遵循的基本原则、责任范围、工作方法、作业程序和相互关系。

（4）信号显示：规定了信号的显示方式和执行要求。

（5）《技规》附图：铁路建筑限界和机车车辆限界。

（6）《技规》附件：行车凭证和表格的式样。

### （二）铁路局集团公司行车组织工作

铁路局集团公司应根据《技规》规定的原则，结合具体运输生产条件，制定《普速铁路行车组织规则》（简称《行规》）和《高速铁路行车组织细则》（简称《行细》），《行规》和《行细》是铁路局集团公司基本技术规章，铁路局集团公司各单位、各部门、个人均不得违反其规定，不得制定相抵触的其他规定。

《行规》《行细》的编制范围应包括三个部分内容：

（1）《技规》明确要求铁路局集团公司在《行规》《行细》中规定或批准的事项。

（2）对《技规》条文的细化内容或《技规》未做统一规定，铁路局集团公司内需要细化的规定。

（3）铁路局集团公司行车组织基本要求、多专业参与的行车组织作业内容、跨局作业需要的内容、国铁集团未做统一规定又不宜由站段自行补充的规定，各铁路局集团公司经过长期实践验证较为成熟的先进经验和行之有效的行车安全措施等。

《行规》《行细》的章节结构主要包括七部分内容：

（1）总则。

（2）技术设备。

（3）行车组织。

（4）信号显示。

（5）附则。

（6）重点用语说明。

（7）附件附表。

《行规》的行车组织部分根据作业内容又分为：行车组织基本要求、编组列车、调车工作、行车闭塞、接车与发车、列车运行、调度集中区段特殊行车组织办法、CTCS-2 级区段特殊行车组织办法、应急处置、施工维修和设备故障应急处理等；《行细》的行车组织部分根据作业内容及非正常行车场景又分为：行车组织基本要求、编组列车、调度指挥、行车闭塞、接发列车、列车运行、限速管理、调车工作、施工维修、恶劣天气行车、设备故障行车、非正常行车组织等。

### （三）普速铁路车站行车组织工作

普速铁路车站应依据《技规》、《行规》、《行细》、《铁路运输调度规则》（简称《调规》）、列车编组计划、列车运行图，以及其他有关规章要求，结合车站运输条件及设备情况，制定《车站行车工作细则》（简称《站细》）。《站细》是车站行车工作组织的基本规定，是车站编制日常作业计划,办理接发列车、调车作业和各项技术作业,进行日常运输生产分析总结、铁路局集团公司下达技术指标任务的主要依据。凡在车站作业的车务、客运、货运、机务、车辆、工务、电务、供电、信息、房建等部门人员必须遵照执行。

《站细》的章节结构主要包括十部分内容:

(1)车站的位置、性质、等级和任务。

(2)车站技术设备及使用和管理。

(3)日常作业计划及生产管理制度。

(4)接发列车、调车以及与行车有关的客运、货运、军事运输工作的组织。

(5)列车的技术作业程序和时间标准。

(6)车站通过能力和改编能力。

(7)地区联劳组织等。

(8)《站细》中应附注有坡度的车站线路平面图、进站信号机外制动距离内平纵断面图、联锁图表及电气化区段接触网高度和分相分段绝缘器位置等技术资料。

#### (四)普速铁路行车组织的主要内容

普速铁路行车组织主要内容包括车站技术作业组织、车流组织、列车运行图和铁路通过能力,铁路运输工作技术计划和调度工作等;高速铁路行车组织主要内容包括编组列车、调度指挥、列车运行、限速管理、调车工作、施工维修以及灾害天气、设备故障和非正常情况下行车等。

## 二、行车工作原则

铁路行车工作具有点多线长、多工种协同动作的特点,因此,铁路行车组织工作应贯彻安全生产的方针,坚持高度集中、统一领导的原则。运输、机务、车辆、工务、电务、供电、信息、房建等部门要发扬协作精神,主动配合,紧密联系,协同动作,组织均衡生产,不断提高效率,挖掘运输潜力,完成铁路运输任务。

为使行车各部门、各工种能够步调一致,协调动作,保证安全、迅速、准确、及时地完成运输任务,行车工作必须坚持集中领导、统一指挥、逐级负责的原则。

(1)局与局间由国铁集团,局管内各区段间由铁路局集团公司,一个调度区段内的行车工作由本区段列车调度员统一指挥。

(2)车站行车工作由车站值班员,线路所由线路所的车站值班员统一指挥。凡划分车场的车站,各车场由该车场的车站值班员统一指挥;车场间接发列车进路互有关联的行车事项,由指定的车站值班员统一指挥。

(3)列车和单机由司机负责指挥。列车或者单机在车站时,所有乘务人员应按车站值班员的指挥进行工作。

(4)在调度集中区段,调度集中控制车站有关行车工作由该区段列车调度员直接指挥,但调度集中设备转为车站控制时,由车站值班员指挥。

## 三、行车时刻

全国铁路行车时刻,均以北京时间为标准,从零时起计算,实行24小时制。

铁路行车房舍内和办理行车工作的有关人员均应备有钟表。钟表的时刻应与调度所的时钟校对。

调度所时钟及各系统时钟应定期校准。铁路局集团公司应规定钟表的配置、校对、检查、修理及时钟校准办法。

## 四、列车

按照规定条件把车辆编挂成的车列,并挂有机车及规定的列车标志时,称为列车。动车组列车为自走行固定编组列车。

单机、大型养路机械及重型轨道车,虽未具备列车条件,亦应按列车办理。

### (一)列车分类

为满足旅客和货物运输的需要,列车按运输性质主要分为旅客列车、特快货物班列、军用列车、货物列车和路用列车。

#### 1. 旅客列车

以动车组运送旅客或以客车编成的为运送旅客及行李、包裹、邮件的列车。根据旅客列车的车底、运行速度及旅行速度等,可分为动车组、特快、快速、普通旅客列车等。

(1)动车组列车。由自带动力装置的动车和不带动力装置的拖车编成的机车车辆一体化列车。

(2)特快旅客列车。一般运行于大城市之间,停站少且旅行速度快,最高运行速度达到160km/h。

(3)快速旅客列车。一般运行于大中城市之间,停站较少且旅行速度较快,最高运行速度为120km/h至160km/h。

(4)普通旅客列车。一般运行于城乡之间,停站较多,方便各地群众乘降,最高运行速度不超过120km/h。

#### 2. 特快货物班列

使用行李车或邮政车等客车车辆,根据需要编组,整列装载行李、包裹和邮件等的列车。按特快旅客列车运行标尺进行。

#### 3. 军用列车

按规定条件整列运送军队和军用物资并冠以军用列车车次的列车。

#### 4. 货物列车

以货车(含回送机车、空客车等)编成,为运送货物和排送空货车开行列车。分为快速货物班列、五定班列、快运、重载、直达、直通、冷藏、自备车、区段、摘挂、超限及小运转列车等。

(1)快速货物班列。最高运行速度120km/h,使用专用货车(如P65等)或通用棚车编组,在固定发到站间,有固定车次和运行线,明确的开行周期和运行时刻的货物列车。

(2)五定班列。即定点、定线、定车次、定时、定价的货物列车。

(3)快运货物列车。采用运行速度120km/h的专用车辆,以高附加值货物为重要运输对象的快速列车。

(4)重载货物列车。列车牵引重量在8000t及其以上的列车。

①整列式重载列车。由单机或多机牵引,机车挂于列车头部开行的重载货物列车。

②组合式重载列车。把两列及其以上符合列车运行图规定重量和长度、开往同一方向的单个列车首尾相接连成一个重载列车,机车分别挂在列车的前部和中部或后部,在运行图上占用一条运行线,运行到前方某一站或终到站再分解的货物列车。

③单元式重载列车。由装车地到卸车地固定机车车辆,固定发站和到站,固定运行线,运输单一品种货物,在装、卸站间往返循环运行,中途列车不拆散,不进行改编作业的重载货物列车。

(5)直达货物列车。在装(卸)车站或技术站编组,通过一个及其以上编组站不进行改编作业的列车。分为始发、阶梯、空车、循环和技术直达货物列车。

①始发直达货物列车。在一个车站装车后组成的直达货物列车。

②阶梯直达货物列车。在同一区段或相邻区段的几个车站装车后组成的直达货物列车。

③空车直达货物列车。在一个或数个卸车站,或在技术站由空车编组而成的直达货物列车。

④循环直达货物列车。以一定类型和数量的货车编成,在固定的装、卸站之间不拆散循环往返运行的直达货物列车。

⑤技术直达货物列车。在技术站编组的直达货物列车。

(6)直通货物列车。在技术站编组,通过一个及其以上区段站不进行改编作业的列车。

(7)冷藏货物列车。使用机械冷藏车、冷藏集装箱编组,整列装载鲜活、易腐等需要保持特定温度货物的列车。

(8)自备车列车。全列由企业自备车编组的列车。

(9)区段货物列车。在技术站编组并到达相邻技术站,在区段内不进行摘挂作业的列车。

(10)摘挂货物列车。在技术站(或中间站)编组,在区段内进行车辆摘挂作业的列车。

(11)超限货物列车。挂有超限货物车辆并冠以超限列车车次的列车。

(12)小运转列车。在技术站和邻接区段规定范围内的几个车站或枢纽内车站间开行的列车。可分为区段小运转列车和枢纽小运转列车。

**5. 路用列车**

不以营业为目的,专为完成铁路本身任务而开行的列车。如试验列车,运送铁路器材、路料的列车,因施工、检修需要开行的轨道车、接触网作业车、大型养路机械车组等。

除上述五种列车以外,还有为执行任务而开行的特殊用途列车,如专运、救援列车等。

**(二)列车运行方向**

(1)在行车工作中,为便于管理、指挥、办理作业和运用统计,必须规定列车运行方向。确定列车运行方向的基本原则,是以开往北京方向的列车为上行列车;反之,为下行列车。

枢纽地区往往有若干条支线、联络线和环线，列车运行方向较为复杂，而且枢纽地区的线路和车流情况各不相同，为此由铁路局集团公司规定。

为区别列车的种类、性质和运行方向，对每一列车必须编定车次，上行列车编为双数，下行列车编为单数。在同一列车运行径路中有不同的运行方向时，为便于掌握，在与整个方向不符的个别区间，准许不改变车次，仍使用原车次，如图 2-1 所示。

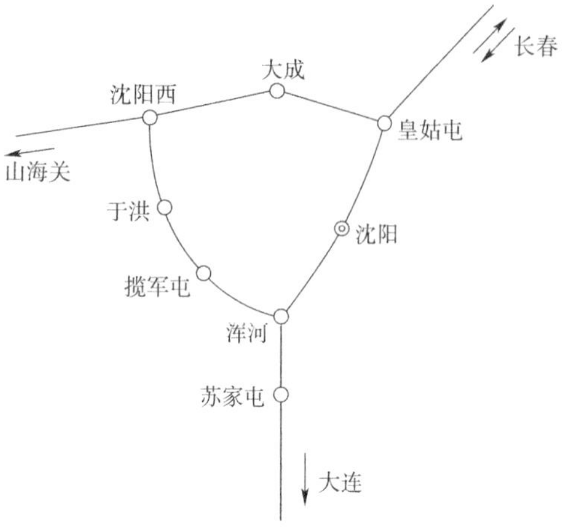


图 2-1　行车方向示意图

图 2-1 中，于洪—揽军屯间既是山海关经于洪、揽军屯至沈阳的下行方向，又是长春经于洪、揽军屯、浑河至大连的上行方向。因此，山海关经沈阳西至沈阳、苏家屯站为下行，车次应为单数；沈阳西向苏家屯站为上行，车次应为双数；沈阳西向沈阳站为下行，车次为单数；长春方向至苏家屯站为上行，车次为双数。

在沈阳西—于洪—揽军屯站间，向同一方向运行的列车，既有下行列车，又有上行列车，车次既有单数、也有双数，为便于掌握，利于指挥，上述各方向的列车不在于洪、揽军屯站改变车次。

（2）我国铁路规定在双线区间按左侧单方向行车，这个运行方向称为正方向，相应的闭塞设备、列车信号机等行车设备也是按此设置的，在行车安全上有着可靠的保证；同时根据我国铁路成对行车的特点，列车在各自的线路上运行时，互不干扰，能够保证最大的通过能力，发挥最大的效益。

双线区间列车反方向运行时，需改变线路原正常运行方向，对运输安全、效率都有不利影响，所以只限于整理列车运行时才准采用。

为了保证旅客列车运行安全，对旅客列车反方向运行应严加限制，不允许将旅客列车反方向运行作为一般整理列车运行的措施。因此，旅客列车仅在正方向区间的线路封锁施工、发生自然灾害或因事故中断行车等特殊情况下，经调度所值班主任准许，方可反方向运行。

### （三）列车车次编定

列车须按规定编定车次，上行列车编为双数，下行列车编为单数。在个别区间，使用直通车次时，可与规定方向不符。列车车次编定，见表 2-1。

**列车车次编定**　　表 2-1

| 列车种类 | 车次范围 | 备　注 | 列车种类 | 车次范围 | 备　注 |
|---|---|---|---|---|---|
| 一、旅客列车 | | | 管内 | G5001～G9998 | G9001～G9998 为临客预留 |
| 1. 高速动车组旅客列车 | G1～G9998 | “G”读“高” | | | |
| 直通 | G1～G4998 | G4001～G4998 为临客预留 | 2. 城际动车组旅客列车 | C1～C9998 | “C”读“城” C9001～C9998 为临客预留 |

续上表

| 列车种类 | 车次范围 | 备注 |
|---|---|---|
| 3. 动车组旅客列车 | D1～D9998 | “D”读“动” |
| 直通 | D1～D4998 | D4001～D4998为临客预留 |
| 管内 | D5001～D9998 | D9001～D9998为临客预留 |
| 4. 直达特快旅客列车(160km/h) | Z1～Z9998 | “Z”读“直” |
| 直通 | Z1～Z4998 | Z4001～Z4998为临客预留 |
| 管内 | Z5001～Z9998 | Z9001～Z9998为临客预留 |
| 5. 特快旅客列车(140km/h) | T1～T9998 | “T”读“特” |
| 直通 | T1～T3998 | T3001～T3998为临客预留 |
| 管内 | Z4001～T9998 | T4001—T4998为临客预留 |
| 6. 快速旅客列车(120km/h) | K1～K9998 | “K”读“快” |
| 直通 | K1～K4998 | K4001～K4998为临客预留 |
| 管内 | K5001～K9998 | K5001～K4998为临客预留 |
| 7. 普通旅客列车(120km/h) | 1001～7598 | — |
| 普通旅客快车 | 1001～5998 | — |
| 直通 | 1001～39998 | T3001～T3998为临客预留 |
| 管内 | 4001～5998 | — |
| 普通旅客慢车 | 6001～7598 | — |
| 直通 | 6001～6198 | — |
| 管内 | 6201～7598 | — |
| 8. 通勤列车 | 7601～8998 | — |
| 9. 临时旅客列车(100km/h) | L1～L9998 | “L”读“临” |
| 直通 | L1～L6998 | |
| 管内 | L7001～L9998 | |
| 10. 旅游列车(120km/h) | Y1～Y998 | “Y”读“游” |
| 直通 | Y1～Y498 | |
| 管内 | Y501～Y998 | |

| 列车种类 | | 车次范围 | 备注 |
|---|---|---|---|
| 二、特快货物班列 | | | |
| 特快货物班列(160km/h) | | X1～X198 | “X”读音“行” |
| 三、货物列车 | | | |
| 1. 快运货物列车 | (1)快速货物班列(120km/h) | X201～X398 | — |
| | (2)货物快运列车(120km/h) | X2401～X2998次、X401～X998次 | — |
| | 直通 | X2401～2998次 | — |
| | 管内 | X401～X998次 | — |
| | (3)中欧、中亚集装箱班列,铁水联运班列 | X8001～X9998 | — |
| | 中欧、中亚集装箱班列(120km/h) | X8001～X8998 | — |
| | 中亚集装箱(普通货车标尺) | X9001～X9500 | — |
| | 水铁联运班列(普通货车标尺) | X9501～X9998 | — |
| | (4)普快货物班列(普通货车标尺) | 80001～81998 | — |
| 2. 煤炭直达列车 | | 82001～84998 | |
| 3. 石油直达列车 | | 85001～85998 | — |
| 4. 始发直达列车 | | 86001～86998 | — |
| 5. 空车直达列车 | | 87001～87998 | — |
| 6. 技术直达列车 | | 10001～19998 | — |
| 7. 直通货物列车 | | 20001～29998 | — |
| 8. 区段货物列车 | | 30001～39998 | — |
| 9. 摘挂列车 | | 40001～44998 | — |
| 10. 小运转列车 | | 45001～49998 | — |

续上表

| 列车种类 | 车次范围 | 备　注 |
|---|---|---|
| 11. 重载货物列车 | 71001 ~ 77998 | 根据实际运输组织模式，由铁路局集团公司制定具体车次分段 |
| 12. 自备车列车 | 60001 ~ 69998 | — |
| 13. 超限货物列车 | 70001 ~ 70998 | — |
| 14. 保温列车 | 78001 ~ 78998 | — |
| 四、军用列车 | | |
| 军用列车 | 90001 ~ 91998 | — |
| 五、单机和路用列车 | | |
| 1. 单机　客车单机 | 50001 ~ 50998 | — |
| 货车单机 | 51001 ~ 51995 | — |
| 小运转单机 | 52001 ~ 52998 | — |
| 2. 补机 | 53001 ~ 54998 | — |
| 3. 动车组检测、确认列车 | — | “DJ”读“动检” |
| (1)动车组检测列车 | DJ1 ~ DJ8998 | — |
| 300km/h 检测列车 | DJ1 ~ DJ998 | — |
| 直通 | DJ1 ~ DJ400 | — |
| 管内 | DJ401 ~ DJ998 | 范围按管内快运货物列车数字前加 1 |
| 250km/h 检测列车 | DJ1001 ~ DJ1998 | — |
| 直通 | DJ1001 ~ DJ1400 | — |
| 管内 | DJ1401 ~ DJ1998 | 范围按管内快运货物列车数字前加 7、8 |
| (2)动车组确认列车 | DJ5001 ~ DJ8998 | — |
| 直通 | DJ5001 ~ DJ6998 | — |
| 管内 | DJ7001 ~ DJ8998 | — |
| | | — |
| 4. 试运转列车 | 55001 ~ 55998 | — |
| 普通客、货列车 | 55001 ~ 55300 | — |
| 300km/h 以上动车组 | 55301 ~ G55500 | — |
| 250km/h 动车组 | 55501 ~ D55998 | — |
| 5. 轻油动车、轨道车 | 56001 ~ 56998 | — |
| 6. 路用列车 | 57001 ~ 57998 | — |
| 7. 救援列车 | 58101 ~ 58998 | — |
| 8. 回送客车底列车 | — | “00”均为数字 |
| 有火回送动车组车底 | 001 ~ 00100 | — |
| 无火回送动车组车底 | 00101 ~ 00298 | — |
| 无火回送普速客车底 | 00301 ~ 00498 | — |
| 回送图定客车底 | — | 图定车次前冠以数字“0” |
| 因故折返旅客列车 | — | 原车次前冠以“F”读“返” |
| | | |

为确保列车车次全路统一性及有关行车设备和信息系统正常运行，列车车次编排仅限于使用大写汉语拼音字母和阿拉伯数字。列车编用车次，旅客列车在全路范围、货物列车在铁路局集团公司管内不得重复，旅客列车车次由国铁集团确定。各铁路局集团公司不得超出上述车次规定范围擅自编造、自造使用车次。各局管内划分的车次范围不足时，需向国铁集团申请车次，不得自行确定。季节性、特定时间段开行的动车组、临时旅客列车，可使用相应等级图定车次。

## 五、区间及闭塞分区的划分

列车运行是以车站、线路所所划分的区间及自动闭塞区间的通过信号机所划分的闭塞分区作间隔。区间及闭塞分区的界限，按下列规定划分：

**1. 站间区间——车站与车站间**

(1)在单线上，以进站信号机柱中心线为车站与区间的分界线。单线铁路站间区间如图 2-2 所示。

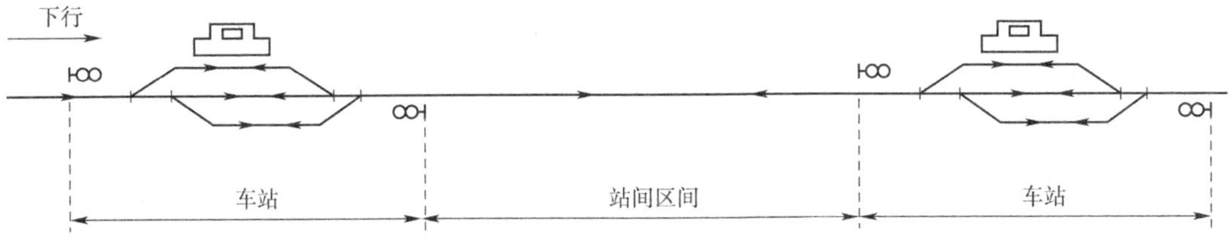


图 2-2　单线铁路站间区间

(2)在双线或多线站间区间的各线上，分别以各该线的进站信号机柱或站界标的中心线为车站与区间的分界线。双线铁路站间区间如图 2-3 所示。

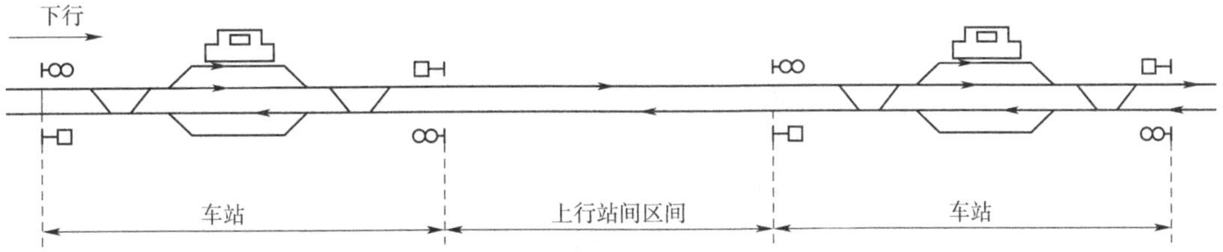


图 2-3　双线铁路站间区间

**2. 所间区间——两线路所间或线路所与车站间**

以该线上的通过信号机柱的中心线为所间区间的分界线。设有进站信号机的线路所，所间区间的分界方法与站间区间相同。双线铁路所间区间如图 2-4 所示。

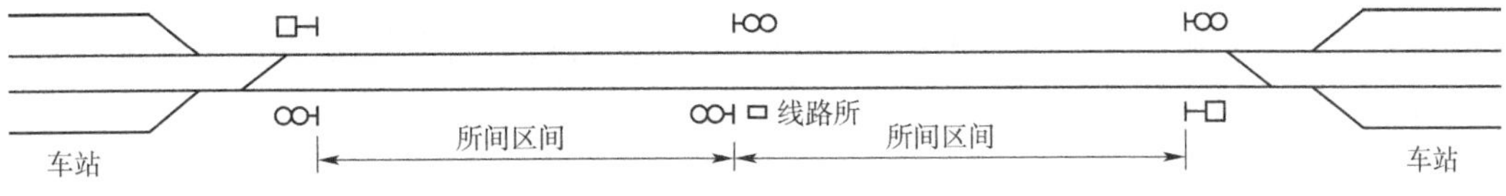


图 2-4　双线铁路所间区间

**3. 闭塞分区——自动闭塞区间同方向相邻的两架色灯信号机间**

以该线上的通过信号机柱的中心线为闭塞分区的分界线。双线铁路自动闭塞分区如图 2-5 所示。

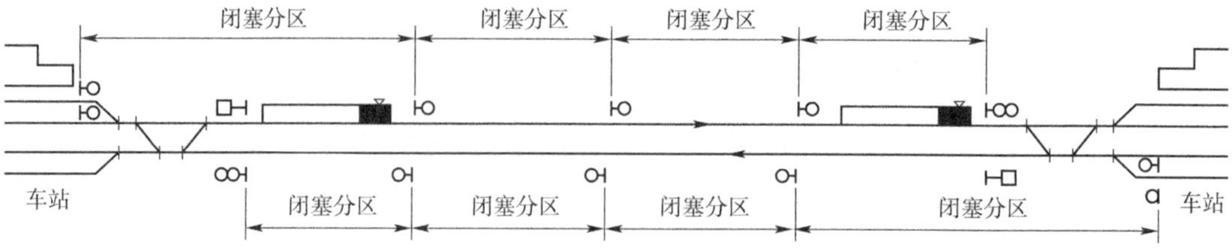


图 2-5　双线铁路自动闭塞分区

## 六、对行车有关人员的要求

(1)行车有关人员，在任职、提职、改职前，必须按照铁路职业技能培训规范要求，进行拟任岗位资格性培训，并经职业技能鉴定和考试考核，取得相应职业资格证书和岗位培训合格证书后，方可任职。

(2)在任职期间，须按照铁路职业技能培训规范等规定，定期参加岗位适应性培训和业务考试，考试不合格的，不得继续履职。

(3)行车有关人员，在任职前必须经过健康检查，身体条件不符合拟任岗位职务要求的，不得上岗作业。

(4)在任职期间，要定期进行身体检查，身体条件不符合任职岗位要求的，应调整工作岗位。

(5)对行车有关人员，应进行日常安全生产知识和劳动纪律的教育、考核，并有计划地组织好在职人员的日常政治和技术业务学习。

(6)驾驶机车、动车组、自轮运转特种设备(铁路救援起重机除外)的人员，必须持有国家铁路局颁发的驾驶证。变更驾驶机(车)型前，必须经过相应的技术培训并考试合格。

(7)实习和学习驾驶机车、动车组、自轮运转特种设备和操纵信号或重要机械、设备及办理行车作业的人员，必须在正式值乘、值班人员的亲自指导和负责下，方准操作。

(8)行车有关人员在执行职务时，必须坚守岗位，穿着规定的服装，佩戴易于识别的证章或携带相应证件，讲普通话。

(9)行车有关人员，接班前须充分休息，严禁饮酒，如有违反，立即停止其所承担的任务。

# 任务 2　车站技术管理

车站在铁路运输生产过程中起着重要作用，应根据需要设置相关技术设备，并配备有关工作人员。

## 一、车站的分类

为便于掌握、管理和运用，根据车站在路网上所处的地位和所承担的任务，对所有车站可按业务性质、技术作业和车站等级进行分类。

### 1. 按业务性质分类

车站按业务性质分为营业站、非营业站。办理客运、货运业务的车站为营业站；既不办理客运业务也不办理货运任务的车站为非营业站。营业站根据办理的业务分为：

(1)客运站:设于具有特殊意义的城市(如首都、省会、旅游地等)和客流量较大的城市,专门办理客运业务的车站。

(2)货运站:设于大城市,工业中心、港口、矿区或有大量货物装卸、中转作业的地点,专门办理货运业务的车站。

(3)客货运站:既办理客运业务又办理货运业务的车站。

**2.按技术作业分类**

车站按技术作业分为中间站、区段站、编组站。

(1)中间站:在每一区段内设有若干个中间站,其中包括单线区段的会让站和双线区段的越行站。主要办理列车的会让、越行、停站、通过以及摘挂列车摘挂车辆等作业。个别中间站也进行编组列车和机车整备作业,以及补机摘挂、列车技术检查等作业。

中间站的设备视其作业内容和工作量的大小而定,一般有以下客运、货运和行车设备:

①站线:包括列车到发线和货物装卸线,调车作业量较大的中间站,还有调车线和牵出线。

②客运设备:包括旅客站舍(售票房、候车室、行包房)、旅客站台。旅客到发较多的中间站,还有雨棚和跨越设备(天桥、地道)等。

③货运设备:包括货物仓库、站台和货运室等。

④其他设备:包括信号、联锁、闭塞、通信、照明设备和装卸机具等;电气化铁道的中间站还有牵引供电设备。

单线、双线铁路中间站的布置图分别如图2-6、图2-7所示。

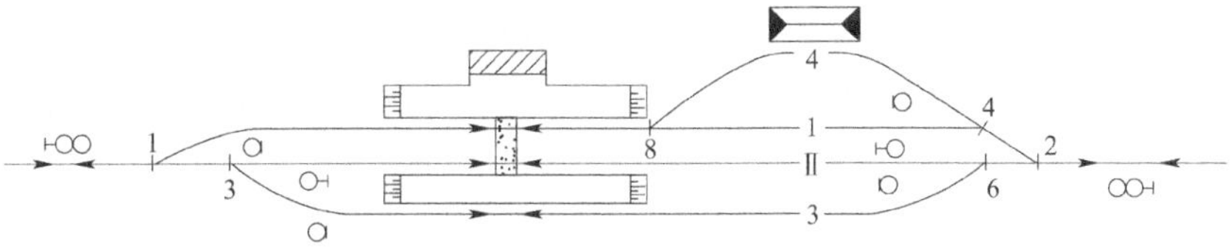


图2-6 单线铁路中间站布置示意图

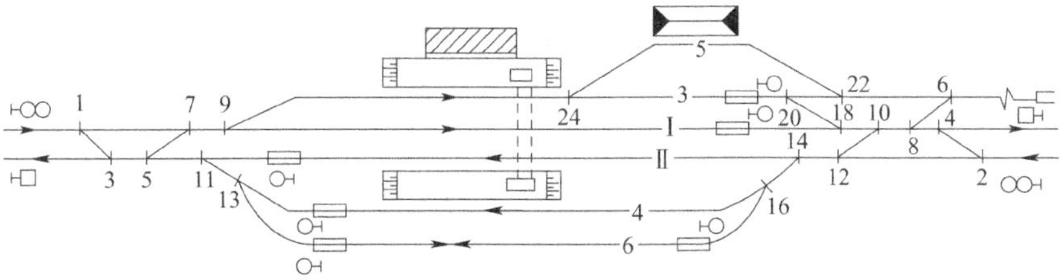


图2-7 双线铁路中间站布置示意图

(2)区段站:设置于机车牵引区段两端,一般为机务段(折返点)所在站。主要办理无调车作业中转列车的技术作业,机车的更换或整备,乘务组的换班,区段列车和摘挂列车的解体、编组作业,以及直达、直通列车的补减轴作业,也担当部分列车的解体、编组。始发、终到旅客列车较多的客运站、客货运站,进行大量机车换挂等技术作业,也属于区段站。

区段站除有中间站的全部设备外,还有以下主要技术设备:

①运转设备:包括列车到发场、调车场、牵出线或简易驼峰。

②机务设备:包括机务段或折返段内的机车检修与整备设备、站内的机车走行线和机待线等。

③车辆设备:包括车辆段或列车检修所、站修线和制动检修设备。单线横列式区段站布置图,如图2-8所示。

(3)编组站:设置于大量车流集散,港、矿附近或若干铁路线路衔接的地点。其主要作业为解体和编组各种货物列车。

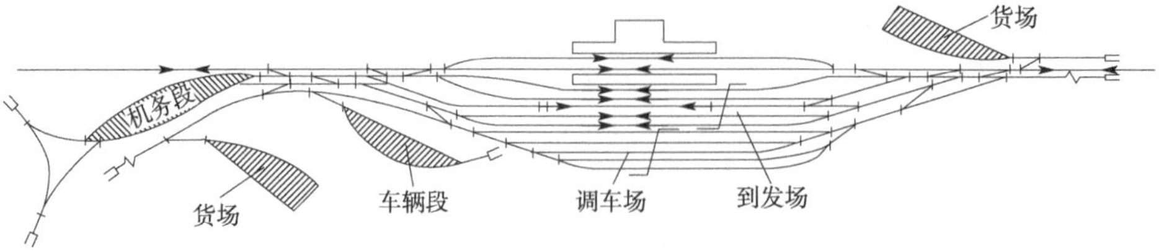


图 2-8　单线横列式区段站布置图

编组站拥有比区段站数量更多、规模更大的列车到发场(包括到达场、出发场、到发场),具有线路更多的调车场,采用驼峰调车(机械化驼峰、半自动化或自动化驼峰),一般都设有机务段和车辆段。

双线二级四场编组站的布置图,如图 2-9 所示。

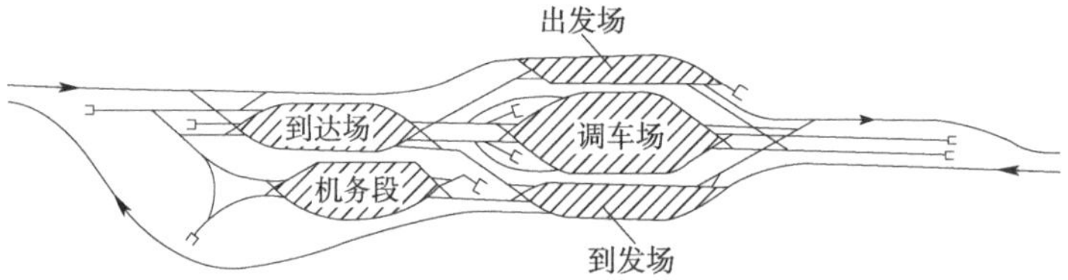


图 2-9　双线二级四场编组站布置示意图

**3. 按车站等级分类**

车站按其等级分为特等站和一、二、三、四、五等站。

此外,车站还可以按其他一些特征加以区分。例如,位于两铁路局集团公司管辖分界处的车站,称为分界站;位于海河港湾地区的车站,称为港口站等。

## 二、车场分类

编组站、区段站和其他较大的车站线路较多,为便于管理和减少各种作业间的互相干扰,实行平行作业,可根据线路的配置情况及用途按线群划分车场。车场一般分为下列几种:

(1)到达场:主要办理接入到达解体列车作业的车场。

(2)出发场:主要办理编组始发列车作业的车场。

(3)到发场:兼办列车到达与出发作业的车场(还可分为货物列车到发场和旅客列车到发场)。

(4)直通场:主要办理无调车作业的中转列车的车场。

(5)调车场:主要办理列车的解体与编组作业的车场。

(6)编发场:兼办列车编解与出发列车作业的车场。

## 三、线路编号

线路编号应以竣工图纸为准,按以下原则进行编号。

(1)单线铁路的车站,从靠近站舍(或信号楼)的线路起,向远离站舍(或信号楼)方向顺序编号(包括正线在内);位于站舍(或信号楼)左右或后方的股道,在站舍前的股道编完后,再由正线一侧向外顺序编号。编号时为区别正线和站线，在示意图上正线用罗马数字填记，站线用阿拉伯数字填记，如图 2-10 所示。

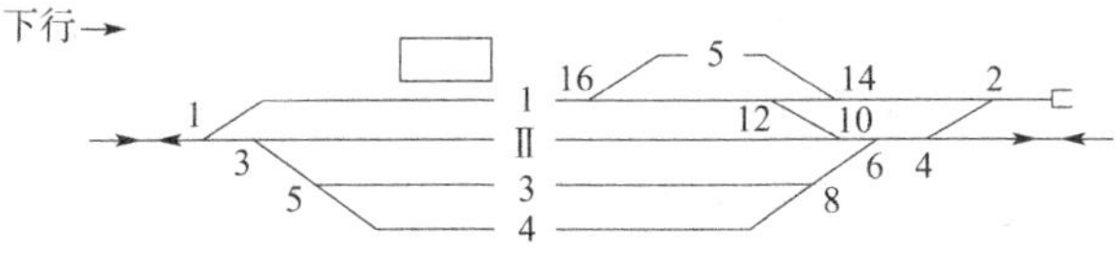


图 2-10　单线区段车站线路(道岔)编号示意图

(2)双线铁路的车站，从正线起按列车运行方向分别向外顺序编号，上行为双数，下行为单数，如图 2-11 所示。

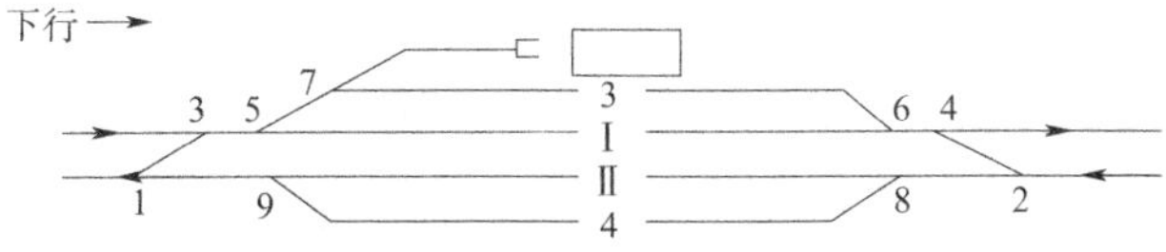


图 2-11　双线区段车站线路编号示意图

(3)尽头式车站，站舍(或信号楼)位于线路终点处时，股道号码应向终点方向由左侧开始顺序编号，如图 2-12 所示；站舍(或信号楼)位于线路一侧时，从靠近站舍的线路起，向远离站舍方向顺序编号，如图 2-13 所示。

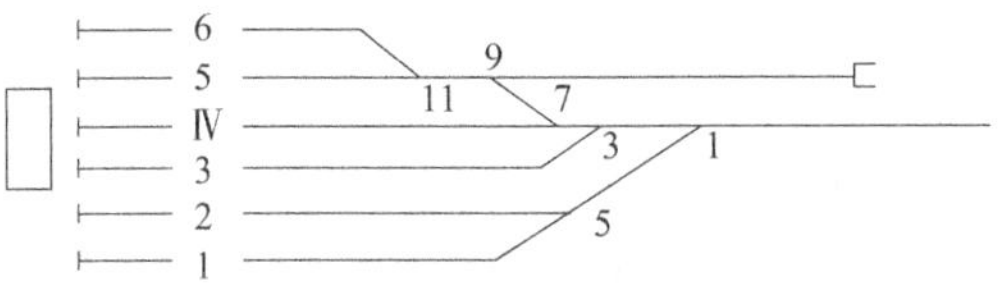


图 2-12　尽头式车站线路(道岔)编号示意图

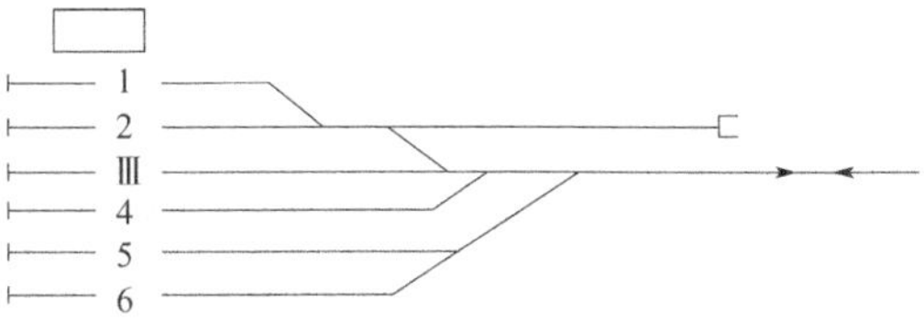


图 2-13　尽头式车站线路编号示意图

(4)有数个车场的车站，应按车场从靠近站舍(信号楼)的线路起，向远离站舍(信号楼)方向顺序编号。

## 四、道岔管理

道岔是车站主要行车设备之一。道岔开通是否正确，直接关系到行车安全，必须明确道岔的使用、管理责任。站内道岔均由车站负责管理和使用，车站与其他单位管理线路相衔接的道岔(包括衔接处起隔开作用的防护道岔)(见图 2-14)也应由车站管理。其他部门不得擅自更改道岔编号，设备管理部门未经车站同意不得扳动道岔。

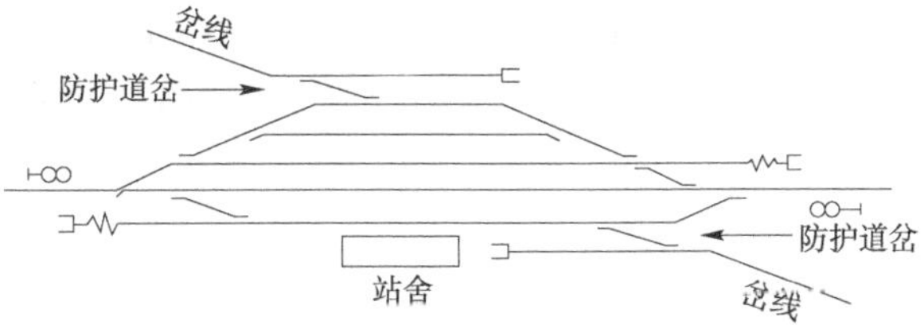


图 2-14　站线衔接道岔示意图

### (一)道岔管理分工

(1)道岔组由扳道员负责。道岔组是由站场同一端的邻近几个道岔所组成。每组的道岔数目，应根据道岔间的距离，作业的繁忙程度，以及地形条件等来决定。每一道岔组只能由值班扳道员一人负责。未设扳道员的车站及个别道岔距离扳道员作业区较远,也可由车站指定的人员负责。

(2)道岔区由扳道长负责。在站场同一端有数个道岔组时,为保证各有关道岔组作业上的协调一致,应将数个道岔组组成道岔区,由扳道长统一领导道岔区的工作。

(3)车站集中操纵的道岔由车站值班员负责。集中联锁设备的车站(或车场)、信号楼(或行车室)所管的信号和道岔,应由车站值班员负责指挥使用;较大车站,部分车场信号楼(或行车室)未设车站值班员时,由信号员负责管理使用。

(4)在设有驼峰信号设备的车站,驼峰集中操纵的道岔应由驼峰值班员负责。

**(二)《站细》中应规定的内容**

(1)将非集中联锁的道岔组、道岔区的范围根据实际划分,明确道岔的管理分工。

(2)在无联锁(包括联锁失效)线路上接发列车时,进路有些道岔需要加锁;接发特殊列车(专列、军运列车)时,有时也需要将道岔加锁。道岔加锁直接关系着行车安全,应在《站细》中明确加锁钥匙的使用管理办法。

(3)当使用电动转辙机手摇把摇动道岔时,信号楼既不能集中操纵道岔,又不能用设备保证道岔与信号联锁,存在不安全因素。为了防止手摇把随意使用和保证使用时的行车安全,应制定电动转辙机手摇把管理办法。

**(三)道岔定位与反位**

(1)道岔应规定经常保持向某一线路开通的位置,这个位置称为定位;向另一线开通的位置称为反位。道岔定位是道岔管理的重要环节,是正确准备进路的辅助措施。道岔使用完了后,应及时恢复定位,避免错扳或忘扳而造成事故,以保证行车安全。

(2)道岔定位的原则:

①单线车站正线进站道岔定位为由车站两端向不同线路开通的位置,如图2-15所示。

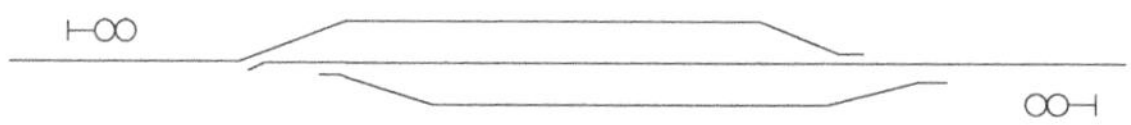

图2-15 单线车站正线进站道岔定位示意图

②双线车站正线进站道岔,为各该正线开通的位置,如图2-16所示。

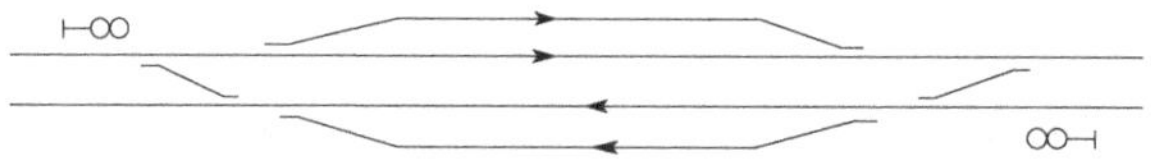

图2-16 双线车站正线进站道岔定位示意图

③区间内及站内正线上的其他道岔(引向安全线、避难线的道岔除外),为正线开通的位置,如图2-17所示。

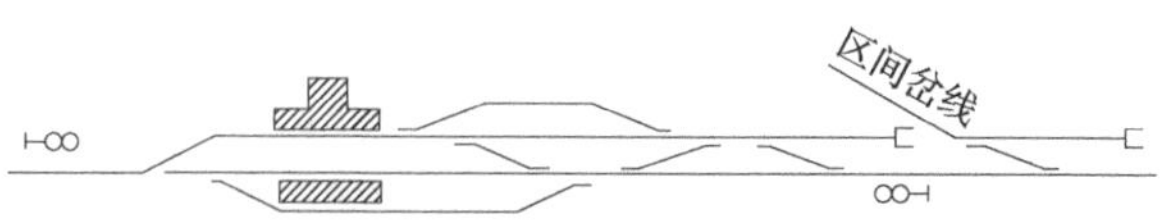


图2-17 站内、区间内正线上的其他道岔定位示意图

④引向安全线和避难线的道岔,为开通安全线、避难线的位置,分别如图2-18、图2-19所示。

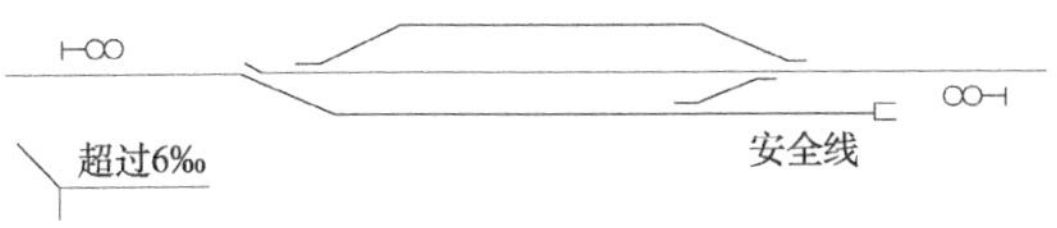


图 2-18 安全线道岔定位示意图

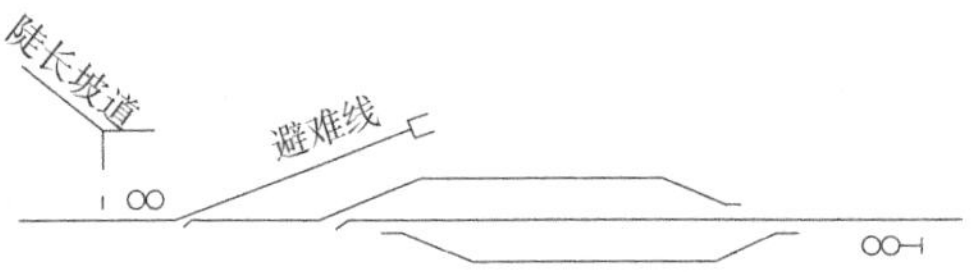


图 2-19 避难线道岔定位示意图

⑤到发线主要用于接发列车，为减少扳动次数和确保接发列车安全，规定到发线上的中岔为到发线开通的位置。到发线上的中岔指的是在一条到发线有效长范围内设置的通往其他线路的道岔；两条纵向衔接在一起的到发线的中间道岔不属于中岔。

除此以外，其他由车站负责管理的道岔定位，由车站根据具体情况规定定位。

(3)道岔定位，是车站技术管理工作的重要内容之一，应在《站细》内记明，便于有关人员了解掌握。

(4)集中操纵的道岔，可不保持定位。不办理接发列车的非集中操纵的道岔，主要用于调车作业，可不保持定位，以减轻作业人员的劳动强度和减少在站场内的走行。但对引向安全线、避难线的道岔、到发线上的中岔应在使用完毕后恢复定位。

集中操纵的道岔，虽规定可不保持定位，但应在《站细》内记明具体道岔定位的位置，以便停电或联锁失效时使用。

(5)段管线的道岔定位，由各段根据具体情况，按照既有利于安全、又便于使用和管理的原则自行规定。

**(四)道岔编号**

(1)道岔编号按上、下行咽喉统一顺序编号。由上行列车到达方向起，顺序编为双号；由下行列车到达方向起，顺序编为单号，如图 2-10 所示。

(2)尽头站向线路终点方向顺序编号，上行列车到达方向编为双号(见图 2-12)，下行列车到达方向编为单号。

(3)每一道岔应有单独的号码。渡线道岔(见图 2-10 中 2、4 号，10、12 号道岔)，以及同一连结线上的数个道岔(见图 2-10 中 3、5 号，6、8 号道岔)均应连续编号。交分道岔每组应根据电动转辙机的安装，将两组尖轨和两组可动心轨分别编四个号码，编号顺序根据动作关系按渡线道岔的办法连续编号，如图 2-20 所示。

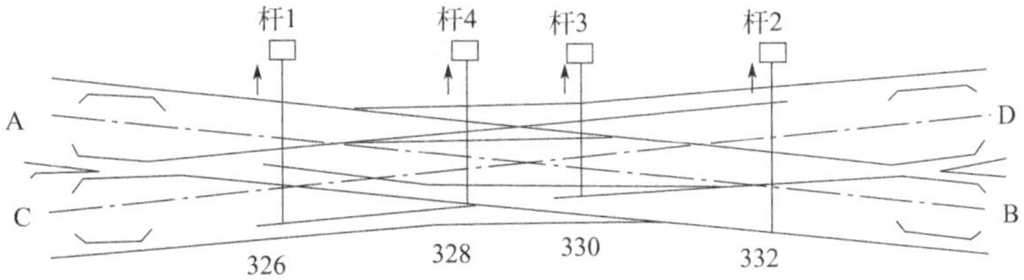


图 2-20 交分道岔编号示意图

(4)一个车站有几个车场时，每一个车场的道岔必须单独编号。为区别车场，道岔号码使用三位及以上数字。第一位数表示车场号码，后面的数字表示道岔编号。遇两个车场共用一个咽喉区时，可根据作业情况划分。

(5)联锁区内的道岔号码应连续编排，在联锁道岔编完后，适当的预留一些号码，再编非联锁道岔。

## 五、技术站行车组织系统

技术站日常运输生产实行单一指挥制，车站行车组织系统如图2-21所示。值班站长是车站一个班工作的组织者和领导者，负责组织全班职工完成规定的生产任务；车站调度员是车站调车工作的领导人，负责组织和指挥车站的调车活动；车站值班员是车站接发列车工作的统一指挥者。车站的货运工作由货运值班员指挥、客运工作由客运值班员指挥，并组织有关人员完成。

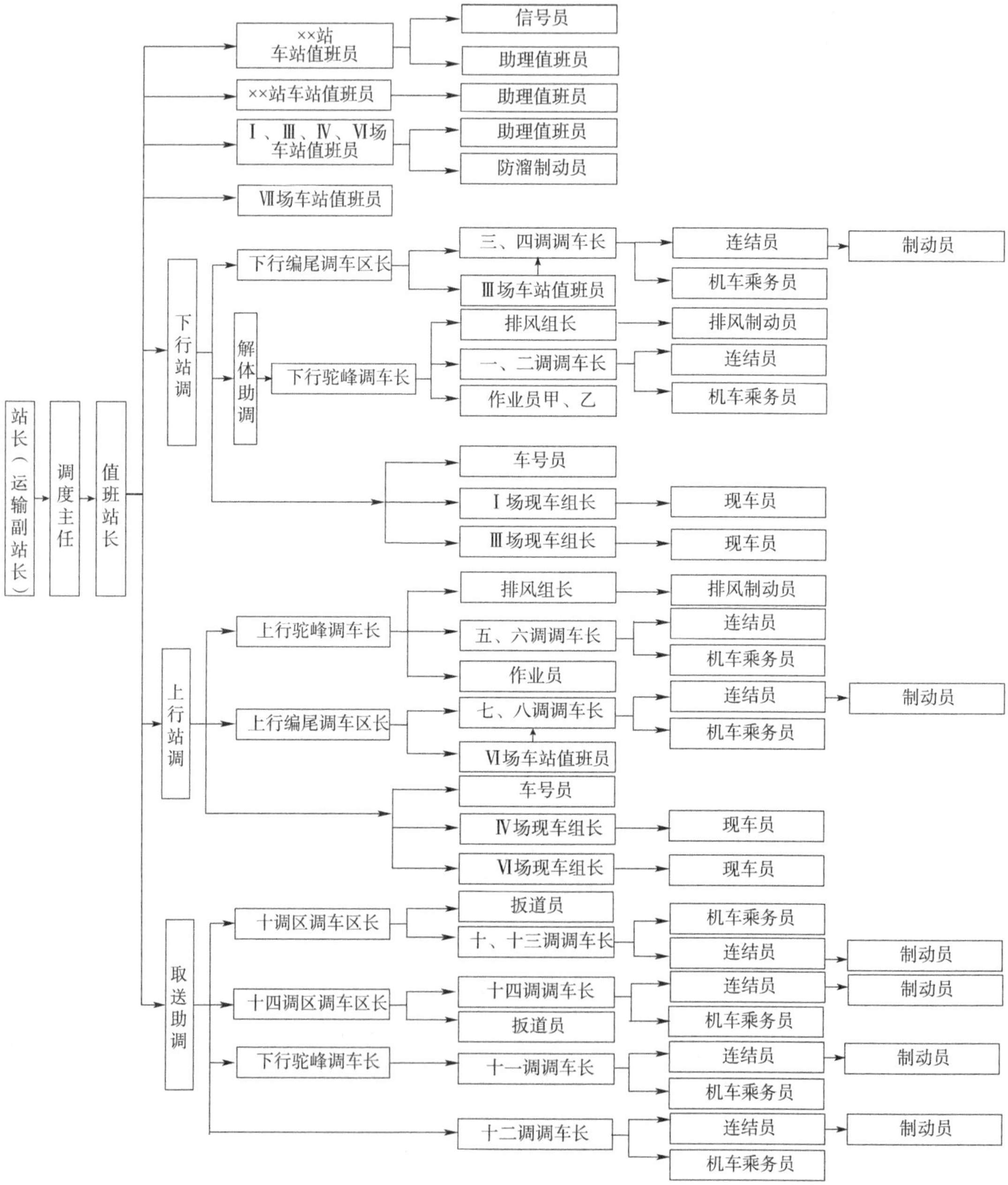

图2-21　×××站行车组织系统图

## 六、《站细》的编制

### （一）《站细》编制的资料

编制《站细》时，有关部门要提供有关资料。

**1. 工务部门**

（1）车站平、纵断面图（含路产及代维修非路产岔线）。车站线路平面图中应包括车站中心里程，各股道编号、线路有效长，线间距离，信号机中心里程，道岔编号，道岔辙叉号，道岔侧向过岔速度，路产与非路产岔线、段管线分界点，曲线半径等。其中，道岔辙叉号、侧向过岔速度和曲线半径可采用表格形式提供。

车站纵断面图应包括站内正线、站线、岔线，有效长范围内标有起止点的实际逐段坡度，驼峰纵断坡度。其中，正线、站线、岔线股道坡度可采用表格形式提供。

（2）股道表、道岔表（含路产及代维修非路产岔线）。

（3）进站信号机外最大制动距离内实际逐段坡度和曲线数据。

（4）站线、岔线、段管线限制速度，使用机车类型及其地点、限制条件资料。

（5）工务设备建筑限界，对侵限设备应注明具体侵限部位及侵限数据。

**2. 电务部门**

（1）信号设备平面布置图（含信号机中心里程）、联锁图表、特殊信号显示说明、特殊联锁关系、闭塞设备的类型、控制台及其他控制设备盘面图、设备基本性能和使用方法。

（2）TDCS、STP 设备基本性能和使用方法。CTCS－2/3 级区段，设有列控信息的股道和进路。

（3）自动化驼峰最短分路道岔轨道电路长度。

（4）与行车有关的通信、信号设备的技术资料和使用方法。

（5）电务通信、信号设备建筑限界，对侵限设备应注明具体侵限部位及侵限数据。

**3. 房建部门**

（1）候车室、仓库、行车房舍使用面积，站台、风雨棚、天桥的长度、宽度和高度。

（2）水塔、水栓等设备的数量、位置、能力，给水来源及方式（非房建部门管理的，由实际管理部门提供）。

（3）房建设备建筑限界，对侵限设备应注明具体侵限部位及侵限数据。

**4. 供电部门**

（1）接触网高度、分相分段绝缘器位置、供电分段平面示意图、隔离开关、接触网终点标位置及使用办法。线路部分挂网时的挂网长度。

（2）照明灯桥、灯塔等设备的数量、位置、能力（容量），供电来源与方式。

（3）供电设备建筑限界，对侵限设备应注明具体侵限部位及侵限数据。

**5. 信息部门**

车站与行车有关的信息系统的设备及其使用维护办法。

**6. 机务部门**

站内机车整备设备规模、整备地点及供应能力。

7. 车辆部门

(1)固定脱轨器设置地点,距离出站(发车进路)信号机距离。

(2)换长1.6及以上的四轴货车车辆类型及其二、三轴间的距离。

(3)吸污设备、站内试风装置、地面电源的数量、位置。

(4)车辆地面固定设备的具体侵限部位及侵限数据。

8. 货运部门

(1)超偏载检测装置及轨道衡设置情况;装卸机械设备情况,各种装卸机械设备的设置地点,起重能力等。

(2)货运量(发送吨、装车数、卸车数)等货运技术指标完成情况。

(3)货运设备设施、安装在线路两侧或上空侵入限界的装卸机具限界尺寸、货位及装卸作业能力、尽头式站台设置的车钩缓冲装置等。

(4)经过轨道衡、特殊线路(如油库线、危险货物仓库线、洗刷线等)作业要求及限制条件。

(5)货场内线路用途分工。

(6)办理鲜活货物运输作业和货车洗刷消毒作业的项目、作业地点、设施及其作业条件。

(7)固定防护信号牌(灯)的安设位置。

(8)危险货物装卸、保管的办法和安全防范措施。

9. 车站新建、改建工程,施工单位和设备接收管理单位

提供技术资料的规定:

(1)车站新建、改建工程竣工前30天,施工单位须将竣工图技术资料提供给车站。

(2)车站新建、改建工程竣工开通后15天内,设备接收管理单位须根据施工单位提供的竣工图资料,及时修改技术资料并提供给车站。

10. 相关单位

相关单位应在提供的技术资料上加盖单位公章,与车务站段进行签字交接。

(二)《站细》的编制、审批与执行

(1)《站细》的编制要坚持"安全第一"的方针,贯彻"统一指挥、逐级负责"的原则,充分发挥现有设备的运用效能,合理组织好路内单位在车站作业,做到各项作业的连续性、均衡性,最大限度地组织平行作业,减少各种等待、干扰时间,加速机车车辆周转,实现安全、正点、高效、畅通。

(2)《站细》由车站站长组织有关单位,依据有关规章要求,结合车站运输条件及设备情况,做好编制和修订工作。三等及以下车站《站细》由站长亲自编制、修订。

对《技规》《行规》《行细》及其他上级技术规章制度没有明确规定的,需要在《站细》中规定时,应与相关单位协商一致(可采用协议、会议记录、纪要或会签等形式)后,纳入《站细》。

(3)机务、车辆、工务、电务、供电、信息、房建等有关单位必须积极配合车站《站细》的编制和修订工作,及时向车站提供编制《站细》所需的技术资料,技术资料发生变化时应及时提供变化内容。

注有坡度的车站线路平面图、进站信号机外制动距离内平纵断面图、联锁图表及电气化

区段接触网高度和分相分段绝缘器位置等技术资料可不与《站细》装订在一起，单独存放。

(4)遇《技规》《行规》《行细》、列车编组计划、列车运行图等重新颁布，以及车站新设备(包括改造后的设备)投入使用，使车站的运输组织方式、作业组织方法发生改变时，车站应在设备投入使用、新运输组织作业方法施行前完成《站细》的编制或修订工作，按规定程序审核报批，抄送有关单位并取得签收回执(或公文系统的签收记录)。因特殊情况车站不能及时完成《站细》的编制或修订工作时，须制定临时规定并抄送有关单位。新增加的在站作业单位，应及时向车站索取《站细》(临时规定)，确保有关作业顺利进行。

收到《站细》或临时规定的单位要立即认真核对与本单位有关内容，发现问题应及时反馈。

(5)《车站行车工作细则编制规则》中条文目录不得增减。车站可结合技术设备和作业的具体情况，对条文内容适当增减。仅编组站及铁路局集团公司指定的区段站编制《站细》第二、三篇内容。有关军事运输内容，与驻局军代处根据管内实际情况确定。

(6)《站细》应采用国家、国铁集团统一规定的术语、符号、计量单位，做到结构严谨、层次分明、逻辑清晰、内容简练、用语规范、简明易懂。书面正本应采用活页式 A4 纸张，封面"车站行车工作细则"为黑体 48 号字，站名为幼圆体小初号字，落款"××铁路局集团公司"为隶书体小初号字，篇标题为宋黑 2 号字，章标题为宋黑 3 号字，节为宋黑 4 号字，条为黑体 5 号字，正文为宋体 5 号字，表格内文字为宋体 10 磅字，正文字间距为标准，行距为单倍行间距。

(7)《站细》原则上不宜抄录《技规》《行规》《行细》《接发列车作业》《铁路调车作业》等基本技术规章和作业标准的具体条款内容，但应注明执行的规章名称及条款编号或作业标准名称及编号。

《站细》中的主要技术指标要认真查定、分析、定标，做到平均先进、切实可行。《站细》编制中的主要技术指标低于上年完成的实绩时，应加以分析。通过能力利用率达到85%，改编能力利用率达到90%时，应按阶段或小时计算能力并做图解分析，采取加强能力的措施。

(8)《站细》报铁路局集团公司审核发布。

《站细》纸质正本在站段技术科、车站值班员室各留存一份；铁路局集团公司《站细》归口管理部门留存一份(三等及其以下车站《站细》可留存电子版)；特、一等站《站细》电子版报国铁集团备案。

报国铁集团的《站细》电子版中的车站示意图应采用 JPG 或 PDF 格式。较小车站使用 A4 纸横向版式，较大的车站可根据需要采用 A3 或 A4 多张拼接的版式。

(9)《站细》由铁路局集团公司、车务站段主管部门归口管理，其他任何部门及人员不得擅自增加或修改《站细》内容，各级部门发文要求将有关规定或安全措施纳入《站细》时，须征得同级《站细》归口管理部门同意。各级技术管理人员应加强对《站细》编制、执行情况的检查，不断提高《站细》编制质量。

(10)线路所需单独编制《线路所行车工作细则》时，应按照本规则规定编制。

(11)《站细》应逐步实现网络化管理，做到信息共享、远程审批，实行动态管理。

(12)为便于学习、掌握和执行《站细》,车站应将《站细》或其有关内容摘录,分发有关处所和单位。各级专业管理人员应经常检查执行情况。所有参与车站作业的运输、机车、车辆、工务、电务、供电等有关行车人员都要认真执行《站细》的各项规定,安全、准确、迅速、协调地进行生产活动,更好地为运输生产服务。

# 任务3　货物列车编组计划

## 一、列车编组计划的作用及任务

铁路运输完成的货物"位移",是通过列车实现的。但是,全路各站设备条件不同,能力不同,各技术站编组列车的种类和方法也不同。列车编组计划所要研究和解决的主要问题就是怎样编组列车、编组哪些列车和在哪些车站上编组列车等问题。

在解决上述问题的同时,还要考虑到加速车辆解编、减少车站改编作业、合理运用调车设备等问题,加速货物的送达和机车车辆的周转。

怎样把车辆变成列车呢? 有两种极端的做法:一种是不分车辆的去向和远近,不加组织地一律编入摘挂列车或区段列车。这样势必造成远距离的车辆逐段或逐站作业,延误了货物的送达,延缓了机车车辆的周转,增加了各站的作业。另一种是不管每个去向的车流多少,一律在装车站集结,编入直达列车。这样固然由于中途不进行改编作业而节省了一些时间,但车辆要等待集结成列,就大大延长了车辆在站停留时间,同样不能达到快速运送货物、加速机车车辆周转的目的。

正确的车流组织方法应该是根据车流的大小和性质,结合设备条件,采取不同的组织形式。在装车量较大、流向集中的地点或邻近的几个装车站联合起来,组织装车地直达列车;对装车地直达列车以外的车流,通过对车流各种组合方案,确定出既在编车站集结时间短,又在途中运行快的列车编组方法,按车辆去向的远近,由技术站分别编组技术直达、直通、区段列车;对到达中间站的车辆或中间站挂出的车辆,则一般编入摘挂列车。

**1.列车编组计划的作用**

(1)把全路复杂的重、空车流,分别按到站和去向的不同,组织到不同种类的列车中,有节奏地组织运输生产。

(2)规定了各站的作业任务、作业方法和使用车站技术设备的办法,对车站工作组织起着决定性作用。

(3)规定了各站间的相互关系和联合动作,是全路车站分工的战略部署。

(4)列车编组计划是铁路与国民经济其他部门紧密联系的一个重要环节。

(5)列车编组计划与列车运行图有密切的联系,它是编制列车运行图的基础。没有列车编组计划的行车量和列车分类,则列车运行图难以铺画。同时,列车编组计划又有赖于列车运行图来体现。两者密切结合,成为行车组织工作的基本技术文件。

**2.列车编组计划的任务**

列车编组计划是全路车流组织计划,它统一安排全路的车流组织方案,具体规定货运站、编组站、区段站等编组货物列车的要求、方法和内容。

(1)在装车站最大限度地组织直达列车和成组装车,以减少技术站的改编作业量。

(2)根据车流特点、设备条件和作业能力,正确规定装车站和技术站编组列车的办法,最大限度地减少车辆的改编作业次数、加速车辆周转。

(3)合理分配技术站的调车工作任务,尽量将调车作业集中到技术设备先进、解编能力大、作业效率高的路网性编组站上进行,以便充分发挥设备能力、减少人力消耗、降低运输成本。

(4)在具有平行径路的铁路方向上,按照运输里程及区段通过能力的使用情况,规定合理的车流径路,以平衡各铁路线路的任务,减轻主要铁路方向的负担。

(5)合理地组织管内零散车流,加速管内车流的输送。

另外,根据国民经济发展计划中对铁路运输的要求,预见车流将来可能发生的变化,有计划、有准备地调整某些站场的分工,必要时从合理组织车流的实际出发,提出新建或扩建站场的计划,也是列车编组计划的一项重要任务。

## 二、列车编组计划的主要内容

列车编组计划的主要内容见表2-2。

**甲站列车编组计划**(示例)　　表2-2

| 发站 | 到站 | 编组内容 | 列车种类 | 定期车次 | 附注 |
|---|---|---|---|---|---|
| 甲 | 丁 | 丁及其以远 | 技术直达 | | |
| 甲 | 丙 | 1. 丙及其以远(不包括丁及其以远)<br>2. 空棚车 | 直通 | | |
| 甲 | 乙 | 乙及其以远(不包括丙及其以远) | 区段 | | |
| 甲 | 乙 | 1. A-D间按站顺<br>2. 乙及其以远 | 摘挂 | | 按组顺编组 |

从表中得知,列车编组计划主要有以下内容:

(1)发站,指列车编组始发的车站。

(2)到站,指列车的终到站(解体站)。

(3)编组内容,规定了该列车用哪些车流编组及车辆的编挂方法。

(4)列车种类,表示该列车的种类。

(5)定期车次,若该列车为装(卸)车地组织的直达列车,则表示该列车开行期间的固定车次。

(6)附注,对编组内容栏加以补充说明,常见的说明如按站顺、按组顺、规定基本组重量、开行列数等。

编组内容栏规定的列车中车辆的编挂方法,通常为以下几种:

(1)单组混编,即该列车到达站及其以远的车辆,不分到站、不分先后混合编挂。

(2)分组选编,即一个列车中分为两个及其以上的车组,属于同一组的车辆必须编挂在一起。对车组的排列,无特殊要求者,可以不按组顺编挂。

(3)到站成组,即在列车中同一到站的车辆必须编挂在一起。

(4)按站顺编组,在列车中除同一到站必须挂在一起外,还要求按车辆到站的先后顺序进行编挂。

以上各种列车编组方法,是根据各有关车站的能力、所需列车的性质分别确定的,能达到加速车辆周转和货物送达的目的。

## 三、列车编组计划的编制过程

编制列车编组计划是一项细致复杂的工作。编制工作通常分为三个阶段进行,即准备资料阶段、编制阶段和实行前的准备阶段。列车编组计划的编制质量在很大程度上取决于编制资料的准备工作。只有充分掌握可靠的编制资料,才能编制出经济有利、切实可行的列车编组计划。

**1.列车编组计划的编制资料**

(1)列车编组计划实行期间的日均计划车流。计划车流是编制列车编组计划的主要依据,其准确与否,对列车编组计划的质量有直接影响。如果计划车流确定大了,在制定计划时必须规定多开列车,这样在日常执行中则会因实际车流较小使货车平均集结时间增大。反之,如果计划车流确定过小,则某些可以编组直达列车的车流没有被吸收,从而增加技术站的改编作业。实际工作中一般是根据国民经济计划对铁路运输的要求,分析实际车流规律,经过经济调查和各局互相核对,综合平衡,最后确定列车编组计划实行期间的日均计划车流。

(2)各线的列车重量标准和换算长度。

(3)主要装卸站的技术设备、装卸能力。包括主要专用线长度、股道数、容车数、日均装卸车数、批数和时间等。

(4)技术站的有关技术资料。如车场分工、股道数量、有效长度、调车机车台数、改编能力以及按到达站别的列车平均编成辆数、集结系数等。

(5)现行列车编组计划执行情况等。

**2.列车编组计划的编制程序**

编制阶段的工作分为两个步骤进行:第一步,在国铁集团的领导下,各铁路局集团公司共同编制跨局的列车编组计划;第二步,在跨局列车编组计划的基础上,各铁路局集团公司自行编制本局管内的列车编组计划。

(1)确定日均计划重车车流量。在审批各铁路局集团公司提出的品类别、发到站别运输计划后,编制计划重车车流表。

(2)编制装车地直达列车编组计划。

(3)编制空车列车编组计划。计算较大的装卸站或区段不同车种空车的余缺,按合理调整空车的原则,分配空车并编制计划空车车流表,确定空车直达列车编组计划。

(4)编制快运货物列车编组计划。

(5)编制技术站列车编组计划。

(6)检查装车地直达列车编组计划同技术站列车编组计划的配合情况,并修正不配合的装车地直达列车编组计划。

(7)规定直达列车补轴、减轴的办法。

(8)确定列车编组计划,计算各项指标。

## 四、列车编组计划的执行(相关教学案例 请扫描二维码)

二维码

为了正确执行编组计划,各铁路局集团公司在每次新编组计划实施前,须制定保证实现编组计划的措施,各技术站应安排好车场分工、固定线路用途、调整劳动组织等准备工作,组织有关人员认真学习。

各铁路局集团公司应经常对职工进行运输纪律的教育,各级调度人员应组织车站严格按编组计划规定编车,认真组织直达列车按时开行和正常运行,对特需、快速货物列车开行重点掌握,发现违反编组计划时,应及时督促车站纠正。

车站调度员、车站值班员、调车区长等有关人员,应严格执行编组计划,不得违反。如发现违反编组计划,应查明原因,立即纠正。

各铁路局集团公司主管编组计划及有关人员应经常深入现场调查研究,总结分析车流动态、货源货流变化、直达列车开行、技术站作业、能力使用、设备变化及编组计划执行等情况,不断总结经验,及时提出改进意见。

(1)编组计划不得经常变更。因车流或技术设备发生变化必须局部调整时,要有计划、有准备地进行,并及时向有关单位布置。跨局列车编组计划由国铁集团调整;铁路局集团公司管内编组计划由铁路局集团公司调整,在征得有关铁路局集团公司同意后可变更跨局区段、摘挂、小运转列车编组计划,变更内容应报国铁集团备案。

(2)编组列车应按列车运行图规定的列车牵引质量或换长满轴编组,尾数波动执行有关规定。运行区段牵引定数不一致的直达列车,由编组计划指定列车牵引质量、换长时,按编组计划指定的牵引质量、换长编组。摘挂列车、小运转列车允许欠轴开行。

(3)分组列车不受车组号顺位的限制(单独指定编挂位置者除外)。临时排送的空车,应单独选编成组(摘挂、小运转列车除外)。按回送单据向指定到站回送的空车(特殊规定者除外),按该到站的重车办理。

(4)摘挂列车的始发站,应将到达途中各站的车组挂于列车前部(特殊规定者除外),为区间留轴后尚有余轴时,可加挂指定车流。

限速的机车、车辆,虽属直达、直通或区段车流,也可利用摘挂列车挂运。

(5)列车的补轴(包括超轴)除另有规定外,应利用与该列车相同到站的车流补轴,相同车组应连挂在一起。如没有相同到站的车流补轴时,可用符合编组计划规定、不超过该列车到达站的最远到站车组补轴。

(6)车辆应按规定径路运行,对需要加油的冷藏车,可视作前方加油站的重车办理(特殊规定者除外)。

(7)为加速到达中间站(包括中间站挂出)需要快运的鲜活易腐货物的运送,可优先用直达、直通、区段列车挂运。如特殊需要,各铁路局集团公司可在编组计划中指定车次,利用直达、直通、区段列车甩挂中间站车辆。

(8)凡有下列情况之一者(另有规定除外)均为违反编组计划:

①直达列车的车流,编入直通、区段、摘挂和小运转列车;直通列车的车流编入区段、摘挂和小运转列车;区段列车的车流编入摘挂和小运转列车。

②直通、区段、摘挂和小运转列车的车流,编入直达列车;区段、摘挂和小运转列车的车流编入直通列车;摘挂和小运转列车的车流编入区段列车。

③未按规定选分车组或未执行指定的编挂顺序(由于执行隔离限制,确实难以兼顾时除外)。

④未按补轴、超轴规定编组列车。

⑤违反规定的车流径路,将车辆编入异方向列车。

⑥未达到列车运行图或编组计划规定的列车(基本组)牵引质量、长度(摘挂列车、小运转列车除外)。

⑦其他未按编组计划规定编组的列车。

(9)在特殊情况下,必须承认违反编组计划时,跨局列车由国铁集团、局管内列车由铁路局集团公司调度下达调度命令。对违反编组计划的列车,应记录车次、原因、责任者,以便核查。各铁路局集团公司、各编组站应建立健全编组计划分析考核制度,按月对编组计划执行情况进行分析考核,并提出月度分析报告。对于违反编组计划的情况应进行重点分析,对于组织的高质量直达列车要及时加以总结,促进各编组站认真执行编组计划。

## 五、装车地直达列车编组计划编制

在我国铁路运输的货物中,约有2/3左右属于大宗货物,如煤、焦炭、矿石、石油、粮食、建材等。这就为组织装车地直达运输创造了条件。

装车地直达列车是指由装车站利用自装车流组织的直达列车。包括始发直达列车、阶梯直达列车、循环直达列车。整列短途列车虽不属于直达列车,但因其系一站装一站卸,运输效率较高,在编制装车地直达列车编组计划时应一并研究。

随着重载运输的发展,重载单元列车已在我国部分线路上开行。它是提高铁路运输能力的一项重要的组织措施。重载单元列车是由装车地到卸车地固定机车车辆循环运用的列车单元。列车中途不拆散,在运行过程中,除占用正线和到发线外,不占用调车设备,因而大大减轻了编组站的作业负担,加快了货物的送达速度,提高了经济效益。重载单元列车是一种集中运输方式,即集中装车-集中运行-集中卸车-集中回空,对中短途的大宗货物运输尤显其优越性。但开行这种列车应具备严格的条件,如货源充足、货物品类单一、发到站的装卸设备适应整列装卸等。显然,这些条件适用于运送煤炭、矿石、建材等大宗货物,适合于到达大型电厂、大型港口、大型仓库、大型冶金联合企业等卸车地点。对于长途运输,由于增加了空车走行距离等问题,开行重载单元列车是否有利,应全面权衡利弊,谨慎选用。

### (一)装车地直达列车的优越性及组织条件

#### 1.装车地直达列车的优越性

由装车地组织的直达列车,是一种经济有利的车流组织形式。装车地直达列车主要具有以下优越性:

(1)能减少有关技术站的改编作业量和有关区段的摘挂列车数量,缓和铁路通过能力的紧张程度。我国铁路大部分技术站往往都不具备对通过本站车流全部改编的作业能力，大量组织始发直达列车，能减轻技术站的改编作业负担。

(2)能够加速车辆周转和货物的送达，对提高车辆运用效率，加速物资和资金的周转都有很大好处。

(3)有些始发直达列车能直接配合生产的需要运送货物，使生产-运输-生产的过程更好地衔接起来，保证运输对生产的良好服务。

**2. 装车地直达列车的组织条件**

装车地直达列车的优点是显著的，应大力组织。但是，并非所有装车站都可以组织直达列车，如装车能力不足、货位少或空车来源没有保证的车站就不宜组织装车地直达列车。组织装车地直达列车，一般应具备以下条件：

(1)发货单位或发站的直达货流充足而稳定，流向集中。

(2)发收货单位或装卸车站有足够的货位、仓库和装卸能力，能保证整列或成批地进行装车和卸车。如果不能进行整列装和卸，而进行分批装卸，将产生大量的车辆等待停留时间。

例如，某站专用线组织始发直达列车，该地点每批只能装 15 辆，列车编成 45 辆，则需要经过三批装车后才能组织一列始发直达列车，如果空车是整列送到，那么等于 45 辆车都要消耗三批的装车时间，如图 2-22 所示。这样组织直达列车损失太大，一般是不经济的。

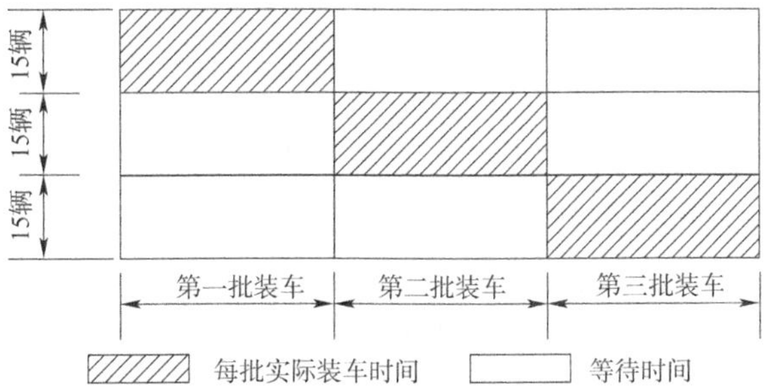


图 2-22 分批装车示意图

(3)有足够的符合车种要求的空车供应，以满足装车需要。

(4)直达列车运行途中如果需要增加重量时，有合适的补轴车流。

(5)如果组织到达技术站解体的直达列车，应符合前方技术站列车编组计划的有关规定。

例如，甲—己方向列车编组计划规定：甲站编组到达己站的技术直达列车，编组内容为己站及其以远；到达丁站的直通列车，编组内容为：①丁站及其以远，②庚站及其以远；到达乙站的区段列车，编组内容为乙站及其以远；其他技术站都编开区段列车，如图 2-23 所示。

如 A 站组织开到丁站解体的始发直达列车，所吸收的车流及分组选编的办法应符合甲技术站列车编组计划的规定，即不得编入己及其以远的车流，也不得把庚及其以远和丁及其以远的车流混编在一起。否则，将延缓到达己站车流的运送，增加了丁站和戊站的改编作业量，会使有关技术站的作业因车流条件变化而受到影响。所以，这种列车到达甲站后就可能被提前解体，将车流分别编入开往己站和丁站的列车。

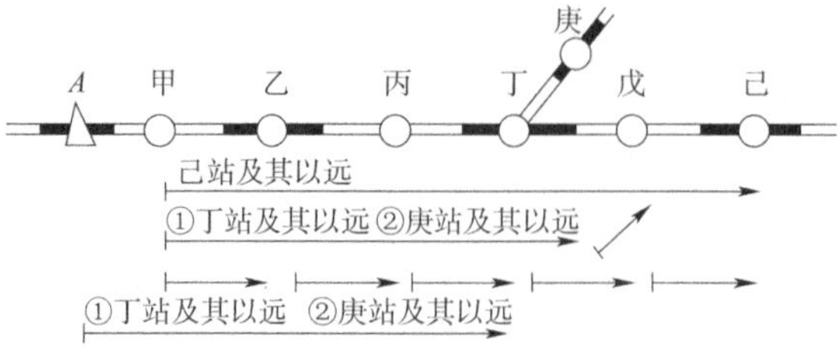


图 2-23　始发直达列车与前方技术站列车编组计划配合示意图

### (二)装车地直达列车编组计划的编制

装车地直达运输是最经济有效的车流组织形式。为了提高它在总装车数中所占的比重,国铁集团在下达年度运输计划及审定各铁路局集团公司上报的计划时,规定了各铁路局集团公司应完成的装车地直达运输任务。

各铁路局集团公司根据国铁集团下达的任务,从所采用的计划车流中查出品类别和发到站别的直达车流,结合装卸站的设备条件、装卸能力,参考以往实绩并与有关厂矿企业共同研究协商,拟定出装车地直达列车计划草案报国铁集团。经国铁集团平衡、调整后确定。

在拟订装车地直达列车编组计划草案时,本着“集零成组、集组成列、可远勿近、可高勿低”的原则,要优先采用效率高、在实际工作中最易实现的组织形式。一般做法如下:

(1)先组织一个发站一个发货单位装的直达列车,再组织同一发站几个发货单位装的直达列车,最后组织几个车站联合配开的阶梯直达列车。

(2)先组织到达同一专用线或同一车站卸车的直达列车,再组织到达同一区段内几个站卸车的直达列车,最后组织到达技术站解体的直达列车。

(3)组织循环直达列车。如直达列车往返都有货装,或其回程恰好是回空方向不额外增加空车走行公里,或虽然增加一些空车走行公里,但因此保证了始发直达列车的组织实现,以及某些需要使用专用货车运送的大宗货物,都可以组织循环直达列车。

(4)建立直达基地或联合出车区。采用这种办法,可把零散车流汇集起来,组织多站配开的远程直达列车。例如,装车地区各企业专用线有的装车线长度不足,不宜分别组织直达列车,若联合组织直达列车又因装车地点过于分散而不宜实现时;或支线牵引定数低于干线,直达列车需要变更重量,在干支线衔接站又因无适当车流补轴而需拆散部分列车;均可利用直达列车基地或联合出车区开行直达列车。

例如,甲—丁方向上煤炭装车计划见表 2-3 并已知主要装、卸站装卸能力充足,空车来源有保证。

**甲—丁方向煤炭装车计划表**(日均车数)　　表 2-3

| 卸车站<br>装车站 | 甲 | 乙 | 丙 | 丁 | R | S | T | 合计 |
|---|---|---|---|---|---|---|---|---|
| X | 3 | | | 2 | 165 | 25 | | 195 |
| Y | | 5 | | | | | 30 | 35 |
| M | | | 4 | ㉚ | | | | 34 |
| N | | | | | ⑩ | ⑩ | ⑤ | 25 |
| 合计 | 3 | 5 | 4 | 32 | 175 | 35 | 35 | 289 |

编制装车地直达列车编组计划时，先组织一站（X站）装至一站（R站）卸者165辆（表2-3中带□者），再组织两站（X、Y站）装至两站（S、T站）卸者55辆（表2-3中带△者），最后组织M、N两站装至丁站解体者（表2-3中带○者）共55辆，如图2-24所示。这些始发及阶梯直达列车，即可纳入列车编组计划（见表2-3）。

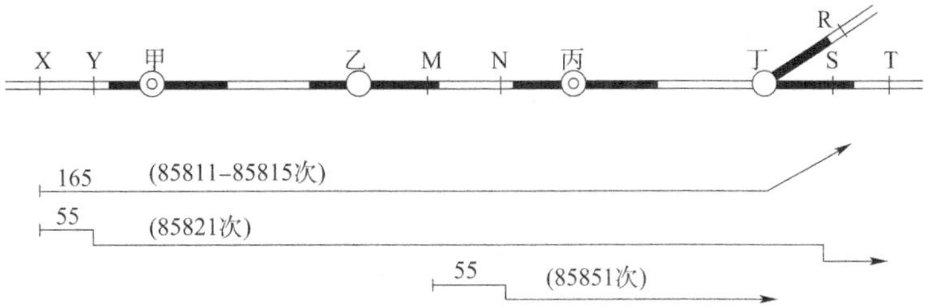


注：编成辆数为55辆。

图2-24　甲—丁方向装车地直达列车计划示意图

### （三）空车直达列车编组计划

组织始发直达列车需要的空车，一般以空车直达列车的方式组织供应。空车直达列车应按重车直达列车需要的车种进行组织，所以大部分空车直达列车系由一种空车组成。例如，送往石油装车站的空车直达列车由空罐车组成，送往煤炭装车站的空车直达列车由空敞车组成。

空车直达列车的编成辆数，一般按运行区段的列车计长确定。但原列折返装车站的空车直达列车，其编成辆数应与重车直达列车的编成辆数相同。

确定空车直达列车的组织地点时，应按空车车种（如空敞车等）单独研究。组织空车直达列车的最适宜地点是大量卸车站。因为这些车站卸车量大，空车来源稳定可靠，集结空车直达列车所消耗的车小时不多，组织空车直达列车比较有利。对于有大量卸车的铁路枢纽，如卸车分散，则可指定枢纽内收集空车比较方便且具有编组能力的车站编组空车直达列车。

任何车站编开空车直达列车时，均应满足式（2-1）的条件：

$$N_{空}(\sum t_{节}^{空}+t_{节}^{装})\geqslant T_{集}^{空} \tag{2-1}$$

式中：$N_{空}$——一昼夜编组空车直达列车的车流量；

$\sum t_{节}^{空}$——开行空车直达列车时，无改编通过沿途技术站每车节省的时间之和，小时；

$T_{集}^{空}$——开行空车直达列车时，在空车编车站一昼夜的集结车小时；

$t_{节}^{装}$——开行空车直达列车时，在列车的到达站（即直达列车装车站）每车节省的时间，小时，其值按下式求得：

$$t_{节}^{装}=t'^{装}_{站}-t_{站}^{装}$$

式中：$t'^{装}_{站}$——不开空车直达列车时，平均每车在装车站的停留时间，小时；

$t_{站}^{装}$——开行空车直达列车时，平均每车在装车站的停留时间，小时。

空车直达列车，在几个车站都有编组能力的前提下，在哪一车站编组最有利，应按式（2-2）进行计算比较：

$$Nt_{节}^{空}=N_{直}^{空}(\sum t_{节}^{空}+t_{节}^{装})-T_{集}^{空}\quad（车·小时） \tag{2-2}$$

$\sum t_{节}^{空}$有最大值的车站编组空车直达列车可获得最多的车小时节省，因而最有利。

如果某种空车在其回空方向上有若干个空车汇集站，每个车站都具有编组空车直达列车的能力，但每站都编组空车直达列车并不一定能取得最大的经济效益，亦可用式(2-2)的基本原理，对各种编组方案进行计算比较，选择消耗小、节省多的方案。计算时应注意任何一种方案中，均需包括最后一个汇集站编组空车直达列车。

### (四)装车地直达列车的考核指标

在装车地直达列车编组计划确定后，应计算以下指标：

(1)装车地直达列车比重(简称直达列车装车率)，是指装车地直达列车吸收的车流占全部装车数的百分率，按式(2-3)计算。

$$\alpha_{装}^{直} = \frac{u_{装}^{直}}{u_{装}} \times 100\% \tag{2-3}$$

式中：$u_{装}^{直}$——直达列车吸收的装车数；

$u_{装}$——总装车数。

(2)装车地直达列车平均运程，是指装车地直达列车平均运行的公里数，按式(2-4)计算。

$$l_{直}^{均} = \frac{\sum n_{直}^{装} l_{直}^{装}}{\sum n_{直}^{装}} \quad (\text{km}) \tag{2-4}$$

式中：$\sum n_{直}^{装} l_{直}^{装}$——装车地直达列车总走行公里数；

$\sum n_{直}^{装}$——装车地直达列车总数。

(3)装车地直达列车无改编通过的技术站数，按式(2-5)计算。

$$K_{技} = \frac{\sum K_{技} n_{直}^{装}}{\sum n_{直}^{装}} \tag{2-5}$$

式中：$\sum K_{技} n_{直}^{装}$——装车地直达列车无改编通过的技术站总次数。

### (五)衡量装车地直达运输效果的标准

组织直达运输的可能性和合理性，不仅取决于是否具备各种条件，而且也取决于所欲达到的效果。

一种衡量直达运输效果的标准是保证重点物资的优先、快速、及时运送。它着眼于最大限度地加快运送速度而不管其他指标如何。主要适用于紧急军运、抢险救灾物资运输以及疏港工作等短期性的特殊需要等。

另外一种衡量直达运输效果的标准，是最大限度地减轻有关技术站的改编作业负担。它着眼于解决某些技术站改编作业能力不足的实际困难，对于因组织始发直达列车而增加的费用则考虑较少。因此，采用这一标准时要求多编装车地直达列车，并尽可能无改编通过沿途更多的技术站。这种“以装缓编”的办法，对解决铁路运输能力不足的困难是现实而有效的。

再一种衡量直达运输效果的标准是车小时的节省。这种被普遍采用的办法，主要着眼于加速铁路车辆的周转。当直达运输有多种组织方案时，优先选用节省车小时最多的方案。对于车小时节省与损失的计算，一般是这样考虑的：

(1)在装车站上，一方面由于直达车流被直达列车所吸收而减少了非直达列车的集结车流量，因此，将延长其他车辆的集结停留时间。另一方面，直达列车因其空车整列到达、整列或成批配装而缩短其集结时间，总体算来一般“得”大于“失”。

直达列车在装车站的停留车小时，与装车线货位数量有关。应按整列到空、整列装车、分批同时装车或分批依次顺序装车等不同情况，分别进行计算。

(2)在运行途中经过的技术站上，由于无改编通过与改编相比较，将有较大的车小时、调机小时及其他调车设备投资的节省，通过的技术站越多，效果越显著。这是装车地直达列车最大的经济效益之所在。

(3)在卸车站上(指同一到站的直达列车)，不管是整列卸车还是分批卸车，都将比零星到达卸车便于组织送车和卸车，便于排空，货车停留时间将大大减少。

应指出，以上各种衡量直达运输效果的标准都是侧重某一特定情况，而以国民经济换算费用节省的多少作为衡量标准才是最全面、最合理的。由于它的计算方法复杂，多在制定装车地直达运输远景规划时采用。

## 六、技术站列车编组计划编制

没有被装车地直达列车吸收的车流，都要到相应的技术站上汇集，集结编成各种列车，直接或逐步送到目的地。因而就产生了各个技术站编组哪些列车的问题，这就是技术站列车编组计划的基本任务。

技术站列车编组计划，是在线路方向上对所有车流统筹研究的基础上确定的。如果将某支车流单独划出编组一个到达站的列车，就会在列车编组站多消耗一个货车集结车小时($T_{集}$)，但在列车经过的技术站因不需改编而获得车小时的节省($N_{直}\sum t_{节}$)。因此，货车集结车小时、技术站间车流量、每车在技术站节省的时间等，是研究技术站列车编组计划的主要因素。

### (一)技术站间的计划车流

技术站间的计划车流是编制技术站列车编组计划的基础资料和编制依据。技术站间车流与装车站的车流不同，除本站产生和消失的车流外，大量的是中转车流，如图2-25所示。

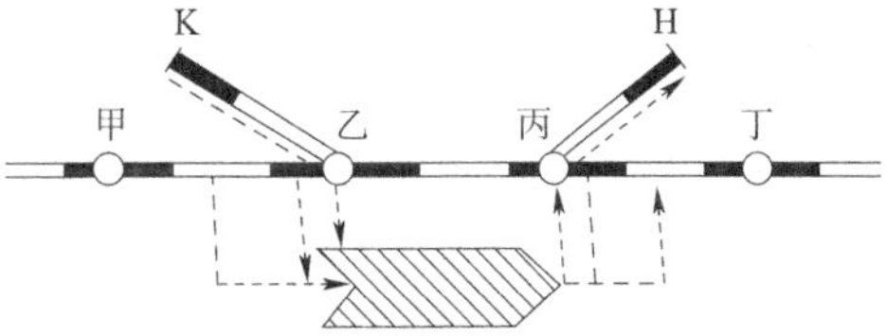

图2-25 乙—丙车流组成示意图

图2-25中乙站向丙站发出的车流包括：

(1)乙站装车到达丙站、丙—丁间各站及丙—H支线各站卸车的车辆。

(2)甲—乙间各站装车到达丙站、丙—丁间各站及丙—H支线各站卸车的车辆。

(3)乙—K支线各站装车到达丙站、丙—丁间各站及丙—H支线各站卸车的车辆。

除以上三种车流外，还有装车地直达(直通)列车到乙站解体后需转送到达丙站、丙—丁间各站和丙—H支线各站卸车的车辆。

综上所述，每一技术站发出的车流包括：

(1)该站自装车流。

(2)该站与其后方相邻技术站间各站及衔接支线所装车流。

(3)该站衔接支线所装车流。

(4)到达该站解体的装车地直达(直通)列车中需继续运送的车流。

到达每一技术站的车流包括:

(1)到达该站所卸车流。

(2)到达该站与其前方相邻技术站间各站及衔接支线所卸车流。

(3)到达该站衔接支线所卸车流。

(4)到达该站列车中需继续运送至下一技术站及以远的车流。

技术站间车流不包括被装车地直达列车吸收的车流及同一和相邻区段到发的摘挂车流。

按照上述技术站车流包括的内容,对发到站别的计划车流进行归并和整理后,便可编制技术站间计划车流表。例如,根据表2-3 和表2-4(甲—丁方向重车车流表)归并整理后编制出甲—丁方向技术站间计划重车车流(见表2-5),已被装车地直达列车吸收的车流应从有关数字中减去。

**甲—丁方向重车车流表**(日均车数)　　表2-4

| 由＼往 | 甲 | 甲—乙 | 乙 | 乙—K | 乙—丙 | 丙 | 丙—H | 丙—丁 | 丁 | 计 |
|---|---|---|---|---|---|---|---|---|---|---|
| 甲 | | 28 | 170 | 10 | 40 | 100 | 10 | 55 | 470 | 883 |
| 甲—乙 | 25 | 1 | 10 | 4 | 5 | 5 | 2 | 3 | 10 | 65 |
| 乙 | 230 | 5 | | 10 | 5 | 35 | 3 | 2 | 185 | 475 |
| 乙—K | 10 | 2 | 1 | 2 | 10 | 5 | 2 | 3 | 5 | 40 |
| 乙—丙 | 20 | 3 | 1 | 4 | 1　3 | 2 | 4 | 3 | 55 | 96 |
| 丙 | 30 | 2 | 40 | 3 | 2 | | 10 | 5 | 35 | 127 |
| 丙—H | 15 | 3 | 4 | 2 | 6 | 1 | 1 | 1 | 15 | 48 |
| 丙—丁 | 5 | 2 | 3 | 3 | 4 | 2 | 3 | | 5 | 27 |
| 丁 | 250 | 25 | 165 | 10 | 10 | 70 | 15 | 3 | | 548 |
| 计 | 585 | 71 | 394 | 48 | 86 | 220 | 50 | 75 | 780 | 2309 |

**甲—乙方向技术站间计划重车车流表**　　表2-5

| 由＼往 | 甲 | 乙 | 丙 | 丁 | 计 |
|---|---|---|---|---|---|
| 甲 | | 170 + 10 + 40 = 220 | 100 + 10 + 55 = 165 | 470 − 220 = 250<br>△ | 635 |
| 乙 | 230 + 10 + 20 = 260 | | 35 + 3 + 2 + 5 + 2 + 3 +<br>5 + 2 + 3 = 60 | 185 + 10 + 5 = 200 | 520 |
| 丙 | 30 + 15 + 5 = 50 | 40 + 2 + 3 + 4 + 3 + 2 +<br>3 + 2 + 3 = 62 | | 35 + 55 + 15 − 55 = 50<br>△ | 162 |
| 丁 | 250 | 165 + 25 + 10 = 200 | 70 + 10 + 15 = 95 | | 545 |
| 计 | 560 | 482 | 320 | 500 | 1862 |

为方便识读,应分别上下行方向绘制车流梯形图。以下行方向为例,甲—丁下行方向车流梯形图如图2-26 所示。

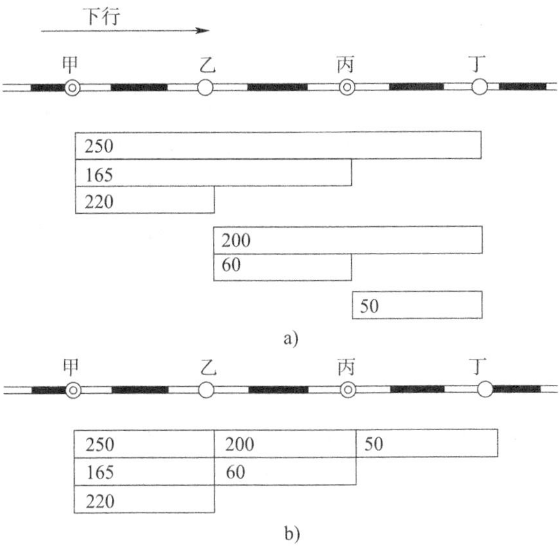


图 2-26　甲—丁下行方向车流梯形图

## (二)货车集结时间

### 1. 一个到达站一昼夜的货车集结时间 $T_{集}$

假定组成一个车列的各车组大小相等且均衡到达,则一个车列在集结过程中消耗的车小时可用直角三角形的面积来表示,即:

$$T_{集}^{列} = \frac{1}{2} mt_{列} \quad (车 \cdot 小时) \tag{2-6}$$

按照上述条件,如果一昼夜内各车列之间不发生集结中断时(见图 2-27),则一个列车到达站一昼夜消耗的集结车小时为:

$$T_{集} = \frac{1}{2}(t_{列}^{1} + t_{列}^{2}\ t_{列}^{3} + \cdots t_{列}^{n})m = \frac{1}{2} \times 24m = 12m \quad (车 \cdot 小时) \tag{2-7}$$

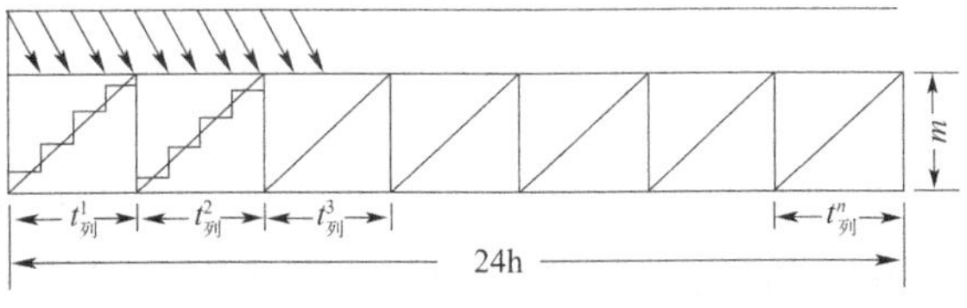


图 2-27　某到达站一昼夜均衡集结图

在实际工作中,上述假定的条件几乎是不存在的。车组大小一般不等,到达间隔也不相等,车列间也常产生集结中断,等等。

(1)当大车组先到,小车组后到,车列集结初期车组到达间隔小、后期车组到达间隔大时,则:

$$T_{集}^{列} > \frac{1}{2} mt_{列}$$

(2)当小车组先到,大车组后到,车列集结初期车组到达间隔大、后期车组到达间隔小时,则:

$$T_{集}^{列} < \frac{1}{2} mt_{列}$$

(3)因车列间有集结中断,则:

$$(t_{列}^{1}+t_{列}^{2}+t_{列}^{3}+\cdots+t_{列}^{n})<24\text{h}$$

所以在一般情况下,$T_{集}$不等于 $12m$,经常小于 $12m$。通常用式(2-8)表示:

$$T_{集}=cm \quad (车 \cdot 小时) \tag{2-8}$$

式中:$c$——集结系数。

设某一列车的到达站一昼夜的车流量为 $N$,则每辆货车的平均集结时间按式(2-9)计算:

$$t_{集}=\frac{T_{集}}{N}=\frac{cm}{N} \quad (\text{h}) \tag{2-9}$$

由式(2-9)可知,任一列车到达站一昼夜消耗的集结车小时($T_{集}$)只与集结系数和列车平均编成辆数有关,而与参加集结的车流量无关;每车平均集结时间($t_{集}$)与车流量 $N$ 成反比。

**【题例2-1】**

设甲站编组到丁站的列车一昼夜的车流量 $N'=300$ 车,列车平均编成辆数 $m=50$ 车,则每日集结列数 $n=\frac{N'}{m}=\frac{300}{50}=6$ 列,每列平均集结时间 $t_{列}=\frac{24}{n}=\frac{24}{6}=4$ 小时。

此时:
$$T'_{集}=\frac{1}{2}t_{列}\ mn=\frac{1}{2}\times 4\times 50\times 6=600\ 车 \cdot 小时$$

$$t'_{集}=\frac{T'_{集}}{N'}=\frac{600}{300}=2\ 小时$$

当 $N''=600$ 时,则 $n=\frac{600}{50}=12$ 列,$t_{列}=\frac{24}{12}=2$ 小时

此时:$T''_{集}=\frac{1}{2}\times 2\times 50\times 12=600$ 车·小时

$$t''_{集}=\frac{600}{600}=1\ 小时$$

以上计算结果:$T'_{集}=T''_{集}=600$ 车·小时。

$T''_{集}$并没有因其车流量增加而发生任何变化,说明 $T_{集}$ 的大小与 $N$ 无关。而 $t''_{集}$ 则因车流量 $N$ 增大 1 倍而比 $t'_{集}$ 缩小为原来的 1/2,说明 $t_{集}$ 与车流量 $N$ 成反比关系。

另外,对于技术站而言,其总的集结车小时消耗与其编组列车的到达站数有关,即多开一个到达站的列车,就多消耗一个 $T_{集}=cm$。例如,甲站一昼夜到丁站的车流量 $N_{甲-丁}=200$ 车,到丙站的车流 $N_{甲-丙}=100$ 车,列车平均编成辆数相同,$m=50$ 车。若丁和丙两种车流各自单独开行专门化列车时,其货车集结车小时消耗为:

$$T_{集}^{甲-丁}=\frac{1}{2}\times 6\times 50\times 4=600\ 车 \cdot 小时$$

$$T_{集}^{甲-丙}=\frac{1}{2}\times 12\times 50\times 2=600\ 车 \cdot 小时$$

则 $\sum T_{集}=T_{集}^{甲-丁}+T_{集}^{甲-丙}=600+600=1200$ 车·小时

若丁和丙两种车流合为一个到达站，即列车开到丙站，其车流总数为 200 + 100 = 300，甲站的货车集结车小时消耗为：

$$\sum T_{集} = T_{集}^{甲-丙} = \frac{1}{2} \times 4 \times 50 \times 6 = 600 \text{ 车·小时}$$

以上计算说明，技术站多编开一个到达站的列车，就多消耗一个 $T_{集}$，少编开一个到达站的列车，就少消耗一个 $T_{集}$。

**2. 集结系数 $c$ 的查定**

货车集结时间 $T_{集}$是编制列车编组计划的主要资料之一。为便于计算 $T_{集}$，各技术站均应查定集结系数 $c$。

集结系数 $c$ 与车流配合到达情况即货车集结过程有关，但影响很小。因此，可通过现有的货车集结过程查定集结系数，以便在编制列车编组计划时使用。

集结系数 $c$ 应按车站编组的列车到达站分别查定，然后再计算全站平均集结系数。摘挂列车和小运转列车，由于不要求其必须满轴开车，因而可以不必查定其集结系数。

根据公式 $T_{集} = cm$，有 $c = \frac{T_{集}}{m}$，所以，查定集结系数 $c$，必须先查定每一列车到达站一昼夜的集结车小时 $T_{集}$和列车编成辆数 $m$。为查定 $T_{集}$，可以在调车场记录每组车辆的调入时间，从而计算出货车集结过程中消耗的车小时，也可按各个车组随列车到达车站的时间来推算货车集结过程中消耗的车小时，本站货物作业车应按装卸完了的时刻计算参加集结过程。不管用哪一种办法，均应选择车流比较稳定、工作比较正常且连续不少于 5d 的情况进行查定，以提高其准确度。

用车组随列车到达车站的时间推算 $T_{集}$时，可使用表 2-6 所示的推算表格，每一到达站使用一张。表中到达车次栏，应按到达时间的先后填写。本站货物作业车则按其装卸完了时间插入适当车次之间。根据集结车数的累计情况，按列车编成辆数可以确定各个车列集结完了的时间。将各行的集结车数乘以其相应的集结间隔时间，计算出其集结车分。将各行的集结车分加总，即为该到达站的集结时间。例如表 2-6 所示，就是甲站编组乙到达站的车辆集结时间推算表。

**乙到达站车辆集结时间推算表** 表 2-6

| 到达车次 | 时刻 | 车数 | 集结车数 | 间隔时分 | 车分 |
|---|---|---|---|---|---|
| 18:00 | 结存 | 46 | 46 | 20 | 920 |
| 30011 | 18:20 | 8 | ㊺ 2 | 17 | 34 |
| 30013 | 18:37 | 9 | 11 | 13 | 143 |
| 40011 | 18:50 | 6 | 17 | 20 | 340 |
| 20033 | 19:10 | 12 | 29 | 60 | 1740 |
| 30015 | 20:10 | 12 | 41 | 10 | 410 |
| 自装 | 20:20 | 8 | 49 | 50 | 2450 |
| 40015 | 21:10 | 3 | ㊾ | 10 | — |
| … | … | … | … | … | … |
| 5d 计 | | 1255 | | | 142147 |

表中集结车数栏画圈处为一个车列的集结终了时刻,圈外数字为满足列车编组辆数后的遗留车数。根据集结时间推算表,即可计算一个到达站的集结系数,其式为:

$$c_i = \frac{\sum (Nt)_i}{60 \cdot D \cdot m} \tag{2-10}$$

式中:$\sum (Nt)_i$——到达站 $i$ 车辆集结车分总数;

$D$——查定集结时间的天数。

例如,根据表 2-6 所列数据,代入上式,即可求得甲站编组乙到达站列车的集结系数:

$$c_{乙} = \frac{142147}{60 \times 5 \times 53} = 8.9$$

全站编组的各种列车到达站集结时间推算后,可将表 2-6 的有关数字汇总于车站集结系数计算表,计算全站的平均集结系数。

例如,甲站共编组乙、丙、丁三个列车到达站,汇总计算见表 2-7。

**甲站集结系数计算表** 表 2-7

| 到达站 | 车　数 | 列　数 | 平均辆数 | 集结车分 | 每车集结分钟 | 集结系数 |
|---|---|---|---|---|---|---|
| 乙 | 1255 | 24 | 53 | 142147 | 113 | $c_{乙}=8.9$ |
| 丙 | 775 | 15 | 52 | 151253 | 195 | $c_{丙}=9.7$ |
| 丁 | 1424 | 26 | 54 | 159659 | 112 | $c_{丁}=9.9$ |
| 合计 | 3454 | 65 | 53 | 453059 | 131 | $c=9.5$ |

注:本表是查定 5d 的数字。

全站平均集结系数的计算公式为:

$$c = \frac{\sum_{i=1}^{k} (Nt)_i}{60 \cdot D \cdot m_{均} \cdot K} \tag{2-11}$$

式中:$m_{均}$——全站各到达站列车平均编成辆数;

$K$——该站编组的列车到达站数。

例如,甲站的全站平均集结系数为:

$$c = \frac{453059}{60 \times 5 \times 53 \times 3} = 9.5$$

集结系数的查定,还可利用日计划图推算调车场内各到达站一昼夜的集结时间,然后再计算 $c$ 值,这种办法称为图解法。

### (三)货车无改编通过技术站的节省时间

有调中转车在技术站需要经过到达、解体、集结、编组、出发等项作业,而无调中转车则只需经过与中转列车相同的一次作业。显然,货车编入直达列车或直通列车,无改编通过技术站时,将会节省在站的中转停留时间。据统计,全路主要编组站的无调中转车的平均停留时间为 1.5h 左右,而有调中转车的停留时间却高达 7h 左右,后者是前者的 4 倍多。货车因编入直达或直通列车在所经技术站上进行无调中转作业比有调中转作业平均每车减少的停留时间,称为货车无改编通过技术站的节省时间。用 $t_{节}$ 表示。

为计算 $t_{节}$,现以具有甲、乙、丙三个技术站的甲—丙方向为例说明。

该方向下行共有三支车流,有两种编组方案,如图 2-28 所示。

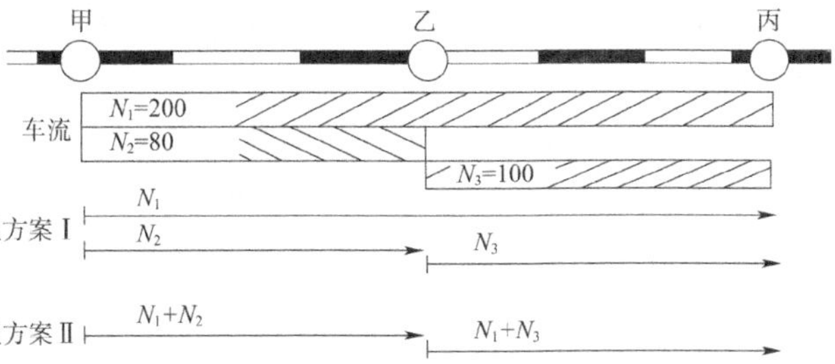


图 2-28 三个技术站方向上编组方案示意图

设乙站 $t_{有调}$ 为 6 小时，$t_{无调}$ 为 1 小时，$T_{集}=cm=600$ 车·小时。

采用第一种编组方案时，甲站将甲—丙车流 $N_1$ 以直达（直通）列车输送，列车无改编通过乙站时将得到中转车小时的节省 $T_{节}$，其值为 $N_1(t_{有调}-t_{无调})=200\times(6-1)=1000$ 车·小时。

但是，$N_1$ 车流单独划出开行直达列车后，与第二方案比较，将使乙站每辆货车的平均集结时间因车流量减少而增大。

$N_1$ 不开直达列车时，乙站每车平均集结时间为：

$$t_{集}=\frac{cm}{N_1+N_3}=\frac{600}{200+100}=2\text{ 小时}$$

$N_1$ 开直达（直通）列车后，$N_1$ 车流不再参加乙站的货车集结，乙站开往丙站的车流则只剩下 $N_3$，此时，乙站的每车平均集结时间为：

$$t'_{集}=\frac{cm}{N_3}=\frac{600}{100}=6\text{ 小时}$$

这表明，由于编开直达（直通）列车后，使乙站每车平均集结时间增大了 $t'_{集}-t_{集}$，导致增加的集结车小时为：

$$T_{增}=N_3(t'_{集}-t_{集})=N_3\left(\frac{cm}{N_3}-\frac{CM}{N_1+N_3}\right)=\frac{N_1cm}{N_1+N_3}=N_1t_{集}=200\times2=400\text{ 车·小时}$$

这样，$N_1$ 编开直达直通列车时，既在乙站得到车小时的节省，同时，也给乙站造成损失。其纯节省为：

$$T'_{节}=T_{节}-T_{增}=N(t_{有调}-t_{无调})-N_1t_{集}=N_1(t_{有调}-t_{无调}-t_{集})=200(6-1-2)=600\text{ 车·小时}$$

因此，货车 $N_1$ 无改编通过技术站时，每车平均节省的时间为：

$$t_{节}=\frac{T'_{节}}{N_1}=t_{有调}-t_{无调}-t_{集}\quad(\text{小时})$$

### （四）技术站开行直达、直通列车的基本条件

一般技术站对衔接的一个铁路方向都有几支车流，编开列车的方法也可以有几种，既可各自单独开行，也可合并在一起开行；还可以某几支合并而另几支单独开行等等。但不管列车如何编开，必须满足下述基本条件，即：

$$N_{直}\sum t_{节}\geqslant T_{集}\tag{2-12}$$

式中：$N_{直}$——开行的直达（直通）列车的某到达站一昼夜的车流量；

$\sum t_{节}$——货车无改编通过沿途各技术站节省的时间之和；

$N_{直}\sum t_{节}$——划出单独开行直达直通列车的车流（包括合并后的车流）在沿途各技术站节省的车小时总和；

$T_{集}$——开行这种列车在列车编组站产生的集结车小时消耗。

只要开行一个直达(直通)列车,节省与消耗就同时产生。当节省大于消耗时,开行是有利的。当二者相等时,由于直(直通)列车在沿途技术站不需进行调车作业,因而还有调车机车小时、调车设备投资等项的节省,所以,也是可以开行的。

如图2-29所示,甲—丁方向的两支车流 $N_1$ 和 $N_2$,可以用上式检查其可否单独开行直通列车:

(1)$N_1\sum t_{节}=100\times(3.0+2.0)=500$ 车·小时

由于 $500<660$,即节省小于消耗,所以 $N_1$ 不应单独编开直通列车。

(2)$N_2\sum t_{节}=250\times3.0=750$ 车·小时

由于 $750>660$,即节省大于消耗,所以 $N_2$ 可以单独编开直通列车。

当然,将 $N_1$ 和 $N_2$ 合并后开行甲—丙的直通列车,节省比消耗更大,所以也可以合并开。

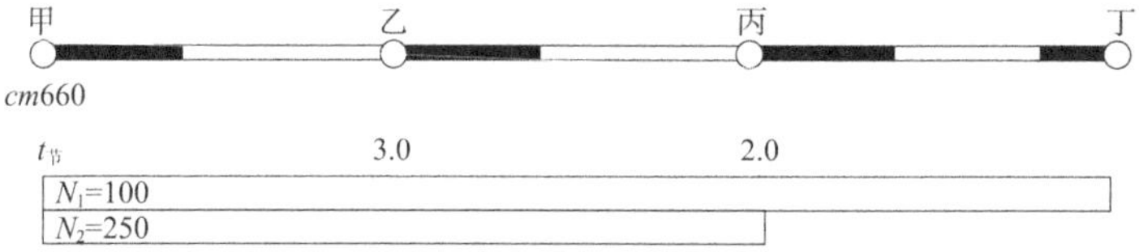


图2-29　甲—丁方向两支车流例图

综上所述,某支车流满足了上述条件,只表明这支车流具备了开行直达、直通列车的基本条件,即不会造成损失,但并不表明这样编开列车就是最好的办法。最优方案需要通过对整个方向上所有车流的各种组合方案进行统筹比较后才能确定。

### (五)选择技术站开行直达、直通列车最优方案的基本方法

#### 1.列车编组方案

如前所述,任何一个技术站开行一个到达站的直达或直通列车时,都要在列车编组站产生集结车小时的损失,同时又在列车无改编经过的技术站上产生车小时的节省,以此二者相比较,检查其是否有利。显然,这种比较办法的本身就是一个全局性的问题,即列车编组计划是根据运输整体效益确定的。

一个线路方向上有数个技术站,每个技术站又各有数支车流。这些车流,按照它们的共同运行径路可以有各种组合方法,各技术站间的各种到达站的列车之间,又互相衔接密不可分。这种动态的相互联系的编开列车的方法,称为列车编组方案。

例如,在甲—丁方向上的车流情况如图2-30所示,图a)、图b)就是两种编组方案。图a)所示的方案是将 $N_1$ 和 $N_2$ 合并开行甲—丙方向的列车;$N_3$、$N_4$、$N_5$ 各自单开;丙—丁的列车除编挂 $N_6$ 的车流外,因 $N_1$ 随甲—丙的列车送到丙站,尚未送到目的地,所以还要和 $N_6$ 合并挂于丙—丁的列车内送至丁站。以上甲、乙、丙三站编开的这5个到达站的列车,互相配合和衔接,就构成一种列车编组方案,并用车站的代号和车流组合方式以数字表示出来,称为编组方案特征。图2-30a)所示方案的方案特征如下:

在编组方案中,任何一个技术站的列车编开方法发生变化,都可能影响其他站和其他列车也随之发生变化。例如:甲站改变一下列车的编开方法,将 $N_1$、$N_2$、$N_3$ 三种车流合并只开一个到达站的列车,如图2-30b)所示。因 $N_1$ 和 $N_2$ 均未送到目的地,所以就增加了乙站的改编工作量,需将 $N_1$ 和 $N_4$ 合并后开到丁站,将 $N_2$ 和 $N_5$ 合并后开到丙站;由于 $N_1$ 随 $N_4$ 编入

了直达列车，在丙站不再进行改编作业，所以丙站编组到丁站的列车也只有 $N_6$ 一支车流了。这样，图 2-30b）中 4 种到达站的列车编开方法，又构成了另一种列车编组方案。

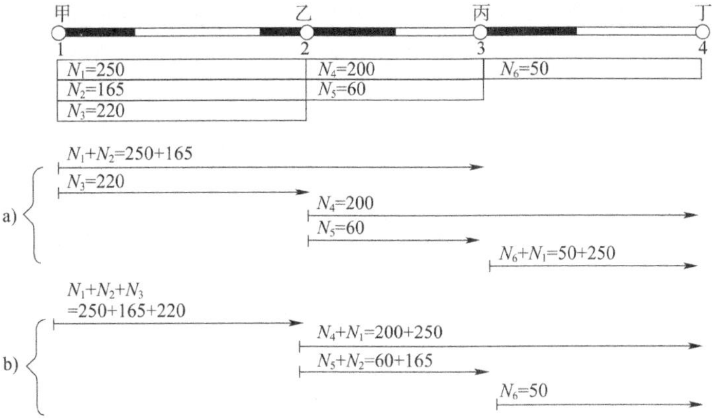


图 2-30　列车编组方案例图

注：2，3＋4→表示甲站开两种列车，一种到第 2 站，另一种为第 3 站和第 4 站的车流合并开到第 3 站。

3，4→表示乙站开两种列车，一种到第 3 站，一种到第 4 站。

4→表示丙站开一种列车，到达第 4 站。

在一个方向上，编组方案的数量与技术站数有关。在有四个技术站的方向上，有 10 种方案。这是因为，在有四个技术站的方向上，甲站有 3 支车流，有 5 种可能的车流组合方案；乙站有 2 支车流，有 2 种可能的车流组合方案；丙站有 1 支车流，只有 1 种编开方案。该方向可能的编组方案数，为各技术站车流组合方案数的乘积即 5×2×1＝10 种，如图 2-31 所示。

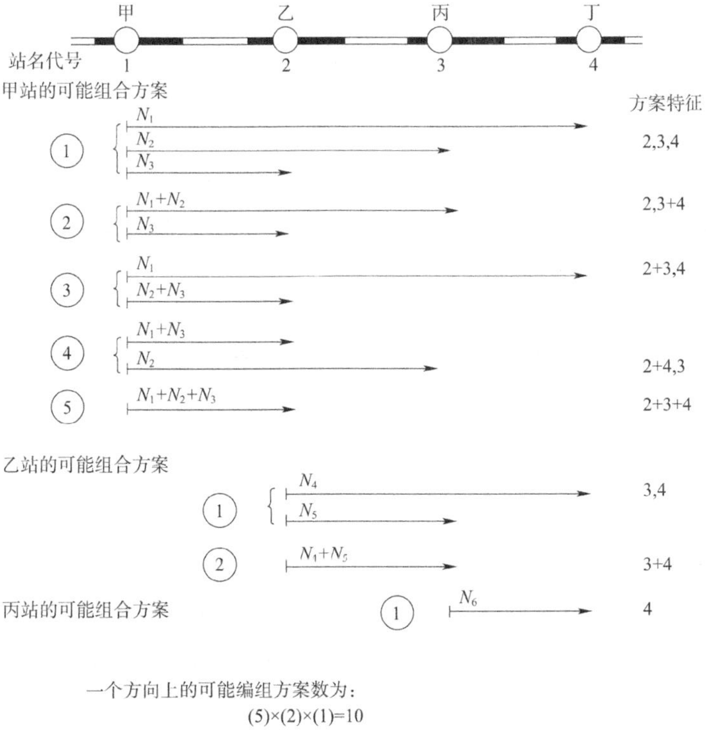


图 2-31　四个技术站方向上可能的编组方案示意图

如果一个方向上有五个技术站，第一站就有 4 支车流，有 15 种可能的车流组合方案，则整个方向上就有 150 种列车编组方案，即 15 ×5 ×2 ×1 =150 种。可见，技术站数越多，列车编组方案数也越多，而且，编组方案数增加的幅度要比技术站数增加的幅度大得多。

直线方向上技术站列车编组方案数见表 2-8。

**直线方向上列车编组方案数** 表 2-8

| 技术站数目 $n+1$ | 全部编组方案数 | |
|---|---|---|
| | 第一站编组方案数 $f(k)=\sum_{i=0}^{k-1}c_{k-1}^{i}[(k-1)-i]$ | 方向上全部编组方案数 $q(n=)=\prod_{k=2}^{n}\sum_{i=0}^{k-1}c_{k-1}^{i}[(k-1)-i]$ |
| 2 | 1 | 1 |
| 3 | 2 | 2 |
| 4 | 5 | 10 |
| 5 | 15 | 150 |
| 6 | 52 | 7800 |
| 7 | 203 | 1583400 |
| 8 | 877 | 1388641800 |
| 9 | 4140 | 5748977052000 |

**2. 选择技术站开行直达、直通列车最优编组方案的基本方法**

在众多列车编组方案中，选择最优方案的方法有分析比较法、绝对计算法、表格计算法等许多方法。它们分别采用不同的计算手段，最终找出节省车小时最多或消耗车小时最少，又与车站能力相适应的方案为最优方案。寻求节省车小时最多的编组方案的计算公式为：

$$Nt_{节}=\sum(N_{直}\sum t_{节})-\sum T_{集} \tag{2-13}$$

式中：$\sum(N_{直}\sum t_{节})$——该编组方案所有编入直达、直通列车到达站的车流在沿途技术站无改编通过的车小时总节省；

$\sum T_{集}$——该编组方案所有直达、直通列车到达站的集结车小时总消耗。

$Nt_{节}$有最大值的列车编组方案纯节省车小时最多，为最经济的方案。

现以甲—丁方向上有 4 个技术站、10 种列车编组方案为例，计算比较如图 2-32 所示。

由计算结果可知，第 1、3、6、8 四个方案的 $Nt_{节}$为最多，均为 1090 车・小时。为寻求最优方案，应在最经济的四个方案中和各站改编能力适应的前提下选择改编车数最少的编组方案，即为最优方案。通过比较可知，第 1 方案在乙、丙两站均不产生改编车数，因而是最优方案。

如果 $Nt_{节}$最多的编组方案，在沿途技术站改编车数较多，有关车站改编能力不能适应时，应选择节省车小时次之、改编能力适应的其他方案。总之，最优方案应是既经济有利、又切实可行的编组方案。

### （六）区段列车和摘挂列车编组方案

区段列车和摘挂列车编组方案，具体解决区段车流是和区段管内车流合开摘挂列车，还是自单独开行专门化列车的问题。因为只要区段内中间站办理货运业务，一般区段总要开行摘挂列车。

在区段车流单独编开区段列车时，就要在技术站多消耗一个 $T_{集}=cm$；如果区段车流与

| 方案号 | 编组方案特征 | 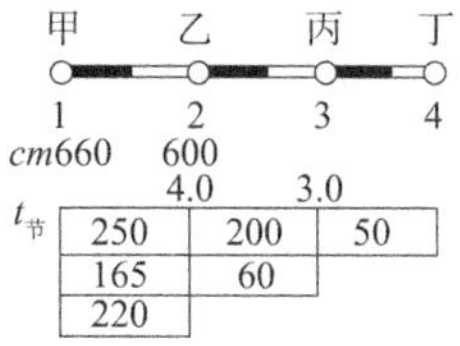 | 直达列车集结时间总和 $\Sigma T_{集}$ (车·小时) | 沿途各技术站节省车小时之和$\Sigma N_{直}t_{节}$ (车·小时) | $\Sigma N_{直}t_{节}-\Sigma T_{集}$ | 直达车流在沿途改编车数 在乙站 | 直达车流在沿途改编车数 在丙站 |
|---|---|---|---|---|---|---|---|
| 1 | 2,3,4<br>3,4<br>4 | 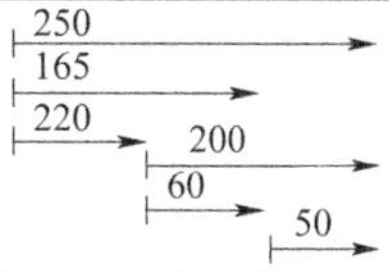 | 660×2+600=1920 | 250×7+165×4+200×3=3010 | 1090 | / | / |
| 2 | 2,3+4<br>3,4<br>4 | 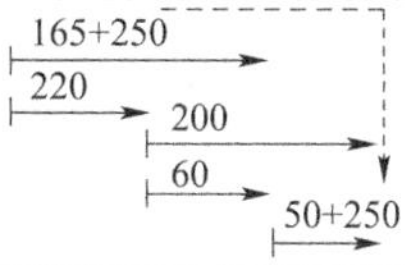 | 660+600=1260 | 415×4+200×3=2260 | 1000 | / | 250 |
| 3 | 2+3,4<br>3,4<br>4 | 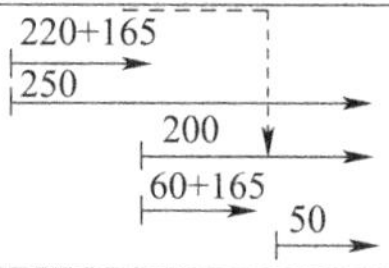 | 660+600=1260 | 250×7+200×3=2350 | 1090 | 165 | / |
| 4 | 2+4,3<br>3,4<br>4 | 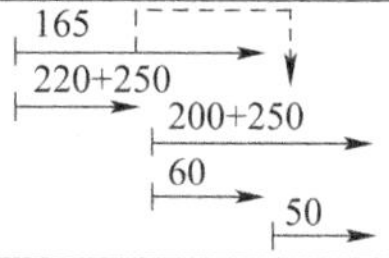 | 660+600=1260 | 165×4+450×3=2010 | 750 | 250 | / |
| 5 | 2+3+4<br>3,4<br>4 | 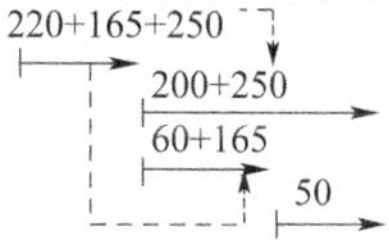 | 600 | 450×3=1350 | 750 | 165<br>+250<br>=415 | / |
| 6 | 2,3,4<br>3+4<br>4 | 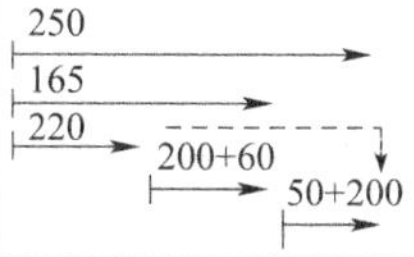 | 660×2=1320 | 250×7+165×4=2410 | 1090 | / | 200 |
| 7 | 2,3+4<br>3+4<br>4 | 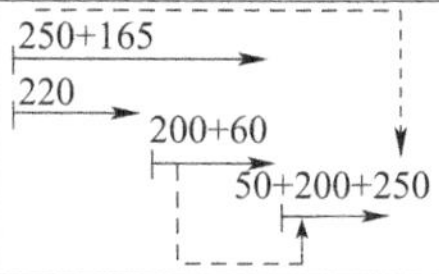 | 660 | 415×4=1660 | 1000 | / | 250<br>+200<br>=450 |
| 8 | 2+3,4<br>3+4<br>4 | 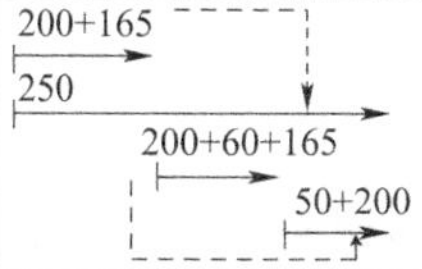 | 660 | 250×7=1750 | 1090 | 165 | 200 |
| 9 | 2+4,3<br>3+4<br>4 | 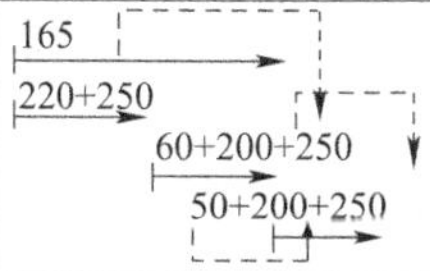 | 660 | 165×4=660 | / | 250 | 250<br>+200<br>=450 |
| 10 | 2+3+4<br>3+4<br>4 | 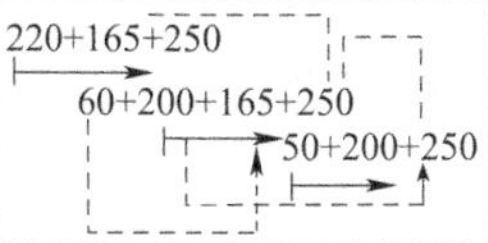 | / | / | / | 250<br>+160<br>=415 | 250<br>+200<br>=450 |

图 2-32 四个技术站列车编组方案计算比较图

区段管内车流合并编开摘挂列车时，虽在技术站少消耗一个 $T_{集}=cm$，但区段车流运行速度变慢，同样会损失一定数量的车小时。当满足式(2-14)条件时，单独开行区段列车和摘挂列车是有利的：

$$N_{区}(t_{摘}-t_{区})\geqslant T_{集} \tag{2-14}$$

式中：$N_{区}$——区段车流量，车；

$t_{摘}$、$t_{区}$——摘挂列车、区段列车在区段内的旅行时间，小时；

$T_{集}$——区段列车的一昼夜集结车小时，车·小时。

摘挂列车编组计划，主要是确定开行对数。

在甲—丁方向上，根据车流资料等有关数据，假定各区段均可单独编开区段列车和摘挂列车，纳入技术站列车编组计划，列入表2-9中。

甲—丁下行方向列车编组计划　　表2-9

| 顺号 | 发站 | 到站 | 编组内容 | 列车种类 | 定期车次 | 附注 |
|---|---|---|---|---|---|---|
| 1 | X | R | R站卸 | 始发直达 | 85011～85015 | 每日3列 |
| 2 | X、Y | T | (1)S站卸 (2)T站卸 | 阶梯直达 | 85021 | 每日1列 |
| 3 | M、N | 丁 | 丁站及其以远 | 阶梯直达 | 85051 | 每日1列 |
| 4 | 甲 | 丁 | 丁站及其以远 | 技术直达 | | |
| 5 | 甲 | 丙 | 丙站及其以远 | 直通 | | |
| 6 | 乙 | 丁 | 丁站及其以远 | 技术直达 | | |
| 7 | 甲 | 乙 | 乙站及其以远 | 区段 | | |
| 8 | 乙 | 丙 | 丙站及其以远 | 区段 | | |
| 9 | 丙 | 丁 | (1)丁站卸 (2)丁站以远 | 区段 | | 按组顺编组 |
| 10 | 甲 | 乙 | (1)甲—乙间站顺 (2)乙及其以远 | 摘挂 | | |
| 11 | 乙 | 丙 | 乙—丙间站顺 | 摘挂 | | |
| 12 | 丙 | 丁 | 丙—丁间站顺 | 摘挂 | | |

### (七)列车编组计划的最终确定

在装车地直达列车编组计划和技术站列车编组计划编制完了以后，应检查其互相配合情况。装车地直达列车编组计划，应符合技术站列车编组计划中有关列车到达站的车流组织办法、列车编组方法等规定，否则，将被提前解体而达不到预期目的。另外，应检查各技术站的改编能力是否适应改编车数的要求，特别是装车地直达列车和技术站编组的列车的共同解体站，更应注意审核。对改编能力不适应的技术站，应制定解决办法，如对到达解体列车规定分组选编办法等。若不便解决时，应调整部分列车编组计划。

列车编组计划最终确定后，可绘制列车编组计划图(见图2-33)，印制列车编组计划表(见表2-9)，发至有关人员学习和执行。

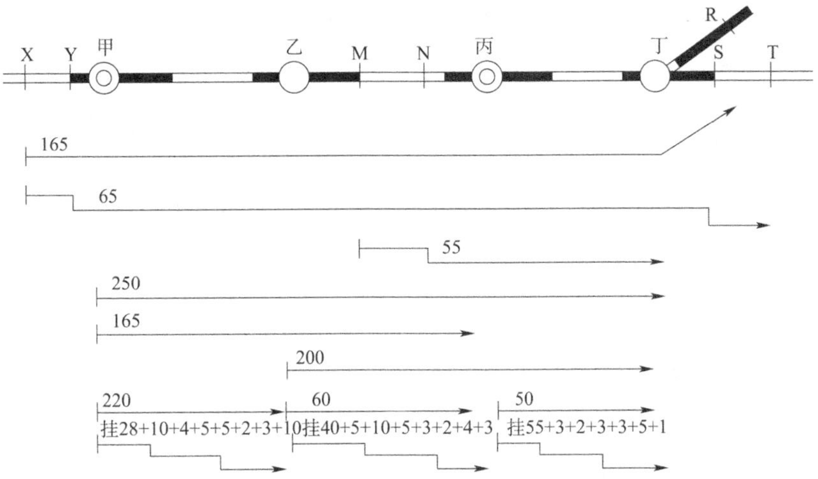


图2-33 甲—丁方向最优列车编组计划方案图

# 任务4 列车运行图

列车运行图是运用坐标原理对列车运行时间、空间关系的图解表示。在列车运行图上，对列车运行时空过程的图解可以有两种不同的形式。其一为以横坐标表示时间，纵坐标表示距离。这时，列车运行图上的水平线表示分界点的中心线，水平线间的间距表示分界点间的距离；垂直线表示时间；斜线表示列车运行线。其二为以横坐标表示距离，纵坐标表示时间。这时，列车运行图上的水平线表示时间；垂直线表示分界点中心线，垂直线间的间距表示分界点间的距离；斜线表示列车运行线。目前我国铁路列车运行图采用第一种图形表示形式。

列车运行图（图2-34）是列车运行时刻的图解，是列车在铁路区间运行及在车站到发或通过时刻的技术文件。它规定各次列车占用区间的顺序，列车在每个车站的到达和出发（或通过）时刻，列车在区间的运行时间，列车在车站的停站时间以及机车交路、列车重量和长度等。

列车运行图是全路组织列车运行的基础，是铁路运输综合性计划。全路所有运输生产部门都必须严格围绕列车运行图展开工作。列车运行图也是列车调度员指挥列车运行的基本依据和手段。

## 一、列车运行图的分类

列车运行图按时间线间隔的大小、线路的技术设备（如单线、双线）、列车运行速度、上下行方向的列车数量、列车的运行方式等条件，列车运行图可以分为多种类型。

### 1. 按时间线间隔的大小

按时间线间隔的大小，列车运行图可分为二分格运行图、十分格运行图和小时格运行图。时间线以两分钟为单位的运行图，称之为二分格运行图，如图2-35a）所示。时间线以十分钟为单位的运行图，称之为十分格运行图，如图 2-35b）所示。时间线以小时为单位的运行图，称之为小时格运行图。

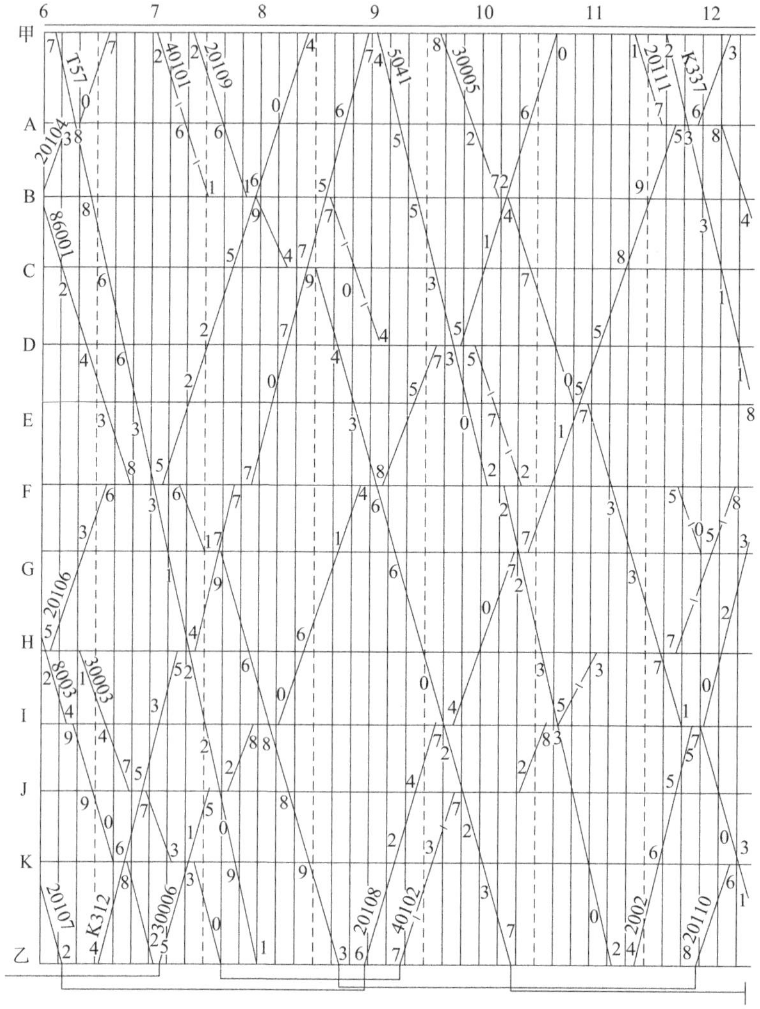


图 2-34　列车运行图

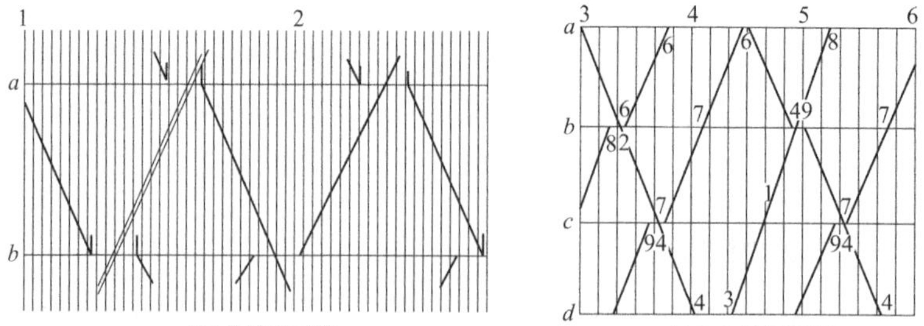


a)二分格运行图

b)十分格运行图

图 2-35　按时间间隔大小运行图

二分格运行图主要供编制运行图使用，十分格图主要供列车调度员在日常调度指挥工作中编制调度列车运行调整计划和绘制实绩运行图时使用，小时格图主要在编制旅客列车方案图和机车周转图时使用。

**2. 按照区间正线数**

按区间正线数，列车运行图可分为单线运行图、双线运行图和单双线运行图。

在单线区段采用的运行图称之为单线运行图，如图 2-36 所示。在单线区段，上下行方向列车都在同一正线上运行，列车的交会、越行只能在车站上进行。

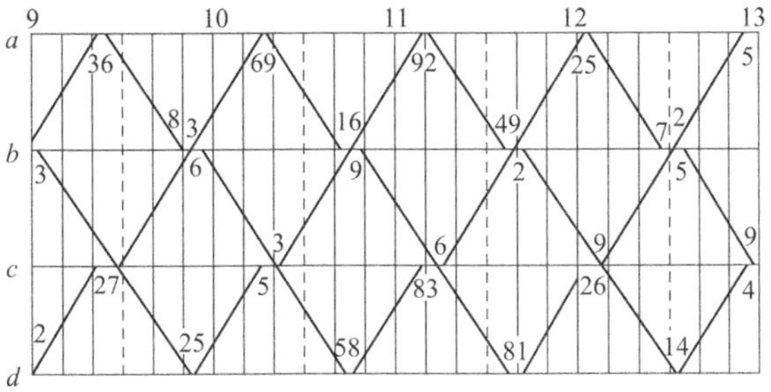


图 2-36　单线成对平行运行图

在双线区段采用的运行图称之为双线运行图，如图 2-37 所示。在双线区段，列车的交会可在区间内或车站上进行，但列车的越行必须在车站上进行。

在一个区段兼有单线运行图和双线运行图的列车运行图称之为单双线运行图，如图 2-38 所示。

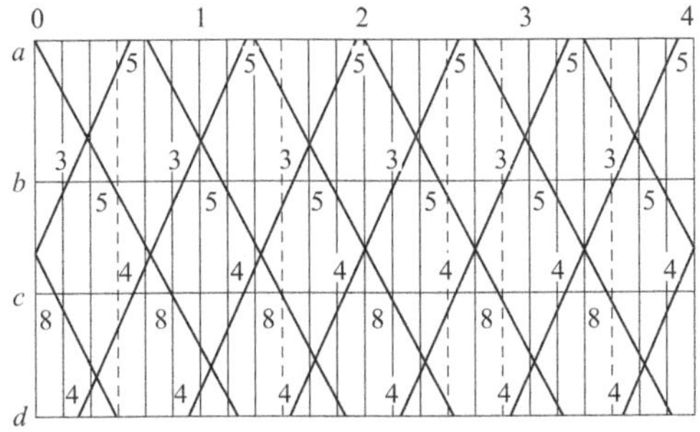


图 2-37　双线成对平行运行图

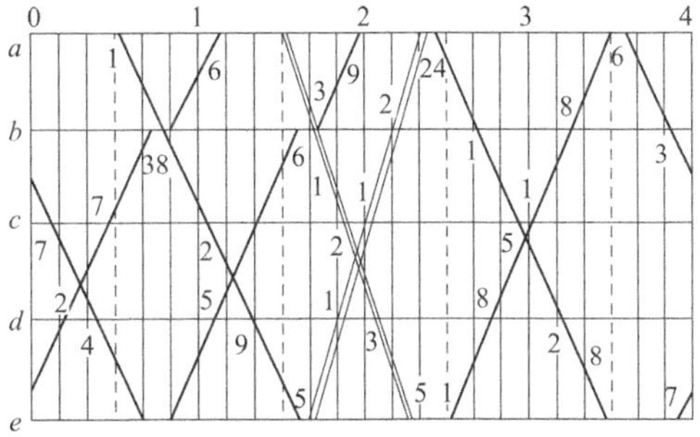


图 2-38　单双线运行图

**3. 按照列车运行速度**

按列车区间运行速度，列车运行图分为平行运行图和非平行运行图。

在全区段上，同一区间内同方向列车运行线相互平行的运行图称之为平行运行图，如图 2-36和图 2-37 所示。在全区段上，同一区间内同方向列车运行线不相平行的运行图称之为非平行运行图，如图 2-39 所示。

**4. 按照上下行方向列车数**

按上下行列车数，列车运行图分为成对运行图和不成对运行图。同一区段内上下行方向列车数目相等的列车运行图，称之为成对运行图，如图 2-36 和图 2-37 所示。同一区段内上下行方向列车数目不相等的列车运行图，称之为不成对运行图，如图 2-40 所示。

**5. 按照同方向列车运行方式**

按同方向列车运行方式，列车运行图分为追踪运行图和非追踪运行图。

在非自动闭塞区段上，同方向列车的运行以站间或所间区间为间隔的运行图称之为非追踪运行图，如图 2-40 所示。

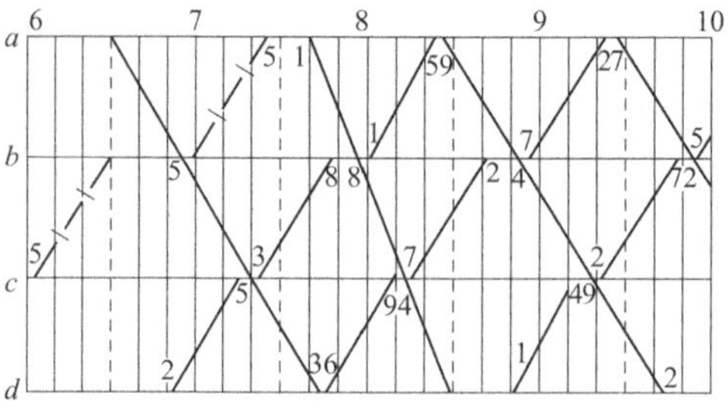


图 2-39　单线非平行运行图

在装有自动闭塞的单线或双线区段上，全部或部分同方向运行的列车以闭塞分区为间隔的运行图称之为追踪运行图，如图 2-41 所示。

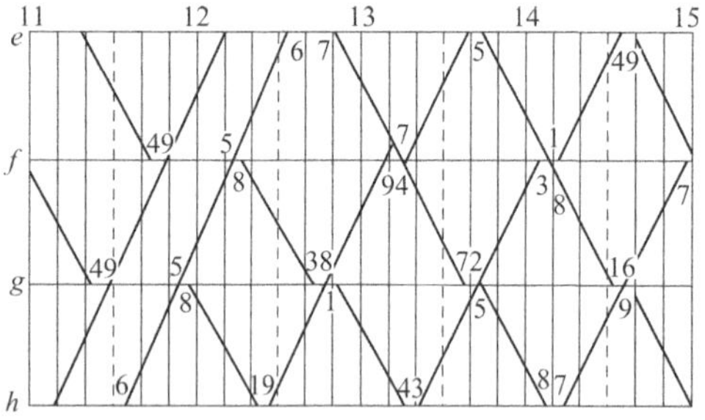


图 2-40　单线非追踪不成对运行图

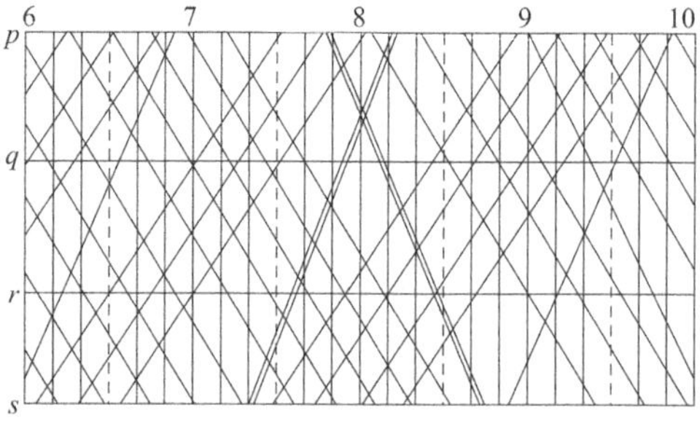


图 2-41　双线追踪非平行运行图

上述分类都是针对列车运行图的某一特点而加以区别的。实际上，每张列车运行图都具有多方面的特点，例如某一区段的列车运行图（见图 2-41），它既是双线的、非平行的，又是追踪的。

## 二、列车运行图要素

列车运行图虽有各种不同的类型，但它总是由一些基本要素所组成的。因此，在编制列车运行图之前，必须首先确定组成列车运行图的各项要素。

列车运行图要素包括：列车区间运行时分，列车在中间站的停站时间，机车在基本段和折返点所在站的停留时间标准，列车在技术站、客运站和货运站的技术作业过程及其主要作业时间标准，车站间隔时间，追踪列车间隔时间。

### （一）列车区间运行时分

列车区间运行时分是指列车在两相邻车站或线路所之间的运行时间标准，它由机务部门采用牵引计算和牵引试验相结合的方法按运行方向和列车种类分别查定。

列车区间运行时分按车站中心线或线路所通过信号机之间的距离计算。当到发场中心线与车站中心线不一致时，按到发场中心线计算（见图 2-42）。

由于旅客列车和货物列车的运行速度各不相同，上下行方向的线路平面、纵断面条件和列车重量也不相同，所以列车区间运行时分应按列车种类和运行方向分别查定。此外，列车区间运行时分还应根据列车在每一区间两个车站上不停车通过和停车两种情况分别查定。列车不停车通过两个相邻车站(或车场)中心线所需的区间运行时分称为区间纯运行时分。列车到站停车的停车附加时分(列车到站停车比不停车通过车站时所增加的运行时分)和停站后出发的起动附加时分(列车由车站起动出发比不停车通过车站时所增加的运行时分),应根据机车类型、列车重量以及进出站线路平面、纵断面条件查定。例如A—B区间的上行纯运行时间 $t''=14\text{min}$,下行纯运行时间 $t'=15\text{min}$,A站和B站起动附加时间均为2min,即 $t_{起}^{A}=t_{起}^{B}=2\text{min}$;A站和B站停车附加时间均为1min,即 $t_{停}^{A}=t_{停}^{B}=1\text{min}$,则A—B区间的运行时分可以缩写为:

上行:$14_{2}^{1}$　　下行:$15_{1}^{2}$

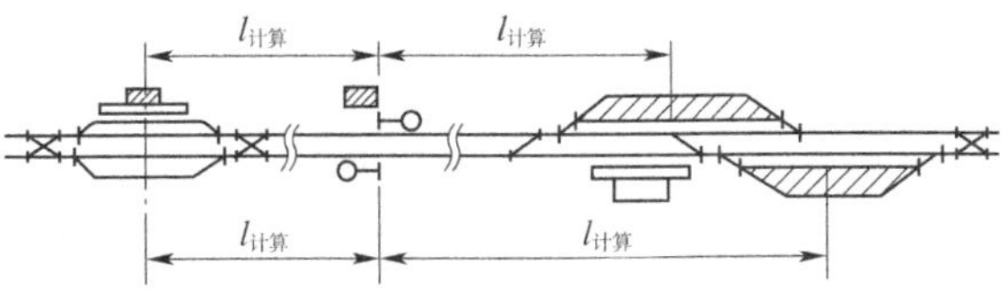


图2-42　计算车站或线路所间列车运行时分距离图

### (二)列车在中间站的停站时间

#### 1.列车在中间站停站原因

(1)进行必要的技术作业,如在采用补机地段的起点站和终点站上进行摘挂机车作业、在长大下坡道之前的车站上进行试风和列车技术检查,机车乘务组连续工作时间超过规定标准中途换班等。

(2)客货运作业,如旅客乘降,行李、包裹、邮件的装卸,车辆摘挂,货物的装卸等。

(3)列车在中间站的会车和越行。

#### 2.停站时间的确定

客货运作业停站时间,应根据列车种类分别规定。对旅客列车规定旅客乘降、行李包裹和邮件的装卸所需要的停站时间;对摘挂列车规定摘挂车辆、取送车及不摘车装卸作业所需要的停站时间。

列车进行技术作业和客货运作业的时间标准,由每一车站用分析计算和实际查标相结合的方法分别确定。列车在中间站的各项作业,应尽可能平行进行。在满足实际需要的条件下,应最大限度地缩短列车停站时间,以提高列车的旅行速度。

### (三)机车在基本段和折返点所在站停留时间标准

机车在基本段和折返点所在站停留时间标准,取决于机车的运用方式。铁路机车的基本运用方式可有:肩回运转制交路、半循环运转制交路、循环运转制交路和环形运转制交路等。

机车在基本段和折返点所在站办理必要作业所需要的最小时间,称为机车在基本段和折返点所在站的停留时间标准。机车在折返点所在站应办理的作业有:在到发线上的到达作业,包括到达试风、摘机车、准备机车入段进路等,机车入段走行,机车在段内作业,机车出段走行;在到发线上的出发作业,包括挂机车、出发试风等。综合以上各项作业所需要的时

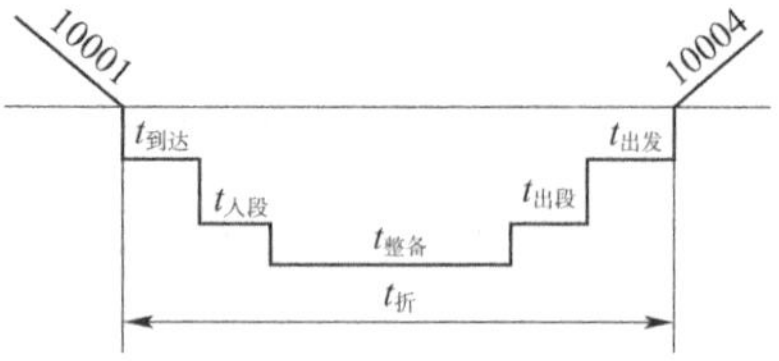


图 2-43　机车在折返点所在站作业过程图

间,便可得出机车在折返点所在站的停留时间标准。如图 2-43 表示,10001 次列车机车自到达折返点所在站之时起至牵引 10004 次列车出发时止,在该站的停留时间(包括在段内的停留时间)为:

$$t_{折}=t_{到达}+t_{入段}+t_{整备}+t_{出段}+t_{出发}\quad (\mathrm{min})$$

上列各项作业时间,可根据分析计算和查标相结合的方法确定。

在机务基本段所在站,不采用循环运转制时,机车也需办理上述各项作业,而且整备作业要更加细致些,因而整备时间也要更长一些。

在编制运行图前,机务部门必须对每一牵引区段的机车分别查定办理各项作业的时间标准,并规定机车在基本段和折返点所在站的停留时间标准。

### (四)列车在技术站和客货运站技术作业时间标准

为了保证车站与区段工作协调,必须编制与车站技术作业过程相配合的列车运行图。因此,在编制列车运行图时,需具备技术站、客货运站技术作业过程的主要作业时间标准,它包括:

(1)在到发车场内办理各种列车作业的时间标准。

(2)在驼峰或牵出线上解体和编组列车的时间标准。

(3)旅客列车车列在配属段、折返所所在站的停留时间标准。

(4)货运站办理整列或成组装卸作业时间标准。

上述标准,一般可根据《站细》确定。

### (五)车站间隔时间

车站间隔时间是指在车站上办理两列车的到达、出发或通过作业所需要的最小间隔时间。在查定车站间隔时间时,应遵守有关规章的规定及车站技术作业时间标准,以保证行车安全和最有效地利用区间通过能力。

常用的车站间隔时间包括不同时到达间隔时间、会车间隔时间、同方向列车连发间隔时间、同方向列车不同时开到间隔时间和不同时到开间隔时间等几种,其值大小与车站信号、道岔操纵方法、车站邻接区间的行车闭塞方法,以及车站类型、接近车站线路的平、纵断面情况,机车类型,列车重量和长度等因素有关。在编制新列车运行图之前,每个车站都应根据具体条件,查定各种车站间隔时间。

#### 1. 不同时到达间隔时间($\tau_{不}$)

单线区段相对方向列车在车站交会时,从某一方向列车到达车站时起至相对方向列车到达或通过该站时止的最小间隔时间,称为不同时到达间隔时间,如图 2-44 所示。为了提高货物列车的旅行速度,除上下行列车在同一车站上都有作业需要停站外,原则上应使交会的两列车中的一列通过车站,因此在运行图上较常采用的是一列停车、一列通过的不同时到达间隔时间。

为确保行车安全,在进站信号机外制动距离内进站方向为超过《技规》规定的下坡道,而接车线末端又无隔开设备的车站,禁止办理相对方向同时接车。凡不能办理相对方向同时接车的车站，由相对方向到站停车的两列车也须保持必要的不同时到达间隔时间。

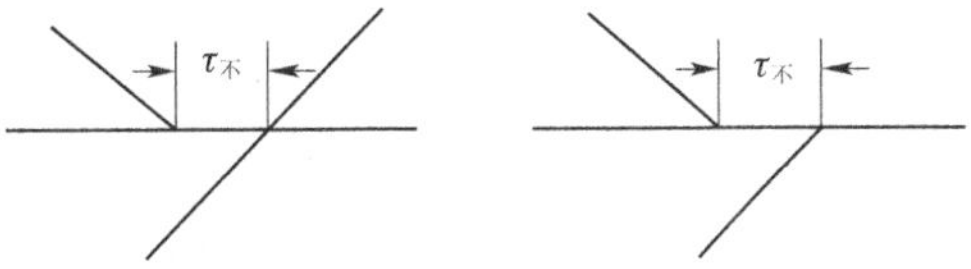


a)一列停车，一列通过　　b)两列都停车

图 2-44　不同时到达间隔时间图

**2. 会车间隔时间（$\tau_{会}$）**

在单线区段，自某一方向列车到达或通过车站之时起，至由该站向这个区间发出另一对向列车时止的最小间隔时间，称为会车间隔时间，如图 2-45 所示。

a)　　b)

图 2-45　会车间隔时间图

会车间隔时间由车站值班员监督列车到达或通过后，向这个区间发出另一列车所需办理必要作业的作业时间组成，根据各站信联闭设备条件及其作业内容查定。

**3. 同方向列车连发间隔时间（$\tau_{连}$）**

在单线或双线区段上，自列车到达或通过邻接的前方站时起至本站再向该区间发出另一同方向列车时止的最小间隔时间，称为同方向列车连发间隔时间。根据列车在前后两站停车或通过的不同情况，连发间隔时间可有下列四种形式：

（1）前行列车前方站通过，后行列车本站通过，见图 2-46a）。

（2）前行列车前方站停车，后行列车本站通过，见图 2-46b）。

（3）前行列车前方站通过，后行列车本站出发，见图 2-46c）。

（4）前行列车前方站停车，后行列车本站出发，见图 2-46d）。

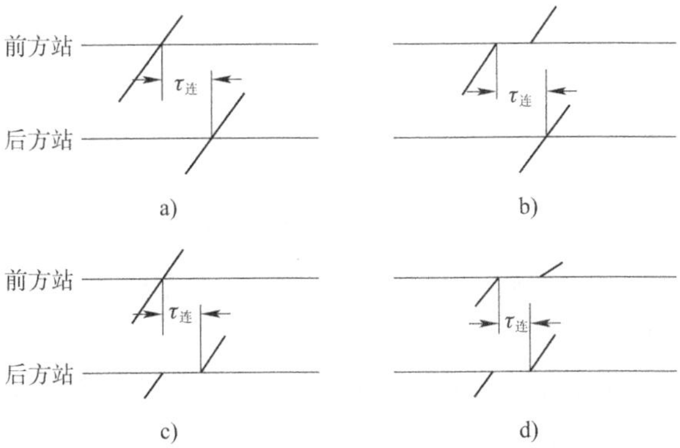


图 2-46　会车间隔时间图

按照连发间隔时间组成因素的不同，可以将上述四种形式的连发间隔时间归纳为两种类型。第一种类型为图 2-46a）、b）所示两种形式，其共同点是列车均在本站通过，其不同点仅在于前者是前方站车站值班员监督列车通过，后者是监督列车到达。第二种类型为

图2-46c)、d)所示两种形式。其共同点是列车均在本站出发，其不同点仅在于前者是前方站车站值班员监督列车通过，后者是监督列车到达。

**4. 追踪列车间隔时间**

在自动闭塞区段，一个站间区间内同方向可有两列或两列以上列车，以闭塞分区间隔运行，称为追踪运行。追踪运行的两列车之间的最小间隔时间，称为追踪列车间隔时间 $I$，如图2-47所示。追踪列车间隔时间，决定于同方向列车间隔距离、列车运行速度及信联闭设备类型。

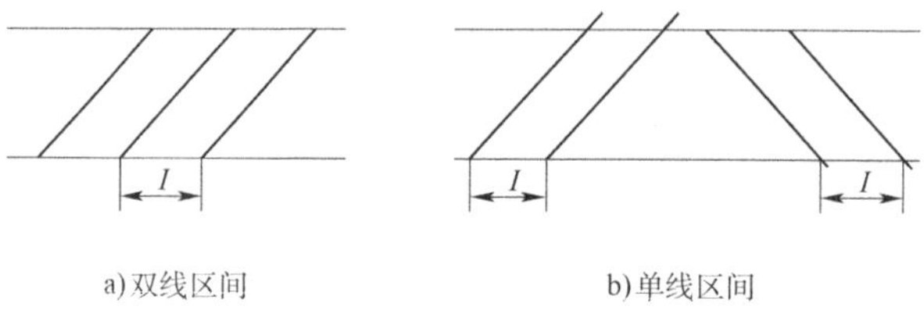


图2-47　追踪列车间隔时间图

## 三、列车运行图编制

列车运行图是列车运行的图解方式，它规定各次列车占用区间的顺序，列车在区间的运行时分，列车在各个车站的到达、出发（或通过）时刻，列车的会让、越行，列车的重量和长度标准、机车交路等，它是全路组织列车运行的基础。

由于列车运行图规定了列车运行的各项要求，因此，与列车运行有关的各部门必须按照运行图的要求安排好各自的工作。例如，车站应根据列车运行图所规定的列车到达和出发时刻，安排车站的接发列车、调车工作和全站的运输工作计划；机务部门应根据运行图的要求，确定每天需要派出的机车台数、派出的时刻，以及安排机车的整备和乘务员的作息计划；工电等部门应按列车运行图的要求组织施工及维修工作等。因此，列车运行图既是行车组织工作的基础，又是联系各部门工作的纽带，是铁路运营管理工作的综合性计划。

因此，科学合理地编制列车运行图，对保证行车安全，适应市场需求，提高运输能力、效率和效益，具有重要意义。

### （一）列车运行图编制的基本原则

列车运行图分为基本运行图（简称基本图）和分号运行图（简称分号图）。基本图是指根据列车开行方案确定的列车种类及行车量，适当考虑行车量的一定波动所编制的列车运行图。分号图是指为适应运量的较大波动或线路施工的需要，按照抽换基本运行图中的某些运行线或不同行车量而编制的运行图。

（1）铁路要根据铁路运输市场需求、铁路技术装备或运输组织方式发生的变化及时编制列车运行图。

（2）列车运行图编制实行两级管理，跨局列车由国铁集团组织铁路局集团公司编制，局管内列车由铁路局集团公司负责编制。

（3）基本图的编制、调整和分号图的编制原则上以会议的方式进行。列车运行图编制、调整及确定的相关事项，以国铁集团或铁路局集团公司的正式文电公布实行。

### （二）列车运行图编制的基本要求

列车运行图应根据客货运量、区段通过能力等因素，确定列车对数，并符合下列要求：

**1. 列车运行、车站间隔、技术作业等时间标准**

列车区间运行时分、列车追踪间隔时间标准、车站间隔时间标准、列车技术检查作业时间标准、机车换挂时间标准等，是保证列车运行安全、进行技术作业所需的最小间隔时间标准，必须符合标准要求。

**2. 迅速、便利地运输旅客和货物**

确定旅客列车行车量及列车性质时，必须根据客流，贯彻长短分工、快慢分工的原则。铺画旅客列车运行线时，应合理规定停站次数和时间。安排货物列车运行线时，要突出重点、兼顾一般，加速货物的输送。

**3. 充分利用通过能力，经济合理地使用机车车辆和安排施工、维修天窗**

合理铺画旅客列车运行线和优化货物列车铺画方案，既要充分利用通过能力，减少空费时间，又要提高列车旅行速度，加速机车车辆周转。

天窗是指在列车运行图中，不铺画列车运行线或调整、抽减列车运行线，为营业线施工、维修作业预留的时间，按用途分为施工天窗和维修天窗。

**4. 做好列车运行线与车流的结合**

车流是运行图的基础，铺画运行线时必须符合列车编组计划所规定的列车种类、数量和性质。

**5. 保证各站、各区段的协调和均衡**

区段内均衡地铺画列车运行线，可以有效地利用通过能力，保证畅通无阻。直达和直通列车运行线要做到区段间紧密衔接，干线与支线间紧密衔接。同时充分考虑编组站能力，使有改编作业与无改编作业的列车均衡交错地到达编组站，保证编组站作业均衡。

**6. 合理安排乘务人员作息时间**

乘务人员保持充沛精力进行工作，有利于提高劳动生产率，保证行车安全。机车周转图规定了机车正常保养和整备作业时间，规定了机车供应台数，合理地安排了机车交路，为促使机车运用与列车运行线结合紧密，机车周转图应与列车运行图同时编制。

### （三）列车运行线的表示方法

列车运行线的表示方法见表2-10。

**列车运行线表示方法** 表2-10

| 列车种类 | 表示方法 | 备注 |
|---|---|---|
| 旅客列车、动车组检测列车、动车组确认列车、回送动车组列车、试运转动车组列车 | 红单线 ———— | 以车次区分 |
| 临时旅客列车 | 红单线加红双杠 —‖—‖— | |
| 回送客车底 | 红单线加红方框 —□—□— | |
| 军用列车 | 红色断线 -- -- -- -- | |
| 回送军用列车 | 红色断线加红方框 --□--□-- | |
| 路用列车、试运转列车（不含动车组） | 黑单线加蓝圈 -○-○- | 以车次区分 |

续上表

| 列车种类 | 表示方法 | 备注 |
| --- | --- | --- |
| 单机 | 黑单线加黑三角 -▷-▷- | |
| 高级专列及先驱列车 | 红单线加红箭头 —➤—➤— | 以车次区分 |
| 救援、除雪列车 | 红单线加红“×” —×—×— | 以车次区分 |
| 重型轨道车 | 黑单线加黑双杠 —‖—‖— | |

**(四)列车运行时刻的表示记号**

小时格、十分格列车运行图,列车时刻的分秒均用阿拉伯数字表示,秒的字号要小于分的字号。列车始发、到达时刻填记在列车运行线与车站中心线相交的钝角内,列车通过车站的时刻填记在列车运行线与车站中心线相交出站一端的钝角内。如图2-48所示。

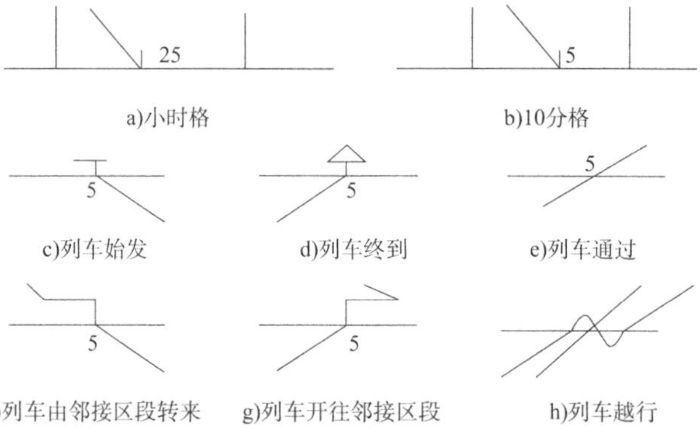


图2-48 列车运行时刻的表示记号

**(五)列车运行图的编制、审核、实施程序**

(1)国铁集团下发新图编制通知,提出本次编图的原则、任务、要求和日程安排。

(2)各铁路局集团公司根据国铁集团要求确定本局编图的任务和要求,提出新图工程和项目,组织列车牵引实验,查定技术作业标准。

(3)召开全路编图准备会议,审定编图技术资料,确定跨局列车开行方案、动车运用交路计划、机车交路等与编图有关的重大事项,下发新图编制纲要。

(4)编制跨局旅客列车运行方案。

(5)召开全路第一阶段编图会议,铺画旅客列车(先跨局后管内,先重点后一般)和货物班列运行线,编制机车周转图,预留施工天窗。

(6)各铁路局集团公司优化管内客车运行方案,预铺货物列车运行线。

(7)召开全路第二阶段编图会议,铺画货物列车运行线,选定货物班列、直达列车、重载列车运行线,编制完整机车周转图,完成基本列车运行图编制工作。

(8)各铁路局集团公司计算运行图各项指标,整理、审核列车运行图及相关资料、文件,做好编图工作总结。

(9)国铁集团、铁路局集团公司下发实行新图文件及相关资料,做好新图实施前各项准备工作,组织相关部门进行新图培训,召开新图实施工作会议。

(10)实施新图,做好列车运行图新旧时刻交替和新图实施值班、总结等工作。

列车运行图在规定的有效期间内,必须严格贯彻执行,要保持列车运行图的严肃性和相对稳定。需要调整时,须由铁路局集团公司以书面形式上报国铁集团并得到正式书面批复。国铁集团根据相关铁路局集团公司提报的调图范围和内容,协调、确定调整图的实行日期,尽量减少调图次数。

调整内容涉及局间分界口时,由申请的铁路局集团公司于调整图拟实施前60天上报国铁集团,国铁集团同意后组织相关铁路局集团公司调整,国铁集团于实施调整图前30天、相关铁路局集团公司于实施调整图前20天将执行文件下发至各相关单位和部门。铁路局集团公司要将调整图相关文件上报国铁集团并抄知相关铁路局集团公司。

跨局列车在本局管内调整或局管内列车调整时,由铁路局集团公司于调整图拟实施前30天上报国铁集团,国铁集团批复后由铁路局集团公司组织调整。调整图相关文件由铁路局集团公司于实施调整图前20天下发至各相关单位和部门,同时上报国铁集团并抄知相关铁路局集团公司。各铁路局集团公司应将调整后的列车运行图及相关指标报国铁集团有关业务部门。

**(六)分号图列车运行图编制**

(1)遇下列情况时,应编制分号图:

①春运、暑期和其他节假日运输的需要;

②线路施工的需要;

③货运量波动的需要;

④大批货物临时运输以及特种运输的需要;

⑤处置重大突发事件的需要。

为春运、暑期运输和线路施工编制的分号图又分别称为春运图、暑期图和施工图;根据其他运输需要编制的分号图名称可在分号图前冠以该分号图的主题,例如"十一"分号图等等。

(2)编制分号图时,原则上不变动基本图旅客列车运行线。

分号图的编制分为"编制"和"选线"两种。编制,是在基本图以外另行编制的运行图,单独定点、定车次;"选线",是在基本图上用抽减运行线的方法制定的运行图,只减少客、货列车对数,不单独定点、定车次。

(3)春运图、暑期图的编制,由各铁路局集团公司根据客流预测提出跨局临客开行建议方案并于实行前60天上报国铁集团,国铁集团综合各铁路局集团公司建议,确定跨局临客开行方案,组织编制春运图、暑期图。铁路局集团公司管内临客开行方案,由铁路局集团公司确定并铺画临客运行线。春运图、暑期图的实行文件,国铁集团于实行前30天、铁路局集团公司于实行前20天下发至各相关单位和部门。

(4)施工图的编制范围涉及跨局客货列车时,由铁路局集团公司于施工图实施前45天上报国铁集团,国铁集团同意后组织或委托相关铁路局集团公司编制。实行文件,国铁集团于实行前30天、铁路局集团公司于实行前20天下发至各相关单位和部门。

施工图的编制范围仅涉及管内列车时,由铁路局集团公司组织编制。相关文件由铁路局集团公司于施工图实行前20天发到相关单位。

大批货物临时运输以及特种运输需要编制分号图时,比照施工图的编制办法进行。

采用选线方法制定的分号图，跨局列车由国铁集团、管内列车由铁路局集团公司确定。实行文件，国铁集团于实行前20天、铁路局集团公司于实行前15天下发至各相关单位和部门。

(5)为适应旅游市场的需求，应适量铺画旅游列车运行线，跨局由国铁集团、局管内由铁路局集团公司组织铺画并公布。

由于列车运行图的调整引起旅游专列时刻的变化，由相关铁路局集团公司在下发调整图执行文件的同时公布，跨局旅游专列并报国铁集团。

铁路局集团公司开行跨局旅游专列，按国铁集团公布的旅游专列相关要求组织。

(6)临时需要加开跨局临时旅客列车，由铁路局集团公司于临客开行前30天报国铁集团批准后，运行线由国铁集团组织铺画。临时加开管内临时旅客列车，由铁路局集团公司确定运行时刻。因突发客流、应急等原因不能于开行前30天提报的，由调度部门确定运行时刻。

开行旅游专列和临时旅客列车影响的货物列车由调度调整。

## 复习思考题

1.《技规》有哪些作用？

2.《行规》《行细》的编制范围、内容是什么？

3. 铁路行车工作必须坚持什么原则？

4. 货物列车如何分类？

5. 什么是站间区间？

6. 车站如何分类？

7. 线路和道岔如何编号？

8. 列车编组计划应包括哪些主要内容？

9. 哪些情况属违反列车编组计划？

10. 技术站间的计划车流如何确定？

11. 列车运行图如何分类？

12. 列车运行图有哪些主要要素？

# 项目3　编 组 列 车

## 项目内容

本项目主要介绍编组列车的编组列车认知，货物列车中车辆的编挂，列车中机车车辆的编挂，列车尾部安全防护装置的使用，列车中机车的编挂、单机挂车，列车制动限速及编组要求，列车中车辆连挂、检查及修理内容。

## 教学目标

**1. 能力目标**

了解编组列车的要求，车辆编挂、车辆检修的要求。

**2. 知识目标**

了解编组列车的质量要求和机车车辆编挂条件。

**3. 素质目标**

培养安全意识、责任意识、效益意识。

## 任务1　编组列车认知

### 一、编组列车

编组列车就是按列车种类、用途和运输性质，根据《技规》、列车编组计划和列车运行图所规定的编挂条件、车组、重量及长度标准，将车辆或车组选编并连挂成车列。

### 二、编组列车的要求

(1)编组列车必须符合《技规》关于机车车辆编入列车的技术条件，隔离和编挂限制，关门车编挂数量和位置要求，以及单机挂车等规定。

(2)编组列车必须符合列车编组计划规定的列车种类、去向、编组内容、车组和车辆编挂顺序的要求。

动车组以外的旅客列车按旅客列车编组表编组。

军用列车的编组，按有关规定办理。

(3)编组列车必须符合该区段列车运行图规定的列车重量或长度标准。

列车重量标准是根据机车牵引力、区段内限制坡度等因素，通过计算、试运转和各种类型机车牵引重量的平衡，最后取整而定的。

列车长度应根据运行区段内各站到发线的有效长，并预留 30m 的附加制动距离来确定。

如不按上述要求编组列车，不仅会因浪费牵引力而造成经济损失，而且对列车运行安全也会造成威胁。

编组列车时，其重量或长度应满足列车运行图规定的各区段牵引定数或计长。由于实际编成的列车重量、长度与图定重量、长度不可能完全相符，因此，铁路规定了尾数波动范围：货物列车牵引重量允许上下波动 80t，计长允许欠 1.2 及其以内。

①列车重量按列车运行图规定的牵引定数超过 81t 及以上，连续运行距离超过机车乘务规定区段二分之一的货物列车为超重列车。

超重列车有利于节省机车运用台数，提高区段通过能力，但由于机车性能和司机技术水平的限制，可能造成运缓、区间停车或会让不当而打乱运行秩序。为此，编组超重列车时，在编组站、区段站应商得机务（或折返）段调度员的同意；在中间站应得到司机的同意，并且均须经列车调度员准许，以使其指挥行车时心中有数。

②列车重量按运行图规定的牵引定数欠 81t 及以上，又换长欠 1.3 及以上，连续运行距离超过机车乘务规定区段的二分之一的货物列车为欠重（轴）列车。

编组欠轴列车浪费机车牵引力，因此，列车不得低于运行图规定的重量或长度。遇必须开行欠轴列车时，亦应得到列车调度员的命令准许。

③列车长度超过运行图规定的区段计长时，称为超长列车。

列车虽未超过图定区段计长，而实际超过停放该列车的到发线有效长时，应按超长列车办理。编组超长列车时，必须考虑运行区段内的具体条件，编组超长列车的最大长度不得超过区段内两股最短到发线有效长之和，并不宜编挂超限及其他限速车辆。开行超长列车时，必须取得列车调度员的命令准许。

## 三、机车车辆重量及长度

(1)列车的重量是车辆自重与货物重量的总和。

(2)机车、车辆自重及换算长度应按《技规》有关规定确定。《技规》中未规定的其他各型货车的自重及换算长度和货物重量可按有关规定计算。

(3)旅客列车重量按客车总重（包括旅客及行李的重量）计算，回送空客车底按自重计算。

(4)机车、车辆长度的计算，以前后两钩舌内侧面距离按 11m 为换算单位。

(5)各型机车、车辆按上述换算单位得出的比值，称为换算长度。

### （一）铁路机车、车辆、铁路救援起重机编入列车

机车、车辆、铁路救援起重机编入列车时，重量及长度按表 3-1 ~ 表 3-3 确定。

**机车重量及长度** 表 3-1

| 种类 | 机　型 | 自重(t) | 换算长度 | 备　注 |
|---|---|---|---|---|
| 电力 | $SS_1$ | 137 | 1.9 | |
| | $SS_{3B}$ | 276 | 4.0 | 按双节计算 |
| | $SS_4$ | 184 | 3.0 | 按双节计算 |

续上表

| 种类 | 机　　型 | 自重(t) | 换算长度 | 备　　注 |
|---|---|---|---|---|
| 电力 | $SS_3$、$SS_6$、$SS_{6B}$、$SS_7$、$SS_{7B}$、6K | 138 | 2.0 | |
| | $SS_{7C}$ | 132 | 2.0 | |
| | $SS_{7D}$、$SS_{7E}$、$SS_9$ | 126 | 2.0 | |
| | $SS_8$ | 87/89 | 1.6 | 无列车供电/有列车供电 |
| | 8G、DJ1 | 184 | 3.2 | 按双节计算 |
| | 8K | 184 | 3.4 | 按双节计算 |
| | $HXD_1$ | 200 | 3.2 | 按双节计算 |
| | $HXD_2$ | 200 | 3.5 | 按双节计算 |
| | $HXD_{1B}$、$HXD_{2B}$、$HXD_{3B}$ | 150 | 2.1 | |
| | $HXD_{1C}$、$HXD_{2C}$ | 138/150 | 2.1 | |
| | $HXD_3$、$HXD_{3C}$ | 138/150 | 1.9 | |
| | $HXD_{1D}$、$HXD_{3D}$ | 126 | 2.1 | |
| 内燃 | $DF_4$、$DF_{4B}$、$DF_{4C}$、$DF_{4D}$ | 127 | 1.9 | |
| | $DF_5$、$DF_7$、$DF_{7B}$、$DF_{7C}$ | 130 | 1.7 | |
| | $DF_{7D}$ | 132 | 1.7 | 山区型自重127t,双司机室机车换长1.8 |
| | $DF_{7E}$ | 145 | 1.8 | |
| | $DF_{7G}$ | 132 | 1.8 | |
| | $DF_8$ | 130 | 2.0 | |
| | $DF_{8B}$ | 131 | 2.0 | 25t轴重$DF_{8B}$自重139t |
| | $DF_{11}$ | 133 | 1.9 | |
| | $DF_{11G}$ | 133 | 2.0 | |
| | $DFH_2$ | 58 | 1.2 | |
| | $DFH_3$ | 84 | 1.7 | |
| | $DFH_5$ | 81 | 1.4 | |
| | BJ | 84 | 1.5 | |
| | $ND_2$ | 114 | 1.6 | |
| | $ND_3$ | 122 | 1.7 | |
| | $ND_5$ | 126 | 1.8 | |
| | $NY_6$、$NY_7$ | 124 | 2.1 | |
| | $HXN_5$ | 150 | 2.1 | |
| | $HXN_3$ | 150 | 2.0 | |
| | $NJ_2$ | 138 | 1.9 | |

车辆重量及长度 表3-2

| 1.客车 | | |
|---|---|---|
| 客车种类 | 平均每辆总重量(t) | 平均每辆换算长度 |
| 各种客车 | 按车体外部标记计算 | 按车体外部标记计算 |
| 2.货车 | | |
| 货车种类 | 平均每辆自重(t) | 平均每辆换算长度 |
| 标记载重60t四轴棚车($P_{62K}$、$P_{63K}$) | 24.0 | 1.5 |
| 标记载重58t四轴棚车($P_{64K}$) | 25.4 | 1.5 |
| 标记载重58t四轴棚车($P_{64AK}$) | 25.7 | 1.5 |
| 标记载重58t四轴棚车($P_{65}$) | 26.0 | 1.5 |
| 标记载重70t四轴棚车($P_{70}$) | 24.9 | 1.6 |
| 标记载重60t四轴敞车(CF、$CF_K$) | 22.4 | 1.2 |
| 标记载重60t四轴敞车($C_{62A}$、$C_{62AK}$) | 21.7 | 1.2 |
| 标记载重60t四轴敞车($C_{62B}$、$C_{62BK}$) | 22.3 | 1.2 |
| 标记载重61t四轴敞车($C_{63}$、$C_{63A}$) | 22.5 | 1.1 |
| 标记载重61t四轴敞车($C_{64K}$) | 23.0 | 1.2 |
| 标记载重60t四轴敞车($C_{61}$) | 23.0 | 1.1 |
| 标记载重70t四轴敞车($C_{70}$) | 23.8 | 1.3 |
| 标记载重70t四轴敞车($C_{70E}$) | 24.0 | 1.3 |
| 标记载重80t四轴敞车($C_{80}$、$C_{80B}$) | 20.0 | 1.1 |
| 标记载重100t六轴敞车($C_{100A}$、$C_{100AH}$) | 26.0 | 1.4 |
| 标记载重50t四轴集装箱平车($X_{1K}$) | 19.8 | 1.3 |
| 标记载重60t四轴集装箱平车($X_{6A}$) | 17.8 | 1.3 |
| 标记载重60t四轴集装箱平车($X_{6K}$) | 18.0 | 1.2 |
| 标记载重70t四轴集装箱平车($X_{4K}$) | 21.8 | 1.8 |
| 标记载重70t四轴集装箱平车($X_{70}$) | 22.4 | 1.2 |
| 标记载重80t四轴集装箱平车($X_{2K}$) | 22.0 | 1.8 |
| 标记载重60t四轴平车($N_{17AK}$) | 21.0 | 1.3 |
| 标记载重60t四轴平车($N_{17GK}$) | 21.9 | 1.3 |
| 标记载重60t四轴平车($N_{17K}$) | 20.5 | 1.3 |
| 标记载重60t四轴平集共用车($NX_{17AK}$) | 22.9 | 1.3 |
| 标记载重60t四轴平集共用车($NX_{17K}$) | 22.4 | 1.3 |
| 标记载重60t四轴平集共用车($NX_{17BK}$) | 22.9 | 1.5 |
| 标记载重70t四轴平集共用车($NX_{70}$) | 23.8 | 1.5 |
| 标记载重70t四轴平集共用车($NX_{70A}$) | 23.8 | 1.3 |

续上表

| | | |
|---|---|---|
| 2. 货车 | | |
| 标记载重 53t 四轴罐车($G_{60K}$) | 21.0 | 1.1 |
| 标记载重 60t 四轴罐车($G_{70K}$) | 20.4 | 1.1 |
| 标记载重 70t 四轴罐车($GQ_{70}$) | 23.6 | 1.1 |
| 标记载重 70t 四轴罐车($GN_{70}$) | 23.8 | 1.1 |
| 标记载重 70t 四轴罐车($GHA_{70}$) | 23.8 | 1.2 |
| 标记载重 70t 四轴氧化铝粉罐车($GF_{70}$) | 23.6 | 1.2 |
| 标记载重 50t 四轴毒品车($W_{5SK}$) | 26.5 | 1.5 |
| 标记载重 60t 四轴毒品车($W_{6S}$) | 24.6 | 1.5 |
| 标记载重 70t 四轴毒品车($W_{70S}$) | 25.2 | 1.6 |
| 标记载重 60t 石碴车($K_{13K}$) | 21.5 | 1.1 |
| 标记载重 70t 石碴车($KZ_{70}$) | 23.8 | 1.1 |
| 标记载重 60t 煤炭漏斗车($K_{18K}$) | 24.0 | 1.3 |
| 标记载重 70t 煤炭漏斗车($KM_{70}$) | 23.8 | 1.3 |
| 标记载重 60t 散装粮食车($L_{17K}$) | 23.5 | 1.3 |
| 标记载重 60t 散装粮食车($L_{18}$) | 23.8 | 1.3 |
| 标记载重 70t 散装粮食车($L_{70}$) | 24.8 | 1.5 |
| 标记载重 60t 散装水泥车($U_{60}$) | 26.0 | 1.2 |
| 标记载重 60t 散装水泥车($U_{60WK}$) | 24.5 | 1.1 |
| 标记载重 60t 散装水泥车($U_{61WK}$) | 22.3 | 1.1 |
| 标记载重 20t 双层小汽车运输车($SQ_5$) | 37.0 | 2.4 |
| 标记载重 22t 双层小汽车运输车($SQ_6$) | 36.2 | 2.4 |
| 标记载重 40t 机械冷藏车($B_{10A}$) | 41.1 | 2.0 |

注:1. 旅客列车重量按客车总重(包括旅客及行李的重量)计算,回送空客车按自重计算。

2. 列车中其他各型货车的自重及换算长度和货物的重量按铁路货车统计规则规定计算。

3. 机车、车辆长度的计算,以前后两钩舌内侧面距离按 11m 为换算单位(一辆),各型机车、车辆按上述换算单位得出的比值,称为换算长度。

**铁路救援起重机重量及长度** 表 3-3

| 型号 | 名称 | 自重(t) | 换算长度 |
|---|---|---|---|
| NS2000 | 200t 伸缩臂式铁路救援起重机 | 208 | 1.5 |
| | 吊臂平车 | 45 | 2.2 |
| NS1600 | 160t 伸缩臂式铁路救援起重机(1600t · m) | 192 | 1.4 |
| | 160t 伸缩臂式铁路救援起重机(1680t · m) | 205 | 1.4 |
| | 吊臂平车 | 45 | 2.2 |

续上表

| 型 号 | 名 称 | 自重(t) | 换算长度 |
|---|---|---|---|
| NS1601 | 160t 伸缩臂式铁路救援起重机 | 186.4 | 1.1 |
| | 吊臂平车 | 42 | 2.2 |
| NS1602 | 160t 伸缩臂式铁路救援起重机 | 184 | 1.1 |
| | 吊臂平车 | 38 | 1.8 |
| N1601 | 160t 固定臂式铁路救援起重机 | 187 | 1.1 |
| | 吊臂平车 | 38 | 1.9 |
| N1602 | 160t 固定臂式铁路救援起重机 | 190 | 1.1 |
| | 吊臂平车 | 40 | 2.2 |
| NS1601G | 160t 伸缩臂式铁路救援起重机 | 186.4 | 1.1 |
| | 吊臂平车 | 38 | 1.9 |
| NS1602G | 160t 伸缩臂式铁路救援起重机 | 186.4 | 1.1 |
| | 吊臂平车 | 40 | 2.2 |
| NS1251 | 125t 伸缩臂式铁路救援起重机 | 139 | 1.0 |
| | 吊臂平车 | 40 | 1.9 |
| NS1252 | 125t 伸缩臂式铁路救援起重机 | 138 | 1.1 |
| | 吊臂平车 | 40 | 1.9 |
| NS1001 | 100t 伸缩臂式铁路救援起重机 | 138 | 1.0 |
| | 吊臂平车 | 32 | 1.8 |
| N1002 | 100t 固定臂式铁路救援起重机 | 132 | 1.0 |
| | 吊臂平车 | 31.4 | 1.8 |
| NS100G | 100t 伸缩臂式铁路救援起重机 | 140 | 1.0 |
| | 吊臂平车 | 32 | 1.8 |

### (二)动车组

动车组的长度、重量及最高运行速度按表 3-4 规定。

**动车组长度、重量及最高运行速度** 表 3-4

| 动车组类型 | 换算长度 | 整备重量(t) | 计算重量(t) | 最高运行速度(km/h) |
|---|---|---|---|---|
| CRH1A-200 | 19.4 | 429.7 | 483.1 | 200 |
| CRH1A-250 | 19.4 | 432.6 | 483.1 | 250 |
| CRH1A-A | 18.6 | 431.0 | 480.0 | 250 |
| CRH1B | 38.8 | 857.6 | 961.5 | 250 |
| CRH1E(不锈钢车体) | 38.8 | 887.8 | 942.2 | 250 |
| CRH1E(铝合金车体) | 37.2 | 910.9 | 987.0(按座票定员) | 250 |
| CRH2A | 18.3 | 375.8 | 425.9 | 250 |

续上表

| 动车组类型 | 换算长度 | 整备重量(t) | 计算重量(t) | 最高运行速度(km/h) |
|---|---|---|---|---|
| CRH2B | 36.5 | 745.3 | 846.3 | 250 |
| CRH2E | 36.5 | 813.1 | 869.8 | 250 |
| CRH2E(纵向卧铺车) | 37.5 | 836.2 | 915.4 | 250 |
| CRH2G | 18.3 | 393.3 | 442.3 | 250 |
| CRH3A | 19.1 | 438.9 | 487.9 | 250 |
| CRH5A | 19.2 | 430.0 | 479.7 | 250 |
| CRH5G | 19.2 | 429.0 | 478.0 | 250 |
| CRH5E | 38.0 | 927.3 | 999.9 | 250 |
| CRH2C 一阶段 | 18.3 | 381.8 | 431.9 | 310 |
| CRH2C 二阶段 | 18.3 | 401.5 | 451.6 | 350 |
| CRH3C | 18.2 | 432.0 | 476.6 | 310/350 |
| CRH380A | 18.5 | 411.4 | 452.3 | 350 |
| CRH380AL | 36.6 | 836.5 | 924.4 | 350 |
| CRH380B | 18.5 | 450.8 | 495.3 | 350 |
| CRH380BG | 18.5 | 454.9 | 499.4 | 350 |
| CRH380BL | 36.3 | 893.1 | 977.3 | 350 |
| CRH380CL | 36.4 | 902.8 | 987.0 | 350 |
| CRH380D | 19.6 | 464.7 | 510.0 | 350 |
| CR400AF | 19.0 | 427.8 | 472.3 | 350 |
| CR400BF | 19.0 | 461.8 | 506.3 | 350 |
| CRH6F | 18.3 | 383.4 | 471.6 | 160 |
| CRH6A | 18.3 | 382.2 | 417.9 | 200 |

注:CRH3C 型动车组齿轮箱传动比为2.7931时,最高运行速度为310km/h;齿轮箱传动比为2.429时,最高运行速度为350km/h。

## 四、禁止编入列车的机车车辆

编组列车时,对所编挂的车辆,在技术条件上必须符合规定标准,凡属于下列情况之一的车辆,禁止编入列车。

(1)插有扣修、倒装色票的车辆及车体倾斜超过规定限度的车辆。

货车插有“色票”,是表示该车辆定检到期或技术状态不良,需要进行检修。

(2)曾经发生冲突、脱轨、火灾、爆炸或曾编入发生特别重大、重大、较大事故列车内以及在自然灾害中损坏,未经检查确认可以运行的。

这些车辆经过激烈冲撞,其主要部件、零件,如转向架、轮对、轴箱、车钩及车底架等可能存在隐患,如不经列检细致检查,并确定对行车无妨碍就编入列车,将严重威胁运行安全。

(3)装载货物超出机车、车辆限界,无挂运命令的车辆。

没有调度命令的超限车,禁止挂运。

(4)装载跨装货物(跨及两平车的汽车除外)的平车,无跨装特殊装置的车辆。

为使跨装货物的车辆能灵活地通过曲线,必须在车辆与货物之间使用特殊装置—货物转向架。同时,为了防止因车钩弹簧压缩、伸张而造成货物的窜动,在货物跨装的车辆与车辆之间还必须使用车钩缓冲停止器。若无特殊装置,列车通过曲线或坡道地段则可产生移动,从而引起不良后果。

(5)平车、砂石车及敞车装载货物违反装载和加固技术条件的车辆。

货物装载和加固必须保证能经受正常调车作业及列车运行中的冲击,以保证货物在运输的全过程中,不致发生移动、滚动、倾覆、倒坍或坠落等情况。平、敞、砂石车装载的货物,必须符合货车装载加固技术条件。

(6)未关闭侧开门、底开门以及平车未关闭端、侧板的车辆(有特殊规定者除外)。

未关闭端、侧板或侧开门的车辆,在运行中侧板与侧开门可能掀动或摇晃,甚至超出机车车辆限界,威胁线路附近设备和人员的安全。一旦端、侧板或侧门脱落,还可能招致列车脱轨,甚至颠覆。底开门不关闭,容易刮坏道岔,甚至脱落。

(7)由于装载的货物需要停止自动制动机作用,而未停止的车辆。

列车制动时,车轮踏面与闸瓦摩擦发热(盘型制动为制动盘发热),产生高温或迸发火星。特别是在长大下坡道上,制动时间过长,闸瓦等处于高热状态,如不停止自动制动机,对装有爆炸品或怕受高温的货物,有可能引燃或引爆,所以必须停止自动制动机的作用。

(8)企业自备机车、车辆、自轮运转特种设备和城市轨道车辆、进出口机车车辆过轨时,未经铁路机车车辆人员检查确认的。

为保证铁路行车安全,企业自备的机车、车辆和自轮运转特种设备、城市轨道车辆、进出口机车车辆在进入铁路营业线过轨前,须经铁路机车车辆部门检查鉴定,确定其各部分的技术状态符合铁路规章及有关规定的要求。

(9)缺少车门的(检修回送车除外)车辆。

装货后,缺少车门容易造成货物窜出或坠落、丢失,不能保证货物的完整和行车安全。

(10)超过定期检修期限的客车车辆(经车辆部门鉴定的回送客车除外)禁止编入旅客列车。

超过了定期检修期限的客车车辆,由于超期运行,其各部技术状态可能会发生变化,直接威胁行车和人身安全。

## 任务2　货物列车中车辆的编挂

### 一、装载危险、易燃货物车辆的编挂

危险货物系指具有燃烧、爆炸、腐蚀、毒害、放射射线等性质,而且在运输过程中发生意

外，能引起人身伤亡，人民财产受到毁损的物资。易燃货物系指遇明火或受高温容易引起燃烧和造成火灾的货物，易燃普通货物品名见表3-5。

**易燃普通货物品名** 表3-5

| 顺号 | 品　　名 |
|---|---|
| 1 | 《铁路危险货物品名表》规定之外的籽棉，皮棉，黄棉花，废棉，飞花，破籽花 |
| 2 | 《铁路危险货物品名表》规定之外的各种麻类和麻屑 |
| 3 | 麻袋(包括废、破麻袋)，各种破布，碎布，线屑，乱线，化学纤维 |
| 4 | 牧草，谷草，油草，蒲草，羊草，芦苇，荻苇，玉米棒(去掉玉米的)，玉蜀黍秸，豆秸，秫秸，麦秸，蒲叶，烟秸，甘蔗渣，蒲棒，蒲棒绒，芒杆，亚麻草，烤烟叶，晒烟叶，棕叶以及其他草秸类 |
| 5 | 葵扇(芭蕉扇)，蒲扇，草扇，棕扇，草帽辫，草席，草帘，草包，草袋，蒲包，草绳，芦席，芦苇帘子，笤帚以及其他芦苇、草秸的制品 |
| 6 | 干树皮，干树枝，干树条，树枝(经脱叶加工)，带叶的竹枝，薪柴(劈柴除外)，松明子，腐朽木材(喷涂化学防腐剂的除外) |
| 7 | 刨花，木屑，锯末 |
| 8 | 纸屑，废纸，纸浆，柏油纸，油毡纸 |
| 9 | 炭黑，煤粉 |
| 10 | 粮谷壳，花生壳，笋壳 |
| 11 | 羊毛，驼毛，马毛，羽毛，猪鬃以及其他禽兽毛绒 |
| 12 | 麻黄、甘草 |

注：1. 用敞、平、砂石车装运易燃普通货物时，应用蓬布苫盖严密，在调车或编入列车时，应进行隔离。但对干树皮，干树枝，干树条和带叶的竹枝，由于其干湿程度、带叶多少不同，应否苫盖篷布，由发站根据气温和运输距离在确保运输安全的原则下负责确定。

2. 腐朽木材喷防火涂料或采取其他防火措施后，可不苫盖篷布。

3. 本表未列的品名，是否也属于易燃普通货物，由发站报铁路局集团公司确定。

4. 以易燃材料作包装、捆扎、填塞物，以竹席、芦席、棉被等苫盖的非易燃货物，以及用木箱、木桶、铁桶包装的易燃货物，均按普通货物运输。以敞车装运时，是否应苫盖篷布，由发站和托运人根据货物的运输安全情况共同负责确定。并在运单托运人记事栏内注明。

编组列车时，对装载危险、易燃货物等的车辆应按规定进行隔离见表3-6。

(1)隔离的作用。一是使易燃、易爆物品与火源隔离；二是万一发生意外时，能尽量减少或避免扩大损失，如爆炸品与机车、搭乘旅客的车辆实行隔离，爆炸品与放射性物品不准编入同一列车等。

(2)小运转列车的机车及调车机车运行距离较短，加之各铁路局集团公司条件差异很大，所以，在保证安全的前提下，小运转及调车作业隔离由铁路局集团公司规定。

(3)为防止装载蜜蜂的车辆，在列车中挂运位置失当造成蜜蜂死亡。在编组或改编列车时，装有蜜蜂的货车，不得与整车装运的敌敌畏、六六六、1605、1059农药(即标有的车辆)编挂在同一列车上。因车流不足，分别挂运有困难时，在本次列车运行全程内，中途不发生折角转向的条件下，可编挂在同一列车上。但应将蜜蜂车挂在农药车的前部并隔离4辆及其以上。

**铁路车辆编组隔离**

表 3-6

| 最少隔离辆数 / 隔离对象 / 货物种类（品名编号） | | | 距牵引的内燃、电力机车，推进运行或后部补机及使用火炉的车辆 | 距乘坐旅客的车辆 | 距装载雷管及导爆索（11001，11002，11007，11008）的车辆 △7 | 距装载除雷管及导爆索以外爆炸品的车辆 △8 | 距装载易燃普通货物的敞车、平车 | 距装载高出车帮易窜动货物的车辆 | 备注 |
|---|---|---|---|---|---|---|---|---|---|
| 气体（含空罐车） | 易燃气体<br>非易燃无毒气体<br>毒性气体 | △1 | 4 | 4 | 4 | 4 | 2 | 2 | 运输气体类危险货物重、空罐车时，每列编挂不得超过 3 组。每组间的隔离车不得少于 10 辆 |
| 一级易燃液体<br>一级易燃固体<br>一级易于自燃的物质<br>一级氧化性物质<br>有机过氧化物<br>一级毒性物质（剧毒品）<br>一级酸性腐蚀性物质<br>一级碱性腐蚀性物质<br>一级其他腐蚀性物质 | | △2 | 2 | 3 | 3 | 4 | 2 | | 运输原油时，与机车及使用火炉的车辆可不隔离。<br>运输硝酸铵时，与机车及使用火炉的车辆隔离不少于 4 辆 |
| 放射性物质（物品）（矿石、矿砂除外） | | △3 | 2 | 4 | × | × | 2 | 1 | ×标记表示不能编入同一列车 |

续上表

| 最少隔离辆数 / 隔离对象 / 货物种类（品名编号） | | | 距牵引的内燃、电力机车，推进运行或后部补机及使用火炉的车辆 | 距乘坐旅客的车辆 | 距装载雷管及导爆索（11001，11002，11007，11008）的车辆 △7 | 距装载除雷管及导爆索以外爆炸品的车辆 △8 | 距装载易燃普通货物的敞车、平车 | 距装载高出车帮易窜动货物的车辆 | 备注 |
|---|---|---|---|---|---|---|---|---|---|
| 七〇七 | 一级 | △4 | 4 | 4 | 4 | 4 | 4 | 2 | 一级与二级编入同一列车时，相互隔离 2 辆以上，停放车站时相互隔离 10m 以上，严禁明火靠近 |
| | 二级 | △5 | 4 | 4 | 4 | 4 | 4 | 2 | |
| 敞车、平车装载的易燃普通货物及敞车装载的散装硫磺 | | △6 | 2 | 2 | 2 | 2 | | | 装载未涂防火剂的腐朽木材的车辆，运行在规定的区段和季节须与牵引机车隔离 10 辆，如隔离有困难时，各铁路局集团公司与相邻局协商规定隔离办法 |
| 爆炸品 | 雷管及导爆索（11001，11002，11007，11008） | △7 | 4 | 4 | | 4 | 2 | 2 | |
| | 除雷管及导爆索以外的爆炸品 | △8 | 4 | 4 | 4 | | 2 | 2 | |

注：1. 小运转列车及调车隔离规定，由铁路局集团公司自行制定。

2. 有△标记的车辆与装载蜜蜂的车辆运输时按有关规定办理。

3. 空罐车可不隔离（气体类危险货物除外）。

(4)对装载散装石灰、粉末沥青及恶臭货物(如氨水、碳氨、六六六、粪干、兽骨、湿的毛皮等)的敞、平车辆编入列车时,其具体编挂位置由列车调度员指定。

## 二、机械冷藏车的编挂、客车和铁路救援起重机回送

### (一)机械冷藏车

机械冷藏车因有各种机械设备和管道,牢固性差,应尽量编于列车中部或后部。

### (二)客车回送

(1)客车编入货物列车回送时,客车编挂辆数不得超过20辆,应挂于列车中部或者后部。

(2)装有密接式车钩的客车需附挂货物列车回送时,不得超过10辆,其后编挂的其他车辆不得超过1辆。

(3)客车与平车、平集共用车以外的货车连挂时,不得与货车有人力制动机端连挂;客车与平车、平集共用车人力制动机端连挂时,平车、平集共用车的人力制动机不得使用,应处于非工作状态。

### (三)铁路救援起重机回送

(1)须有编挂的调度命令。

(2)凡符合运输条件的一律挂于列车后部。

铁路救援起重机不起制动作用,重心高、车钩无缓冲装置、起重臂又有横向摆动,走行部分不如货车,回送时一律挂于列车后部。

(3)回送铁路救援起重机时,须由机务段(出厂时由承修厂)负责技术检查,填写铁路救援起重机回送状态鉴定书,向车站办理回送手续。

(4)铁路救援起重机回送限制速度按照表3-7规定执行,其他的按设计文件要求速度回送。

铁路救援起重机回送限制速度　　表3-7

| 型　号 | 名　称 | 回送速度(km/h) |
|---|---|---|
| NS2000 | 200t 伸缩臂式铁路救援起重机 | 120 |
| | 吊臂平车 | 120 |
| NS1600 | 160t 伸缩臂式铁路救援起重机(1680t·m) | 120 |
| | 吊臂平车 | 120 |
| NS1600 | 160t 伸缩臂式铁路救援起重机(1600t·m) | 120 |
| | 吊臂平车 | 120 |
| NS1601 | 160t 伸缩臂式铁路救援起重机 | 120 |
| | 吊臂平车 | 120 |
| NS1602 | 160t 伸缩臂式铁路救援起重机 | 120 |
| | 吊臂平车 | 120 |
| N1601 | 160t 固定臂式铁路救援起重机 | 85 |
| | 吊臂平车 | 85 |
| N1602 | 160t 固定臂式铁路救援起重机 | 85 |
| | 吊臂平车 | 85 |

续上表

| 型　　号 | 名　　称 | 回送速度(km/h) |
|---|---|---|
| NS1601G | 160t 伸缩臂式铁路救援起重机 | 120 |
| | 吊臂平车 | 120 |
| NS1602G | 160t 伸缩臂式铁路救援起重机 | 120 |
| | 吊臂平车 | 120 |
| NS1251 | 125t 伸缩臂式铁路救援起重机 | 120 |
| | 吊臂平车 | 120 |
| NS1252 | 125t 伸缩臂式铁路救援起重机 | 120 |
| | 吊臂平车 | 120 |
| NS1001 | 100t 伸缩臂式铁路救援起重机 | 80 |
| | 吊臂平车 | 80 |
| N1002 | 100t 固定臂式铁路救援起重机 | 80 |
| | 吊臂平车 | 80 |
| NS100G | 100t 伸缩臂式铁路救援起重机 | 80 |
| | 吊臂平车 | 80 |

# 任务3　旅客列车中车辆的编挂

## 一、动车组列车的编挂

(1)动车组为固定编组。单组动车组运用状态下不得解编,两组短编组同型动车组可重联运行。救援等特殊情况下,两组不同型号的动车组可重联运行。

(2)动车组禁止加挂各型机车车辆(无动力调车时的调车机、救援机车、无动力回送时的本务机车及回送过渡车除外)。

(3)动车组禁止编入其他列车。

(4)超过检修期限的动车组禁止上线运行(经车辆部门鉴定的回送动车组除外)。

(5)动车组列车驾驶室与旅客乘坐席间的门应锁闭。

## 二、动车组以外的旅客列车中车辆的编挂

动车组以外的旅客列车按列车编组表规定的车种、辆数、编挂位置编组。编组内容主要有:软卧、硬卧、餐车、软座、硬座、行李车、邮政车、发电车等。

(1)为了保证旅客人身安全和行车安全,动车组以外的旅客列车机车后第一位编挂一辆未搭乘旅客的车辆作为隔离车。行李车、邮政车、发电车等非乘坐旅客的车辆应分别挂于机车后第一位和列车尾部,起隔离作用;在装设集中联锁的区段,并设有列车运行监控装置时,可不挂隔离车。如隔离车在途中发生故障摘下时,可无隔离车继续运行。局管内旅客列车

经铁路局集团公司总经理批准,可不隔离。

(2)动车组以外的旅客列车中,与机车相连接的客车端门及编挂在列车尾部的客车后端门应加锁。

(3)动车组以外的旅客列车、回送客车底不准编挂货车,编入的客车车辆最高运行速度等级必须符合该列车规定的速度要求。

(4)装有密接式车钩的客车原则上应附挂动车组以外的旅客列车回送。

### 三、列车编组顺序表的交接

动车组不办理编组顺序表交接。动车组以外的旅客列车编组顺序表按以下规定办理交接:

(1)在始发站由车站人员按列车编组顺序表核对现车,无误后,与司机办理交接。

(2)中途换挂机车时,到达司机与车站间、车站与出发司机间办理交接。仅更换机车乘务组时,机车乘务组之间办理交接。

(3)途中摘挂车辆时,车站负责修改列车编组顺序表。

(4)列车到达终到站后,司机与车站办理交接。

(5)车站与司机的交接地点均为机车停留位置。

## 任务4　列车尾部安全防护装置的使用

列车尾部安全防护装置(简称列尾装置)是铁路的重要行车安全设备。为保证列车的运行安全,列车尾部应安装列尾装置。

### 一、列尾装置的作用

(1)使机车乘务员准确掌握列车尾部风压,确认列车完整。

(2)当列车主管因泄漏等原因风压不足时,可直接向司机报警。

(3)当车辆折角塞门被意外关闭时,司机可直接操纵列尾装置,实现尾部排风,使列车制动停车。

(4)货物列车列尾装置起到列车尾部标志的作用,为接发列车人员确认列车完整提供依据。

### 二、列尾装置使用

(1)动车组以外的旅客列车应安装列尾装置。特殊情况下,无法安装或者使用列尾装置时,铁路局集团公司应制定具体办法。

(2)半自动闭塞区段货物列车尾部须挂列尾装置,其他区段货物列车尾部宜挂列尾装置。货物列车尾部未挂列尾装置时应以吊起尾部车辆软管代替尾部标志。尾部车辆软管的吊起,有列检作业的列车由列检人员负责,无列检作业的列车由车务人员负责。

(3)旅客列车列尾装置尾部主机的安装与摘解、风管及电源的连结与摘解,由车辆部门负责。货物列车列尾装置尾部主机的安装与摘解，由车务人员负责。

(4)列尾装置在使用前，应按规定进行检测，合格后方可投入运用。

## 任务5　列车中机车的编挂、单机挂车

### 一、工作机车的编挂

担任牵引列车的机车为工作机车，包括本务机车及补机。工作机车编入列车时应遵守下列规定：

(1)为保证工作机车的司机瞭望信号、标志和线路状况，保证行车安全，充分发挥机车最大牵引效能，工作机车应挂于列车头部，正向运行；无转向设备的，可逆向运行。

小运转、路用列车、救援列车的牵引机车，由于受客观条件限制或工作性质、运输组织需要，可以逆向运行。对某些区段列车，如其终到站没有转向设备者，也可逆向运行。

(2)双机或多机牵引时，本务机车的职务由第一位机车担当。

(3)补机原则上应挂于本务机车的前位或者次位，在特殊区段或者需途中返回时，经铁路局集团公司批准，可挂于列车后部，如后部补机不接软管时，由铁路局集团公司规定保证安全办法。

### 二、回送机车的编挂

(1)铁路局集团公司所属的内燃机车回送时，原则上采用有动力方式；电力机车跨交路区段回送时，原则上采用无动力方式。回送机车在交路区段外单机运行时，应派带道人员添乘。

(2)铁路局集团公司所属的机车附挂回送时，原则上附挂货物列车；走行部和制动装置良好的客运机车(出入厂、段的修程机车除外)需附挂旅客列车跨铁路局集团公司回送时，按国铁集团调度命令办理。

(3)回送机车，应挂于本务机车次位，挂有重联机车时为重联机车次位。

(4)20‰及以上坡道的区段，禁止办理机车专列回送。

### 三、单机挂车

单机是指未挂车辆而在线路上运行的机车。

单机挂车是指掌握机车运用的调度人员，为利用充分机车动力、加速车辆周转，利用顺路单机连挂车辆的一种作业。考虑到单机在防护、瞭望、交接等方面存在诸多不便，同时还要照顾单机运转时分、机车运用情况等因素，所以，对单机挂车应严格限制。

单机挂车的辆数，线路坡度不超过12‰的区段，以10辆为限；超过12‰的区段，由铁路局集团公司规定。

单机挂车时，应遵守下列规定：

(1)所挂车辆的自动制动机作用应良好，发车前列检(无列检时由车站发车人员)按规定进行制动试验。

(2)连挂前按规定彻底检查货物装载状态，并将编组顺序表和货运单据交与司机。

(3)在区间被迫停车后的防护工作由机车乘务组负责，开车前应确认附挂辆数和制动主管贯通状态是否良好。

(4)列车调度员应严格掌握，不得影响机车固定交路和乘务员劳动时间。

(5)不准挂装载爆炸品、超限货物的车辆。

单机挂车时，可不挂列尾装置。

# 任务6　列车制动限速及其编组要求

## 一、动车组以外的列车

动车组以外的列车的换算闸瓦压力，按表3-8、表3-9规定计算。

**机车计算重量及每台换算闸瓦压力**　　表3-8

| 种　类 | 机　型 | 计算重量(t) | 换算闸瓦压力(kN) |
|---|---|---|---|
| 电力 | $SS_3$、$SS_6$ | 138 | 700 |
| | $SS_1$ | 138 | 830 |
| | $SS_{3B}$、$SS_{6B}$ | 138 | 680 |
| | $SS_4$ | 184 | 900 |
| | $SS_7$ | 138 | 1100 |
| | $SS_{7E}$、$SS_9$ | 126 | 770 |
| | $SS_8$ | 90 | 520 |
| | $DJ_1$ | 184 | 1120 |
| | 6K | 138 | 780 |
| | 8G、8K | 184 | 880 |
| | $HXD_{1B}$、$HXD_{2B}$、$HXD_{3B}$ | 150 | 680(240) |
| | $HXD_{1C}$、$HXD_{2C}$、$HXD_3$、$HXD_{3C}$ | 138/150 | 680(240) |
| | $HXD_{1D}$、$HXD_{3D}$ | 126 | 790(280) |
| 内燃 | $DF_4$、$DF_5$、$DF_7$、$DF_8$、$DF_{11}$ | 138 | 680 |
| | $DF_{11G}$、$DF_{11Z}$ | 145 | 770 |
| | $DF_{7B}$、$DF_{7C}$、$DF_{7D}$ | 138 | 680 |
| | $DF_{8B}$ | 150 | 900 |
| | BJ | 90 | 680 |
| | $ND_5$ | 135 | 800 |
| | $HXN_5$、$HXN_3$ | 150 | 680(240) |
| | $NJ_2$ | 138 | 620(220) |

注：1. 表中为按铸铁闸瓦换算闸瓦压力。

2. 新型机车根据120km/h速度下紧急制动距离在1100m以内的要求计算，括弧内为按H高摩合成闸瓦换算闸瓦压力。

车辆换算闸瓦压力表 表3-9

| 种类 | 车型 | | | 每辆换算闸瓦压力(kN) 自动制动机列车主管 500kPa | 每辆换算闸瓦压力(kN) 自动制动机列车主管 600kPa | 人力制动机 |
|---|---|---|---|---|---|---|
| 客车 | 普通客车(120km/h) | (踏面制动) | | | (350) | (80) |
| | 新型客车(盘形制动,120km/h,140km/h,160km/h) | 120km/h | 自重41~45t | | 137(412) | 13 |
| | | | 自重46~50t | | 147(441) | |
| | | | 自重51~55t | | 159(477) | |
| | | | 自重≥56t | | 173(519) | |
| | | 双层 | | | 178(534) | 13 |
| | | 140km/h及160km/h | 自重41~45t | | 146(438) | 13 |
| | | | 自重46~50t | | 156(468) | |
| | | | 自重51~55t | | 167(501) | |
| | | | 自重≥56t | | 176(528) | |
| 特快货物班列中的车辆(盘形制动,160km/h) | | | | | 180(540) | 13 |
| 货车 | 快速货物班列中的车辆(18t轴重) | 重车位 | | | 140 | 40 |
| | | 空车位 | | | 55 | 40 |
| | 普通货车(21t轴重) | 重车位 | | 145 | 165 | 40 |
| | | 空车位 | | 60 | 70 | 40 |
| | 普通货车(23t轴重) | 重车位 | | 160 | 180 | 40 |
| | | 空车位 | | 65 | 75 | 40 |
| | 重载货车(25t轴重) | 重车位 | | 170 | 195 | 50 |
| | | 空车位 | | 70 | 80 | 50 |

注:1. 按H高摩合成闸瓦计算,括弧内为按铸铁闸瓦计算。

2. 空重车自动调整装置的空重位压力比为1:2.5;对装有空重车手动调整装置的车辆,当车辆总重(自重+载重)达到40t时,按重车位调整。

3. 旅客列车、特快及快速货物班列自动制动机主管压力为600kPa;其他列车为500kPa。长大下坡道区段货物列车及重载货物列车的自动制动机主管压力,由铁路局集团公司根据管内相关试验结果和列车实际操纵需要可提高至600kPa;遇机车换挂需将自动制动机列车主管压力由600kPa改为500kPa时,摘机前应对列车主管实施一次170kPa的最大减压量操纵。

4. 快运货物班列车辆和货车以外的其他车辆,在列车主管压力为500kPa时的闸瓦压力,按600kPa时的闸瓦压力的1:1.15换算。

## 二、列车制动限速受每百吨列车重量换算闸瓦压力及下坡道坡度限制

计算制动距离800m的普通货物列车(计长88.0及以下列车)按表3-10规定;计算制动距离1400m的120km/h货物列车按表3-11规定;快速货物班列按表3-12规定。普通旅客列车按表3-13规定;140km/h旅客列车按表3-14规定;160km/h旅客列车按表3-15规定。列车下坡道制动限速随下坡道千分数的增加而递减,坡道每增加1‰,限速减少1km/h左右。

表 3-10

**普通货物列车制动限速表**(km/h)

(计算制动距离 800m,H 高摩合成闸瓦/L 低摩合成闸瓦)

| v \ P<br>i | 每百吨列车重量(机车除外)的换算闸瓦压力(kN) | | | | | | | | | | | | | |
|---|---|---|---|---|---|---|---|---|---|---|---|---|---|---|
| | 100 | 120 | 140 | 160 | 180 | 200 | 220 | 240 | 260 | 280 | 300 | 320 | 340 | 360 |
| 0 | 78/55 | 83/59 | 88/63 | 94/66 | /69 | /72 | /75 | /78 | /81 | /83 | /85 | /87 | /89 | /91 |
| 1 | 76/53 | 81/57 | 87/61 | 93/64 | /67 | /71 | /74 | /77 | /80 | /82 | /84 | /86 | /88 | /90 |
| 2 | 75/52 | 80/56 | 86/60 | 92/63 | /66 | /70 | /73 | /76 | /79 | /81 | /83 | /85 | /87 | /89 |
| 3 | 74/51 | 79/55 | 85/58 | 91/61 | /65 | /69 | /72 | /75 | /78 | /81 | /83 | /85 | /87 | /89 |
| 4 | 73/49 | 78/53 | 84/57 | 90/60 | 95/64 | /68 | /71 | /74 | /77 | /80 | /82 | /84 | /86 | /88 |
| 5 | 72/48 | 77/52 | 83/55 | 89/59 | 94/63 | /67 | /70 | /73 | /76 | /79 | /81 | /83 | /85 | /87 |
| 6 | 71/46 | 76/50 | 82/54 | 88/58 | 93/62 | /66 | /69 | /72 | /75 | /78 | /80 | /82 | /84 | /86 |
| 7 | 70/44 | 75/48 | 81/52 | 87/56 | 92/60 | /64 | /67 | /71 | /74 | /77 | /80 | /82 | /84 | /86 |
| 8 | 69/43 | 74/47 | 80/51 | 86/55 | 91/59 | /63 | /67 | /70 | /73 | /76 | /79 | /81 | /83 | /85 |
| 9 | 68/41 | 73/46 | 79/50 | 85/54 | 90/58 | /62 | /66 | /69 | /72 | /75 | /78 | /80 | /82 | /84 |
| 10 | 67/39 | 72/44 | 78/49 | 84/53 | 89/57 | 95/61 | /65 | /68 | /71 | /74 | /77 | /79 | /81 | /83 |
| 11 | 65/37 | 70/42 | 76/47 | 82/51 | 87/55 | 93/60 | /64 | /67 | /70 | /73 | /76 | /78 | /80 | /82 |
| 12 | 64/36 | 69/41 | 75/45 | 81/50 | 86/54 | 92/59 | /63 | /66 | /69 | /72 | /75 | /77 | /79 | /81 |
| 13 | 63/34 | 68/39 | 74/43 | 80/48 | 85/53 | 91/58 | /62 | /65 | /68 | /71 | /74 | /76 | /78 | /80 |
| 14 | 61/32 | 67/37 | 72/42 | 78/47 | 84/52 | 90/57 | /61 | /64 | /67 | /70 | /73 | /75 | /77 | /79 |
| 15 | 60/31 | 66/36 | 71/41 | 77/46 | 83/51 | 89/55 | 95/59 | /63 | /67 | /70 | /72 | /74 | /76 | /78 |
| 16 | 59/30 | 65/35 | 70/40 | 76/45 | 82/50 | 88/54 | 94/58 | /62 | /66 | /69 | /71 | /73 | /75 | /77 |
| 17 | 58/28 | 64/33 | 69/38 | 75/43 | 81/48 | 87/53 | 93/57 | /61 | /65 | /68 | /70 | /73 | /75 | /77 |
| 18 | 56/27 | 62/32 | 68/37 | 74/42 | 80/47 | 86/52 | 92/56 | /60 | /64 | /67 | /70 | /72 | /74 | /76 |
| 19 | 55/26 | 61/31 | 67/36 | 73/41 | 79/46 | 85/50 | 91/55 | /59 | /63 | /66 | /69 | /71 | /73 | /75 |
| 20 | 54/24 | 60/29 | 66/34 | 72/39 | 78/44 | 84/49 | 90/54 | 95/58 | /62 | /65 | /68 | /71 | /73 | /75 |

注:1. 根据表 3-9 普通货物列车最高速度为 90km/h 时,每百吨列车重量按 H 高摩合成闸瓦换算闸瓦压力不得低于 150kN。

2. 列车装备条件:H 高摩合成闸瓦/L 低摩合成闸瓦。

3. 对于超过 20‰的下坡道,铁路局集团公司应根据实际试验规定,对列车制动限速表作出规定。

4. $i$ 为下坡道千分数(‰);$P$ 为每百吨列车重量的换算闸瓦压力,单位 kN;$v$ 为货物列车制动限速,单位 km/h。

5. 适用计长 88.0 及以下、速度 90km/h 及以下的货物列车(快速货物班列除外)。

**120km/h 货物列车制动限速表**(km/h) 表 3-11

(计算制动距离 1400m,H 高摩合成闸瓦)

| $v$ \ $P$ / $i$ | 每百吨列车重量(机车除外)的换算闸瓦压力(kN) | | | | | | |
|---|---|---|---|---|---|---|---|
| | 140 | 150 | 160 | 170 | 180 | 190 | 200 |
| 0 | 120 | | | | | | |
| 1 | 119 | | | | | | |
| 2 | 118 | | | | | | |
| 3 | 117 | | | | | | |
| 4 | 115 | 119 | | | | | |
| 5 | 114 | 118 | | | | | |
| 6 | 113 | 117 | | | | | |
| 7 | 112 | 116 | 119 | | | | |
| 8 | 110 | 114 | 118 | | | | |
| 9 | 109 | 113 | 117 | | | | |
| 10 | 108 | 112 | 116 | 119 | | | |
| 11 | 106 | 110 | 114 | 117 | | | |
| 12 | 105 | 109 | 113 | 116 | | | |
| 13 | 104 | 108 | 112 | 115 | | | |
| 14 | 102 | 106 | 110 | 114 | 117 | | |
| 15 | 101 | 105 | 109 | 113 | 116 | | |
| 16 | 100 | 104 | 108 | 112 | 115 | | |
| 17 | 98 | 102 | 106 | 110 | 114 | | |
| 18 | 97 | 101 | 105 | 109 | 113 | 116 | |
| 19 | 96 | 100 | 104 | 108 | 112 | 115 | |
| 20 | 95 | 99 | 103 | 107 | 111 | 114 | 117 |

注:1. 根据表 3-9 普通货物列车最高速度为 120km/h 时,每百吨列车重量按 H 高摩合成闸瓦换算闸瓦压力不得低于 150kN。

2. 由于制动热负荷限制,最高速度不超过 120km/h。

3. 本表中的闸瓦压力为按照 H 高摩合成闸瓦的换算闸瓦压力 。

4. $i$ 为下坡道千分数(‰);$P$ 为每百吨列车重量的换算闸瓦压力,单位 kN;$v$ 为货物列车制动限速,单位 km/h。

5. 适用计长 88.0 及以下、速度 120km/h 的货物列车(快速货物班列除外)。

**快速货物班列制动限速表**(km/h) 表 3-12

(计算制动距离 1100m,H 高摩合成闸瓦,30 辆以下编组,18t 轴重)

| v \ P<br>i | 每百吨列车重量(机车除外)的换算闸瓦压力(kN) | | | | | | | |
|---|---|---|---|---|---|---|---|---|
| | 130 | 140 | 150 | 160 | 170 | 180 | 190 | 200 |
| 0 | 106 | 109 | 113 | 116 | 119 | | | |
| 1 | 105 | 108 | 112 | 115 | 118 | | | |
| 2 | 104 | 107 | 111 | 114 | 117 | | | |
| 3 | 103 | 106 | 110 | 113 | 116 | 119 | | |
| 4 | 102 | 105 | 109 | 112 | 115 | 118 | | |
| 5 | 100 | 103 | 107 | 111 | 114 | 117 | 120 | |
| 6 | 99 | 102 | 106 | 110 | 113 | 116 | 119 | |
| 7 | 98 | 101 | 105 | 109 | 112 | 115 | 118 | |
| 8 | 97 | 100 | 104 | 108 | 111 | 114 | 117 | |
| 9 | 96 | 99 | 103 | 107 | 110 | 113 | 116 | 119 |
| 10 | 94 | 98 | 101 | 105 | 108 | 111 | 115 | 118 |
| 11 | 93 | 97 | 100 | 104 | 107 | 110 | 114 | 117 |
| 12 | 92 | 96 | 99 | 103 | 106 | 109 | 113 | 116 |
| 13 | 91 | 95 | 98 | 102 | 105 | 109 | 112 | 115 |
| 14 | 90 | 94 | 97 | 101 | 104 | 108 | 111 | 114 |
| 15 | 88 | 92 | 95 | 99 | 103 | 107 | 110 | 113 |
| 16 | 87 | 91 | 94 | 98 | 102 | 106 | 109 | 112 |
| 17 | 86 | 90 | 94 | 98 | 101 | 105 | 108 | 111 |
| 18 | 85 | 89 | 93 | 97 | 100 | 104 | 107 | 110 |
| 19 | 84 | 88 | 92 | 96 | 99 | 103 | 106 | 109 |
| 20 | 82 | 86 | 90 | 94 | 98 | 102 | 105 | 108 |

注:1. 根据表 3-9 快速货物班列最高速度为 120km/h 时,每百吨列车重量按 H 高摩合成闸瓦换算闸瓦压力不得低于 175kN。

2. 由于制动热负荷限制,最高速度不超过 120km/h。

3. 本表中的闸瓦压力为按照 H 高摩合成闸瓦的换算闸瓦压力。

4. $i$ 为下坡道千分数(‰);$P$ 为每百吨列车重量的换算闸瓦压力,单位 kN;$v$ 为货物列车制动限速,单位 km/h。

**普通旅客列车制动限速表**(km/h) 表 3-13

(计算制动距离 800m,高磷铸铁闸瓦)

| v \ P<br>i | 每百吨列车重量的换算闸瓦压力(kN) | | | | | | | | | | | | | |
|---|---|---|---|---|---|---|---|---|---|---|---|---|---|---|
| | 500 | 520 | 540 | 560 | 580 | 600 | 620 | 640 | 660 | 680 | 700 | 720 | 740 | 760 |
| 0 | 106 | 107 | 109 | 110 | 111 | 112 | 113 | 114 | 115 | 116 | 117 | 118 | 119 | 120 |
| 1 | 105 | 107 | 108 | 109 | 110 | 111 | 113 | 114 | 115 | 116 | 117 | 118 | 118 | 119 |

续上表

| $v$ $P$ $i$ | 每百吨列车重量的换算闸瓦压力(kN) | | | | | | | | | | | | | |
|---|---|---|---|---|---|---|---|---|---|---|---|---|---|---|
| | 500 | 520 | 540 | 560 | 580 | 600 | 620 | 640 | 660 | 680 | 700 | 720 | 740 | 760 |
| 2 | 105 | 106 | 107 | 109 | 110 | 111 | 112 | 113 | 114 | 115 | 116 | 117 | 118 | 118 |
| 3 | 104 | 105 | 107 | 108 | 109 | 110 | 111 | 112 | 114 | 115 | 116 | 117 | 117 | 118 |
| 4 | 103 | 105 | 106 | 107 | 109 | 110 | 111 | 112 | 113 | 114 | 115 | 116 | 117 | 117 |
| 5 | 102 | 104 | 106 | 107 | 108 | 109 | 110 | 111 | 112 | 113 | 114 | 115 | 116 | 116 |
| 6 | 102 | 104 | 105 | 106 | 107 | 109 | 110 | 111 | 112 | 113 | 114 | 115 | 116 | 116 |
| 7 | 101 | 103 | 104 | 106 | 107 | 108 | 109 | 110 | 111 | 112 | 113 | 114 | 115 | 115 |
| 8 | 100 | 102 | 103 | 105 | 106 | 107 | 109 | 110 | 111 | 112 | 113 | 114 | 115 | 115 |
| 9 | 99 | 101 | 102 | 104 | 105 | 107 | 108 | 109 | 110 | 111 | 112 | 113 | 114 | 114 |
| 10 | 98 | 100 | 102 | 103 | 104 | 106 | 107 | 109 | 110 | 111 | 112 | 112 | 113 | 113 |
| 11 | 97 | 99 | 101 | 103 | 104 | 105 | 107 | 108 | 109 | 110 | 111 | 112 | 113 | 113 |
| 12 | 97 | 99 | 101 | 102 | 103 | 105 | 106 | 107 | 109 | 110 | 111 | 111 | 112 | 112 |
| 13 | 96 | 98 | 100 | 102 | 103 | 104 | 106 | 107 | 108 | 109 | 110 | 111 | 112 | 112 |
| 14 | 96 | 98 | 100 | 101 | 102 | 104 | 105 | 106 | 107 | 109 | 110 | 110 | 111 | 111 |
| 15 | 95 | 97 | 99 | 101 | 102 | 103 | 105 | 106 | 107 | 108 | 109 | 110 | 111 | 111 |
| 16 | 95 | 97 | 99 | 100 | 101 | 103 | 104 | 105 | 106 | 107 | 108 | 109 | 110 | 110 |
| 17 | 94 | 96 | 98 | 100 | 101 | 102 | 103 | 105 | 106 | 107 | 108 | 109 | 109 | 110 |
| 18 | 94 | 96 | 98 | 99 | 100 | 102 | 103 | 104 | 105 | 106 | 107 | 108 | 108 | 109 |
| 19 | 93 | 95 | 97 | 99 | 100 | 101 | 102 | 103 | 104 | 105 | 106 | 107 | 108 | 109 |
| 20 | 93 | 95 | 97 | 98 | 99 | 100 | 101 | 102 | 103 | 104 | 105 | 106 | 107 | 108 |

注:1. 每百吨列车重量的闸瓦压力低于760kN需限速运行。例如22型客车(踏面制动)编成列车在每百吨列车重量的闸瓦压力660kN条件下的制动限速为115km/h。

2. 对于超过20‰的下坡道,铁路局集团公司应根据实际试验,对列车制动限速作出规定。

3. $i$为下坡道千分数(‰);$P$为每百吨列车重量的换算闸瓦压力,单位kN;$v$为旅客列车制动限速,单位km/h。

4. 本表每百吨列车重量的换算闸瓦压力计算包括机车。

5. 本表适用120km/h旅客列车。

**140km/h旅客列车制动限速表**(km/h) 表3-14

(计算制动距离1100m,盘形制动)

| $v$ $P$ $i$ | 每百吨列车重量的换算闸瓦压力(kN) | | | | | | | |
|---|---|---|---|---|---|---|---|---|
| | 230 | 240 | 250 | 260 | 270 | 280 | 290 | 300 |
| 0 | 138 | 140 | | | | | | |
| 1 | 137 | 139 | | | | | | |
| 2 | 136 | 138 | | | | | | |
| 3 | 135 | 137 | 140 | | | | | |

续上表

| v \ P / i | 每百吨列车重量的换算闸瓦压力(kN) | | | | | | | |
|---|---|---|---|---|---|---|---|---|
| | 230 | 240 | 250 | 260 | 270 | 280 | 290 | 300 |
| 4 | 135 | 137 | 139 | | | | | |
| 5 | 134 | 136 | 138 | | | | | |
| 6 | 133 | 135 | 137 | 140 | | | | |
| 7 | 132 | 134 | 136 | 139 | | | | |
| 8 | 132 | 134 | 136 | 139 | | | | |
| 9 | 131 | 133 | 135 | 138 | | | | |
| 10 | 130 | 132 | 134 | 137 | 140 | | | |
| 11 | 129 | 131 | 133 | 136 | 139 | | | |
| 12 | 128 | 130 | 132 | 135 | 138 | | | |
| 13 | 128 | 130 | 132 | 134 | 137 | 140 | | |
| 14 | 127 | 129 | 131 | 133 | 136 | 139 | | |
| 15 | 126 | 128 | 130 | 132 | 135 | 138 | | |
| 16 | 125 | 127 | 129 | 131 | 134 | 137 | 140 | |
| 17 | 125 | 127 | 129 | 131 | 134 | 137 | 139 | |
| 18 | 124 | 126 | 128 | 130 | 133 | 136 | 139 | |
| 19 | 123 | 125 | 127 | 129 | 132 | 135 | 138 | |
| 20 | 122 | 124 | 126 | 128 | 131 | 134 | 137 | 139 |

注:1. 新型客车(盘形制动)每百吨列车重量按高摩合成闸片换算闸瓦压力应在275kN以上。

2. 对于超过20‰的下坡道,铁路局集团公司应根据实际试验,对列车制动限速作出规定。

3. $i$ 为下坡道千分数(‰);$P$ 为每百吨列车重量的换算闸瓦压力,单位kN;$v$ 为旅客列车制动限速,单位km/h。

4. 本表每百吨列车重量的换算闸瓦压力计算包括机车。

**160km/h 旅客列车制动限速表**(km/h) 表3-15

(计算制动距离1400m,盘形制动)

| v \ P / i | 每百吨列车重量的换算闸瓦压力(kN) | | | | | | | | |
|---|---|---|---|---|---|---|---|---|---|
| | 230 | 240 | 250 | 260 | 270 | 280 | 290 | 300 | 310 |
| 0 | 155 | 158 | 160 | | | | | | |
| 1 | 154 | 157 | 159 | | | | | | |
| 2 | 153 | 156 | 159 | | | | | | |
| 3 | 152 | 155 | 158 | 160 | | | | | |
| 4 | 151 | 154 | 157 | 159 | | | | | |
| 5 | 150 | 153 | 156 | 159 | | | | | |
| 6 | 149 | 152 | 155 | 158 | 160 | | | | |
| 7 | 148 | 151 | 154 | 157 | 159 | | | | |

续上表

| v \ P / i | 每百吨列车重量的换算闸瓦压力(kN) | | | | | | | | |
|---|---|---|---|---|---|---|---|---|---|
| | 230 | 240 | 250 | 260 | 270 | 280 | 290 | 300 | 310 |
| 8 | 147 | 150 | 153 | 156 | 159 | | | | |
| 9 | 146 | 149 | 152 | 155 | 158 | 160 | | | |
| 10 | 146 | 149 | 152 | 155 | 157 | 159 | | | |
| 11 | 145 | 148 | 151 | 154 | 156 | 159 | | | |
| 12 | 144 | 147 | 150 | 153 | 155 | 158 | 160 | | |
| 13 | 143 | 146 | 149 | 152 | 155 | 157 | 159 | | |
| 14 | 142 | 145 | 148 | 151 | 154 | 156 | 158 | | |
| 15 | 141 | 144 | 147 | 150 | 153 | 155 | 157 | 160 | |
| 16 | 140 | 143 | 146 | 149 | 152 | 154 | 157 | 159 | |
| 17 | 139 | 142 | 145 | 148 | 151 | 154 | 156 | 159 | |
| 18 | 138 | 141 | 144 | 147 | 150 | 153 | 155 | 158 | 160 |
| 19 | 137 | 140 | 143 | 146 | 149 | 152 | 154 | 157 | 159 |
| 20 | 137 | 140 | 143 | 146 | 149 | 151 | 153 | 156 | 158 |

注:1. 新型客车(盘形制动)每百吨列车重量按高摩合成闸片换算闸瓦压力应在275kN以上。

2. 对于超过20‰的下坡道,铁路局集团公司应根据实际试验,对列车制动限速作出规定。

3. $i$为下坡道千分数(‰);$P$为每百吨列车重量的换算闸瓦压力,单位kN;$v$为旅客列车制动限速,单位km/h。

4. 本表每百吨列车重量的换算闸瓦压力计算包括机车。

5. 本表也适用特快货物班列。

## 三、货物列车关门车的编挂

"关门车"是指为保证货车内货物的运输安全或因车辆制动系统故障而关闭制动支管上截断塞门,使自动制动机失去制动作用的车辆。

为保证列车在实施制动时有足够的闸瓦压力,以确保列车在规定的制动距离内停车,列车中的机车和车辆的自动制动机,均应加入全列车的制动系统。编挂关门车时,应满足货物列车每百吨列车重量闸瓦压力不低于规定的最低数值。

### 1. 关门车的编挂数量

货物列车中因装载的货物规定需停止制动作用的车辆,自动制动机临时发生故障的车辆,准许关闭截断塞门(简称关门车),但列检作业场所在站编组始发的列车中,不得有制动故障关门车。编入列车的关门车数不超过现车总辆数的6%(尾数不足一辆按四舍五入计算)时,可不计算每百吨列车重量的换算闸瓦压力,不填发制动效能证明书;超过6%时,按《技规》规定计算闸瓦压力,并填发制动效能证明书交与司机。

### 2. 关门车编挂位置

为保证列车在紧急制动时,能确保列车及时发生紧急制动作用,货物列车对关门车的编挂位置也须严格限制:

(1)关门车不得挂于机车后部3辆车之内。

(2)列车中连续连挂不得超过2辆。

(3)列车最后1辆不得为关门车。

(4)列车最后第2、3辆不得连续关门。

列车能否形成紧急制动,取决于列车制动主管的减压速度。机车后部三辆车之内编挂关门车,虽然能通风,但进行紧急制动时,由于风管路长,不能产生或延迟紧急制动作用,从而延迟了紧急制动作用,进而延长了制动距离,容易发生危险;当列车制动时,在列车尚未停轮前,各车辆之间产生瞬间冲动、冲挤现象,关门车本身不制动,冲挤比较激烈,如关门车连续连挂过多,就很有可能因制动冲挤而造成脱轨、断钩、脱钩等事故,故连续连挂以2辆为限;列车最后一辆不得为关门车,列车最后第二、三辆不得连续关门,是为了保证一旦尾部车辆脱钩后,脱钩车辆能够自动停车。

对于不适于连挂在列车中部但走行部良好的车辆,经列车调度员准许,可挂于列车尾部,以1辆为限,如该车辆的自动制动机不起作用时,需由车辆人员采取安全措施,保证不致脱钩。

## 四、旅客列车、特快货物班列不准编挂关门车

在运行途中(包括在站折返)如遇自动制动机临时故障,在停车时间内不能修复时,准许关闭一辆,但列车最后一辆不得为关门车。120km/h速度等级及编组小于8辆的140km/h、160km/h速度等级列车按规定关门时需限速运行,车辆乘务员须向司机递交限速证明书。

## 五、军用列车、路用列车关门车的编挂

编有货车的军用列车、路用列车编挂关门车时,除有特殊规定外,执行货物列车的规定。

## 六、列车紧急制动距离限值

列车在任何线路上的紧急制动距离限值见表3-16。

列车紧急制动距离限值表　　表3-16

| 列车类型 | 最高运行速度(km/h) | 紧急制动距离限值(m) |
|---|---|---|
| 旅客列车(动车组列车除外) | 120 | 800 |
| | 140 | 1100 |
| | 160 | 1400 |
| 特快货物班列 | 160 | 1400 |
| 快速货物班列 | 120 | 1100 |
| 货物列车(货车轴重<25t,快速货物班列除外) | 90 | 800 |
| | 120 | 1400 |
| 货物列车(货车轴重≥25t) | 100 | 1400 |

# 任务7 列车中车辆连挂、检查及修理

## 一、列车中车辆的连挂

(1)编成的列车需要确认机车车辆之间的连挂状态。

动车组以外的列车中相互连挂的车钩中心水平线的高度差(简称车钩的高度差)不得超过75mm。这个高度差是由车钩中心线距轨面最高为890mm,最低为815mm,两者之差定出的。

测量两车钩中心水平线高度差的方法如图3-1所示。当两车钩中心线的高度差超过75mm时,必须查明原因,进行调整。无法调整时,应将该车摘下。

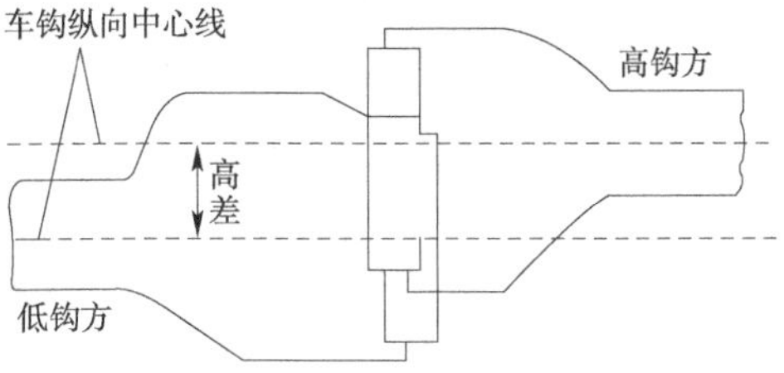


图3-1 车钩中心水平低高度差示意图

(2)列车中车辆的连挂,由调车作业人员负责。软管的连结,有列检作业的始发列车由列检人员负责;无列检作业的,由调车作业人员负责。

动车组采用机车调车作业时,随车机械师或动车段(所)胜任人员负责过渡车钩和专用风管的安装与拆卸、电气连接线的连结与摘解并打开车门,调车人员负责车钩连结与摘解、软管摘结。

动车组无动力回送或被救援时,过渡车钩、专用风管的安装与拆卸由随车机械师负责,司机配合。

(3)列车中机车与车辆之间车钩连挂、软管(指制动软管)及电气连接线摘结的工作分工。

①机车与第一辆车的车钩连挂分工:由机车乘务员负责。但是遇单班单司机值乘的,由列检人员负责;无列检作业的列车,由车辆乘务员负责;无车辆乘务员的列车,由车站人员负责。

②机车与列车第一辆车的车钩摘解分工:由列检人员负责。无列检作业的列车,由机车乘务员负责;单班单司机值乘的,由车辆乘务员负责;无车辆乘务员的,由车站人员负责。

③机车与第一辆车的软管摘解、连结分工:由列检人员负责。无列检作业的列车,软管摘解由机车乘务员负责;单班单司机值乘的由车辆乘务员负责;无车辆乘务员的,由车站人员负责;软管连结由车辆乘务员负责,无车辆乘务员的列车,由机车乘务员负责,单班单司机值乘的由车站人员负责。

④双机或多机挂车:机车重联时,车钩的摘挂及软管的摘结工作,均由前位机车乘务组负责(如3台机车重联,2、3两台间由第2台机车负责,以此类推)。

⑤机车与第一辆车电气连接线的连结与摘解分工:电气连接线是对旅客列车而言,其摘结由客列检作业人员负责;无客列检作业人员时,由车辆乘务员负责。

⑥本务机车在车站调车:货物列车本务机车在车站进行调车作业时,无论单机或带有车辆,与本列的车辆连挂,车钩的摘挂和软管摘结工作,均由调车作业人员负责。

⑦列车在途中摘挂车辆:旅客列车在途中因故摘挂车辆时,车辆车钩的摘挂和软管摘

结，由调车作业人员负责，密封风挡和电气连接线的连结与摘解由车辆乘务员负责，其他由客列检作业人员负责，无客列检作业人员时，由车辆乘务员负责。必要时应打开相应车门，以便调车作业。

⑧装有密接式车钩的客车车辆摘挂：过渡车钩的安装和拆卸均由客列检人员负责，无客列检作业人员时，由车辆乘务员负责。

⑨列车机车连挂动车组：机车与动车组连挂时，须加装过渡车钩，机车与过渡车钩的连结与摘解、软管摘结、电气连接线的连结与摘解，由随车机械师负责。

列车到达车站停车时，机车乘务员必须使列车保持制动状态。摘开机车前，有关作业人员必须确认列车停妥、车列保持制动状态后，方可摘解软管和提钩摘车。需采取其他防溜措施时，按有关规定办理。

(4)动车组重联时，被控动车组应退出占用，主控动车组使用调车模式与被控动车组连接。解编操作时，主控动车组转换为调车模式后，应一次移动5m以上方可停车。

## 二、列检作业的要求

铁路局集团公司须在列车运行图技术资料中明确货物列车在列检作业场的作业性质，列检、动态检查作业场应按规定的列车技术检查方式、检查范围和质量标准，有计划地进行列检作业，保证作业的列车符合规定的质量标准。

(1)对到达列车不能在列车中修复的故障应摘车修理，对始发、中转列车的故障尽量组织不摘车修理，减少摘车临修，维护车辆质量，保证行车安全。

(2)对现场有列检技术作业的货物列车，应按规定检查范围和质量标准检查、修理，根据劳动组织要求，按实际配备故障专修组，检查与修理应有分工，现场检查与修理应平行作业。

(3)列检作业场对不停车技术作业的货物列车实行动态检查，发现配件丢失及影响行车安全的重点故障时，应与运输部门联系，利用换乘、换挂时间组织快速处理；对不停车及无站停处理故障时间的，按规定拦停处理，其他故障向列车运行方向的下一个列检作业场进行预报。

(4)为加速车辆周转，应充分利用技检时间和车辆停站时间，组织不摘车修，保证列车按运行图规定发车，列检作业应在规定的时间内完成，并保证列车符合技术质量标准。

(5)为确保沿途故障车辆得到及时抢修恢复运用，应设置铁路货车运用故障诊断指导组，运用铁路货车安全防范系统等设备，对管辖区域内的车辆故障进行及时的诊断、处置指导及处置结果的确认。

(6)为确保无列检作业场车站始发的货物列车运行安全，列车调度员应在途经第一个列检作业场安排列车停车进行列检技术作业。对长期不经列检进行停车技术作业的固定编组、循环使用车组，铁路局集团公司应按照列检安全保证距离的要求，制定上述车组的列车技术作业办法，跨铁路局集团公司运行时由相邻铁路局集团公司联合制定。

(7)动车组运行(含回送)途中不进行客列检作业。

## 三、车辆主要部件的要求

车辆编入列车应达到运用状态。下列主要部件，应作用良好，并符合质量要求。

### 1.转向架

(1)轮对、轴承、摇枕、侧架(构架)、弹簧、吊轴、制动盘。

（2）同一转向架旁承游间左右之和（弹性旁承及旁承承载结构的除外），客车为 2～6mm，货车为 2～20mm；常接触式旁承上下无间隙。

（3）车辆轮对的允许限度应符合表 3-17 的要求。

**车辆轮对允许限度表**　　表 3-17

| 允许限度（mm）/ 分类 / 项目 | | | 客　车 | 货　车 |
|---|---|---|---|---|
| 车轮轮辋厚度 | 客车各型 | | ≥25 | |
| | 货车 | 无辐板孔 | | ≥23 |
| | | 有辐板孔 | | ≥24 |
| 车轮轮缘厚度 | | | ≥23 | ≥23 |
| 车轮轮缘垂直磨耗（接触位置）高度 | | | ≤15 | ≤15 |
| 车轮踏面擦伤及局部凹下深度 | 滚动轴承 | | 本属客车出库≤0.5 | ≤1 |
| | | | 外属客车出库≤1 | |
| | | | 途中运行≤1.5 | |
| | 滑动轴承 | | | ≤2 |
| 车轮踏面剥离长度 | 滚动轴承 | 一处时 | ≤30 | ≤50 |
| | | 二处时（每一处） | ≤20 | ≤40 |
| | 滑动轴承 | 一处时 | | ≤70 |
| | | 二处时（每一处） | | ≤60 |
| 车轮踏面圆周磨耗深度 | | | ≤8 | ≤8 |

## 2. 制动装置

自动制动机、人力制动机和货车的自动制动机空重车调整装置状态良好、位置正确，制动梁及吊、各拉杆、杠杆无裂损。制动缸活塞行程按表 3-18 规定。

**制动缸活塞行程表**　　表 3-18

| 项 目 名 称 | | | 限度（mm） | 备　注 | |
|---|---|---|---|---|---|
| 装有自动间隙调整器的复式闸瓦客车 | | | 175～205 | | |
| 装有 ST1-600 型闸调器的复式闸瓦客车 | | | 180～200 | | |
| 装有闸调器的单式闸瓦货车 | 356×254 制动缸 | 空车位 | 115～135 | 未装闸调器（mm） | 85～135 |
| | | 重车位 | 125～160 | | 110～160 |
| | 305×254 制动缸 | 空车位 | 145～165 | | |
| | | 重车位 | 145～195 | | |
| 装有闸调器的单式闸瓦货车 | 254×254 制动缸 | 空车位 | 145～165 | | |
| | | 重车位 | 145～195 | | |
| | 203×254 制动缸 | 空车位 | 115～145 | | |
| | | 重车位 | 125～160 | | |

续上表

| 项目名称 | | | 限度(mm) | 备注 |
|---|---|---|---|---|
| 装有闸调器的复式闸瓦货车 | $B_{21}$、$B_{22-1}$ 型车 | 空车位 | 120～130 | |
| | | 重车位 | 150～160 | |
| | $B_{19}$、$B_{22-2}$、$B_{23}$ 型车 | | 130～150 | 不分空重车位 |

### 3. 车钩连接装置

车钩、尾框、从板座、缓冲器无裂损。车钩中心水平线至钢轨顶面高度按表 3-19 规定。

**车钩中心水平线高度表** 表 3-19

| 项目 | 车种 | 高度(mm) |
|---|---|---|
| 最大 | 客车、货车 | 890 |
| 最小 | 空货车 | 835 |
| | 客车 | 830 |
| | 重货车 | 815 |

### 4. 底架

车底架的中、侧、枕、端梁无裂损，罐体卡带无裂损、无松动，罐体无漏泄。车体的弯曲下垂、胀出、倾斜允许限度按表 3-20 规定。

**车体异状允许限度表** 表 3-20

| 允许限度(mm) / 分类 / 项目 | 客车 | 货车 | |
|---|---|---|---|
| | | 空 | 重 |
| 中、侧梁在枕梁间下垂 | | 40 | 80 |
| 敞车车体胀出 | | 80 | 150 |
| 车体倾斜 | 50 | 75 | |

## 四、动车组试运行

为保证旅客列车的安全，上线运营的动车组须符合出所质量标准，包括车体及车端连接、转向架、高压牵引系统、辅助电气系统、供风及制动系统、网络控制系统、旅客信息系统、车内环境控制系统、给排水及卫生系统、车内设施、驾驶设施等系统质量符合标准。

遇下述情况时，须先安排动车组进行试运行：

(1)新型动车组运营、新线开通前须安排动车组进行模拟试运行，主要对动车组与线路、站台设施、接触网供电、通信、信号设备等正式运营线路环境的适应性进行进一步检验，对机务、车务、电务、车辆、客运等运营各专业有关人员进行业务培训，并为开展作业演练、检验作业流程、磨合结合部、优化作业组织提供条件。

(2)动车组新造出厂后须安排进行新造试运行，是在线路上以动车组最高允许速度进行的试运行。主要是调试、整定动车组相关参数，检查各系统功能是否正常，是否满足合同技术规格要求。

(3)动车组高级检修修竣后须安排进行检修试运行。三级检修试运行主要是对动车组走行及专项检修改造部件进行检验，重点检查动车组转向架、制动系统、网络控制系统以及车端连接部位，检验动车组轮对轴箱、牵引电机、齿轮箱、电务车载设备运行状态；四、五级检修试运行主要是对转向架、制动系统、牵引系统、行车安全设备、电务车载设备、网络系统、空调、供电照明、车载设备、给水、卫生、信息等系统及门、窗、座椅等设备及改造部件进行检验。

(4)动车组临修更换转向架、轮对、万向轴、主变压器、牵引电机后须安排进行临修试运行，其目的是为了确认动车组主要部件更换后的运转性能符合正式上线运营要求。

(5)动车组重要部件、软件加装、升级后须安排进行专项试运行，其目的是对重要部件、软件加装、升级后的动车组安全可靠性进行检验和验证。

## 五、车辆技术状态不良时的处理

(1)列车在有列检作业的车站，列检人员发现技术不良车辆时，应尽量在列车中修复。如在技检时间内不能修复时，应及时通知列检值班员与车站办理扣修手续，将技术不良车辆送往站修作业场或指定的地点修理。

(2)列车在其他车站，发现技术不良车辆，因特殊情况不能摘下时，如能确保行车安全，经车辆调度员同意，可回送到指定地点进行施修。

## 六、动车组运行途中空气弹簧故障

动车组列车运行途中遇空气弹簧故障时，运行速度不得超过 160km/h(CRH2、CRH380A/AL 型为 120km/h)，其他旅客列车运行途中遇车辆空气弹簧故障时，运行速度不得超过 120km/h。采用密接式车钩的旅客列车，在运行途中因故障更换 15 号过渡车钩后，运行速度不得超过 140km/h。

## 七、编入列车的国际联运车辆

编入列车的国际铁路联运车辆，应符合国际铁路联运有关车辆交接技术条件。

## 八、车辆定期检修

(1)运用中的车辆，应按规定的定期检修周期进行检修。客车由配属车辆段按规定自行掌握扣修；货车检修周期到期、过期的车辆，由列检作业场按规定办理扣修(包括重车插票)。

(2)为保证按计划检修车辆，缩短修车时间，加速车辆周转，车站与车辆段双方签订取送车协议。车站应按协议规定，将取送车辆计划纳入车站日班计划。车辆段扣修车辆时，应及时办理手续。

(3)车辆段调度员和列检值班员，要经常掌握扣车情况，与车站调度员加强联系，紧密配合，车站应做到及时取送列检扣修的厂修、段修、辅修、临修检修车和出入厂、段的车辆。

## 九、列车制动机试验的规定

### (一)动车组以外的列车自动制动机应按下列规定进行试验

#### 1. 全部试验

(1)货车列检对解体列车到达后施行一次到达全部试验，对编组列车始发前施行一次始发全部试验，对有调车作业中转列车到达后首先施行到达全部试验，发车前只施行始发全部试验中的漏泄试验。

（2）货车特级列检和安全保证距离在500km左右的一级列检对无调车作业中转列车始发前施行一次始发全部试验。

（3）无列检作业场车站始发的列车，在途经第一个列检作业场进行无调车中转技术检查作业时施行一次始发全部试验。

（4）列检作业场对运行途中自动制动机发生故障的到达列车。

（5）旅客列车库内检修作业。

（6）在有客列检作业的车站折返的旅客列车。

站内设有试风装置时，应使用列车试验器试验，连挂机车后只做简略试验。对装有空气弹簧等装置的旅客列车应同时检查辅助用风系统的泄漏。

**2. 简略试验**

（1）货车列检对始发列车、中转作业列车连挂机车后。

（2）客列检作业后和旅客列车始发前。

（3）更换机车或者更换机车乘务组时。

（4）无列检作业的始发列车发车前。

（5）列车软管有分离情况时。

（6）列车停留超过20min时。

（7）列车摘挂补机，或者第一机车的自动制动机损坏交由第二机车操纵时。

（8）机车改变司机室操纵时。

（9）单机附挂车辆时。

（10）列车进行摘、挂作业开车前。

在站简略试验：有列检作业的由列检人员负责，无列检作业的由车辆乘务员负责，无车辆乘务员的由车站人员负责。挂有列尾装置的列车由司机负责（挂有列尾装置的旅客列车，始发前、摘挂作业开车前及在途中换挂机车站、客列检作业站，有列检作业的由列检人员负责，无列检作业的由车辆乘务员负责）。

**3. 持续一定时间的全部试验**

有列检作业场的车站发出的货物列车运行前方途经长大下坡道区间的，在始发、中转作业时应进行持续一定时间的全部试验，列检应填发制动效能证明书交给司机；在有列检作业场车站至长大下坡道区间间的各站始发或者进行摘挂作业的列车，是否进行持续一定时间的全部试验并填发制动效能证明书交给司机，由铁路局集团公司规定。具体试验和凉闸的地点、办法，由铁路局集团公司规定。

旅客列车出库前应进行持续一定时间的全部试验，在接近长大下坡道区间的车站，是否进行持续一定时间的全部试验，由铁路局集团公司规定。

长大下坡道为：线路坡度超过6‰，长度为8km及以上；线路坡度超过12‰，长度为5km及以上；线路坡度超过20‰，长度为2km及以上。

**（二）动车组制动试验规定**

（1）动车组在出段（所）前或者折返地点停留出发前需要进行全部制动试验，一级检修作业后的动车组在出发前不再进行全部制动试验。

(2)动车组列车在始发前需在操纵端进行简略制动试验。

(3)动车组列车更换动车组司机(同向换乘除外)或者操纵端后,需进行简略制动试验。

(4)动车组列车在途中重联或者解编后,开车前需在操纵端进行简略制动试验。

(5)动车组列车使用紧急制动停车后,开车前需进行简略制动试验。

(6)动车组在采用机车救援、无动力回送联挂机车或者回送过渡车时,按动车组无动力回送作业办法进行制动性能确认。

## 十、机械冷藏车

车辆上翻车机前和翻卸后,以及进入解冻库前和解冻后,应由所在地车辆段派列检人员对车辆进行技术检查,对解冻后车辆进行制动机性能试验。具体技术检查作业地点由铁路局集团公司规定。

## 十一、货物列车在技术站发车前的检查要求

货物列车在编组站、区段站发车前,有关人员应做到:

货运检查人员应认真执行区段负责制,按规定检查列车中货物装载、加固、施封及篷布苫盖状态,以及车辆的门窗关闭情况,发现异状时,应及时处理。对无列检作业的车站,还应检查自动制动机的空重位置,不符合时应进行调整。

车号人员应按列车编组顺序表核对现车和货运票据,无误后,按规定与机车乘务员办理交接。

列检人员检查车辆,发现因货物装载超载、偏载、偏重、集重引起技术状态不正常时,应及时通知车站处理;车辆自动制动机的空重位置不符合时,应进行调整。

## 复习思考题

1. 编组列车的依据是什么?
2. 什么是超重列车? 开行超重列车应遵守什么规定?
3. 哪些机车车辆禁止编入列车?
4. 轨道起重机、机械冷藏车编入列车时有哪些要求?
5. 哪些车辆禁止编入旅客列车?
6. 旅客列车编组顺序表的交接有哪些规定?
7. 列尾装置的使用有何规定?
8. 什么是单机挂车? 单机挂车时有哪些规定?
9. 什么是关门车? 关门车编入货物列车时,编挂数量和位置是如何规定的?
10. 旅客列车、特快货物班列编挂关门车有哪些规定?
11. 列检作业有哪些要求?
12. 货物列车在技术站发车前有哪些检查要求?

# 项目4 调车工作

## 项目内容

本项目主要介绍调车工作的调车工作认知、调车作业计划及准备、调车工作制度、调车作业、机车车辆停留等。

## 教学目标

**1. 能力目标**

了解调车工作在铁路行车工作中的重要作用。

**2. 知识目标**

了解调车作业的基本要求，掌握调车作业的基本方法。

**3. 素质目标**

培养质量意识、安全意识。

## 任务1 调车工作认知

除列车在车站到达、出发、通过及在区间运行外，机车车辆进行的一切有目的的移动，统称为调车。调车工作主要包括列车编组、解体、摘挂、取送、转场、整理及机车的转线、出入段等。

调车工作是铁路运输过程的重要组成部分，是车站行车组织工作的基础。调车工作的质量对车站及时编解列车、取送货物作业车辆和检修车辆，缩短车辆在车站停留时间、加速车辆周转，保证车站畅通等起着决定性的作用。对于技术站来说，更是其日常运输生产的重要内容。

从整个运输过程来看，车辆在车站的停留时间，约占车辆周转时间的70%。货车在一次周转过程中，一般要进行5～6次的调车作业。因此，调车作业质量的好坏、效率的高低，以及调车安全程度，对完成车站装卸工作、缩短车辆停留时间、加速车辆周转等各项指标有很大的影响，且与行车安全、实现列车编组计划及列车运行图有着直接的关系。

因此，车站的调车工作，应按车站技术作业过程及调车作业计划进行。参加调车作业的人员应做到：

**1. 及时编组、解体列车，保证按列车运行图的规定时刻发车，不影响接车**

及时编组列车，就是按规定的时间标准完成编组任务，从而保证列车按运行图规定的时刻正点发车。及时解体列车,就是到达列车完成技术作业后,及时进行解体作业。这样既可减少占用到发线时间,又可保证正常接发其他列车,并为中转车流接续和作业车的送车创造条件。调车作业除从编组解体方面保证列车接发以外,从行车组织的角度,还应严格执行在正线、到发线上作业的有关规定,保证调车作业不影响接发列车。

**2. 及时取送客货作业和检修的车辆**

快速取送旅客列车车底,保证车辆技术检查和客运整备作业所需时间,保证旅客列车安全正点始发。及时取送货物装卸和检修的车辆,确保货物装卸及车辆检修作业,缩短车辆停留时间,加速车辆周转。

**3. 充分运用调车机车及一切技术设备**

一方面要经济合理地运用调车机车及一切技术设备,采用先进工作方法,周密计划,合理安排,做到快编、快解、快取、快送,尽可能组织平行作业,充分挖掘设备潜力,压缩各种非生产时间,提高调车效率,最大限度地发挥调车机车和技术设备的效能;另一方面要发挥调车人员的积极性,各工种间密切配合、协同动作,不断提高劳动生产率,用最少的时间完成调车任务。

**4. 认真执行作业标准,保证调车有关人员的人身安全及行车安全**

调车工作是在动态中进行的,作业组织复杂,多工种联合动作,时常面对恶劣的天气、多变的环境,影响因素诸多,多年来调车事故在行车事故中所占比重最大,所以在调车工作中,必须认真执行规章制度,落实作业标准,遵章守纪,防止一切可能发生的事故,保证调车有关人员的人身安全及行车安全。

## 一、调车工作的领导与指挥

调车工作是一项由多工种联合行动的复杂工作。调车工作不仅作业场地大、调动的机车车辆多种多样、作业人员及工种多,而且作业组织比较复杂、作业方法灵活多变、影响调车作业效率的因素较多等。为安全、迅速、高质量地完成调车任务,调车工作必须实行统一领导和单一指挥。

### (一)统一领导

统一领导,就是在同一时间内,车站的调车工作只能由车站调度员(未设车站调度员的由调车区长,未设调车区长的由车站值班员)统一领导。分场(区)时,各场(区)的调车工作,由负责该场(区)的车站调度员或该场(区)的调车区长领导。

各调车区之间相互关联的调车工作,应按车站调度员的指示进行,调车区长不得领导其他场、区的作业。车站调度员、调车区长在领导调车工作中,遇有占用正线、到发线和机车走行线以及影响接发列车进路的调车工作时,必须与车站值班员联系,并取得其同意后方可进行。

### (二)单一指挥

单一指挥,就是在同一时间内,一台调车机车调车作业计划的执行、作业方法的拟定和布置以及调车机车的行动,只能由调车长单一指挥。由本务机车进行车辆摘挂作业时,可由车站值班员、助理值班员担任指挥工作。遇有特殊情况,上述人员不能指挥作业时,可由经鉴定、考试合格取得调车长资格的人员代替。在调车作业中,所有调车有关人员(调车组、扳道组、机车乘务组)都必须服从调车指挥人的指挥。

动车段(所)设动车组地勤司机,负责动车组在动车段(所)内调车、试运行等调移动车组作业。

## 二、调车长的要求

在调车作业中,调车长既是组织者又是指挥者,对组织调车人员执行规章制度、落实作业标准,严格按《站细》的规定和调车作业计划进行工作,保证安全,提高效率,全面完成任务,负有重要责任。因此,调车长不仅要做好本身的工作,还要组织、督促并指挥调车人员共同完成调车任务。

(1)调车长在调车作业前,应亲自并督促组内人员充分做好准备,认真进行检查。

①在计划安排方面,要传达核对计划,制定作业方法,进行作业分工,并针对重点工作进行安全预想。

②在工具准备方面,要对调车组的每台无线调车灯显设备进行检查试验,特别是须与司机确认无线调车灯显设备作用良好,要准备好铁鞋、安全带、灯具及防溜器具等。

③在了解情况方面,要掌握是否空线、各线车辆停留位置、停留车组间隔、检修及装卸作业是否完成和防护用具是否撤除等。

④在需要提前行动方面,摘管、排风、选择人力制动机,对专用线、段管线的线路、道岔、大门、停留车辆、堆放货物距离、有无障碍物等进行检查。

(2)调车长在作业中应做好的工作:

①在调车作业中,调车长首先要组织调车人员正确及时地完成调车任务。

"正确"是指按"调车作业通知单"的要求进行作业,做到溜放调车时不混线、不堵门,尽量缩小车组间隔距离;取送客车、作业车和检修车时,要对好位置;编组列车时,要连挂正确,对好列车试风器位置,并要注意重点检查"关门车"、车下不压铁鞋等。"及时"是指按"调车作业通知单"要求的时刻,及时完成列车编组、解体及车辆取送、转线等作业。

②调车长显示的调车手信号或使用无线调车灯显设备发出的指令,是对调车作业行动发出的命令,有关人员必须认真执行,所以信号显示或发出的指令必须正确、及时。

"正确"是指信号显示方式或发出的指令意义必须符合有关规定,并做到规范化。如手信号显示要做到"横平、竖直、灯正、圈圆"等。"及时"是指根据不同作业要求及距离、速度、作业方法等,及时显示信号或发出指令。

③保证调车作业中的人身安全和行车安全,是调车长最重要的责任之一。

调车长应认真学习规章制度,掌握调车作业标准,在作业中认真落实作业标准化,并随时掌握调车作业人员的动态,发现情况不明、信号不清及其他特殊情况危及作业安全时,应立即采取停车措施,以确保人身安全和调车作业安全。

## 三、调车机车司机作业要求

司机负责调车机车的操纵,是保证调车安全和完成调车任务的关键环节。因而司机应做到:

（1）接收作业计划，确认调车作业方法与注意事项，并及时传达机车乘务人员，组织机车乘务人员正确、及时地完成调车任务。

（2）组织机车乘务人员按规定做好机车整备，确保机车质量良好，确认列车运行监控装置良好。使用无线调车灯显设备调车作业时，还应与调车长共同确认无线调车灯显设备作用良好。调车作业中负责操纵机车。

（3）没有信号或指令不准动车，遇有固定信号、手信号显示不明和无线调车灯显设备故障、指令不清或接到紧急停车指令时，要立即停车，确认信号或指令后再行作业，严禁臆测作业。

（4）确认信号显示（作业指令），不间断地瞭望，督促机车乘务人员注意瞭望，认真执行呼唤应答制度，发现危及人身或作业安全时，立即采取措施，确保调车作业安全。

# 任务2　调车作业计划及准备

## 一、编制调车计划的要求和依据

调车作业计划由调车领导人负责编制，并应以调车作业通知单的形式下达给调车指挥人及有关人员执行。

### （一）调车作业通知单种类及使用规定

（1）调车作业通知单，如图4-1所示。

调车作业通知单

| 3月18日　第2号　解体30051次　调1机车 | | | | | | |
|---|---|---|---|---|---|---|
| 计划起止时分　自19:00至19:30 | | | | | | |
| 实际起止时分　自　　至 | | | | | | |
| 顺序 | 股道 | 挂车数 | 摘车数 | 作业方法 | 记事 | 残存 |
| 1 | 7 | 56 | | | 全部 | 56 |
| 2 | 13 | | 3 | | | 53 |
| 3 | 10 | | 10 | | 4418967 | 43 |
| 4 | 11 | | 5 | 推送 | 3041849 | 38 |
| 5 | 10 | | 5 | | 4129062 | 33 |
| 6 | 11 | | 5 | 推送 | 3109573 | 28 |
| 7 | 10 | | 3 | | | 25 |
| 8 | 13 | | 7 | | 4032372 | 18 |
| 9 | 10 | | 7 | | 4207410 | 11 |
| 10 | 11 | | 11 | 推送 | 禁溜 | 0 |
| 11 | | | | | | |
| 12 | | | | | | |

图4-1　无示意图的调车作业通知单

(2)附有示意图的调车作业通知单,如图 4-2 所示。

E 站调车示意图

____年__月__日 41003 次列车　　　　计划时间 10/11 时 23/20 分 起/止

| 股道 | 容车数 |
|---|---|
| Ⅰ | 65 |
| Ⅱ | 67 |
| 3 | 60 |
| 4 | 60 |
| 5 | 25（仓库 10） |
| 专₁ | 20 |
| 专₂ | 20 |
| 专₃ | 10 |
| | |
| 注意事项 | 5 道甩车作业抓紧进行 |

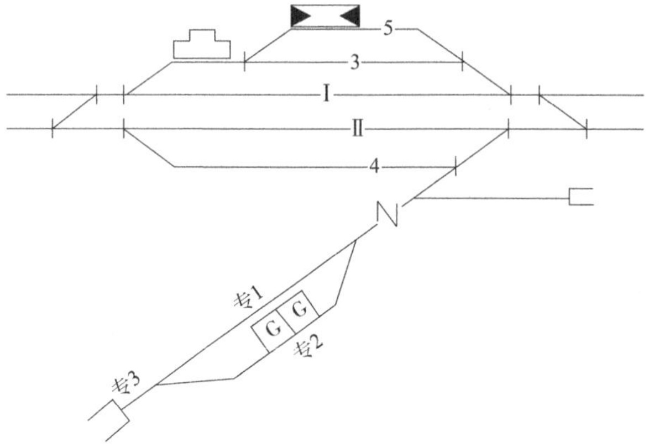


| 股道 | 摘挂车数 |
|---|---|
| 3 | +2 |
| 5 | －2 对 |
| 3 | +2 |
| 5 | －2 对 |
| 3 | +2 送机专 |
| 专₁ | －2 对 1 |
| 专₂ | +2 |
| 专₁ | +1 |
| 专₂ | －1 对回 |
| 3 | 连结 |
| | |

作业方法:“+”挂车;“－”摘车;“△”单机;　　　　E 站值班员________(签名)

图 4-2　附有示意图的调车作业通知单

(3)调车作业通知单的具体格式及符号填记等要求,由铁路局集团公司或车站根据实际情况规定。

(4)中间站利用本务机车调车,应使用有示意图的调车作业通知单(示意图可另附)。

(5)使用无线调车灯显设备的车站,调车作业计划布置方法,由铁路局集团公司或车站根据实际情况规定。

(6)列车在到达线路内拉道口、对货位、直接后部摘车、本务机车(包括重联机车、补机)摘挂及转线、企业自备机车进入站内交接线整列取送作业,可不使用调车作业通知单。

(7)自轮运转特种设备调车作业是否需要使用调车作业通知单,由铁路局集团公司或车站根据实际情况规定。

### (二)编制调车作业计划的要求

(1)符合列车编制计划、列车运行图和《技规》的规定,保证调车作业和人员安全。

(2)合理地运用技术设备和先进的工作方法,最大限度地实现解体照顾编组,解体照顾取送,使解、编、取、送作业密切配合。

(3)调车钩数少、调动辆数(带车数)少、占用股道少、行程短、作业方便、调车效率高。

(4)做到及时、准确、完整。“及时”就是及时编制和下达计划;“准确”就是保证计划本身无漏洞、无差错,尽量不变或少变计划;“完整”就是要求调车作业通知单字迹清晰,项目齐全。

### (三)编制调车作业计划的依据

(1)阶段计划规定的各项调车作业的顺序和起止时分。

(2)到达列车确报,包括车种、车号、品名、载重、到站、收货人和特殊标记等。

(3)调车场、货场线路的固定用途、容车数和停留情况。

(4)调车区现停留车及其分布情况。

## 二、调车计划的传达与变更

### (一)调车作业计划的传达

为正确及时地完成调车作业计划规定的任务和要求,调车指挥人每次接受调车作业计划后,应根据内容和要求制订具体的调车作业方法,连同注意事项亲自向司机交递和传达;对其他有关人员,应亲自或者指派连结员进行传达。具体传达办法,在《站细》中规定。例如,由调车领导人将调车计划向信号员传达;驼峰作业时,调车领导人向峰顶提钩人员及峰下铁鞋制动长传达;未设调车组的中间站利用本务机车作业时,由车站值班员向扳道员传达等。调车指挥人必须确认作业人员已经了解后,方可开始作业。

### (二)调车计划的变更

变更计划主要指变更股道、辆数、作业方法及取送工作的区域或线路。随意变更计划,既不安全,也影响效率。

(1)变更计划应用书面方式重新按规定程序下达。

(2)一批作业(指一张调车作业通知单)不超过三钩或者变更计划不超过三钩时,可用口头方式布置(中间站利用本务机车调车除外),有关人员应复诵。

(3)变更股道时,必须停车传达。

(4)仅变更作业方法或者辆数时,不受口头传达三钩的限制,但调车指挥人应向有关人员传达清楚,有关人员必须复诵。

(5)驼峰解散车辆,只变更钩数、辆数、股道时,可不通知司机,但调车机车变更为下峰作业或者向禁溜线送车前,应通知司机。

(6)中间站利用本务机车调车,无论变更钩数多少,都应重新填写附有示意图的调车作业通知单。

(7)去货物线、专用线调车时,遇现场实际情况与原计划不符时,准许调车指挥人根据实际情况,自行变更或制订作业计划(使用无线调车灯显设备能够与调车领导人取得联系时,须取得其同意),但作业完了后,必须及时向调车领导人汇报计划变更情况和车辆停留情况。

## 三、调车作业准备

提前做好调车作业前的准备工作,才能顺利地进行调车作业,安全迅速地完成调车工作任务。调车作业前主要做好下列准备工作:

(1)作业开始前要事先做好排风、摘管工作,核对计划,确认进路,检查线路、道岔(集中联锁区除外)、停留车及车辆防溜措施。

排风是指由专人拉动待解车列每辆车的缓解阀,将副风缸、制动缸的风排净,防止因副风缸内余风漏泄发生制动,造成车辆作业中抱闸,危及溜放车辆的安全。摘管是指按调车作业计划的要求,将摘开车组处的车辆软管摘开,方便提钩作业,以免在解散或溜放过程中停车摘管,延长解体时间。

(2)人力制动机制动时,要事先做好选闸和试闸工作,系好安全带。

在选闸和试闸中,一般要做到“四选四不选”(选前不选后,选重不选空,选大不选小,选高不选低)和“一闸两试”(停车试和走行试)等方法。这样,才能保证溜放的车组有足够的制动力,防止选闸不当制动力不够或未试闸等,致使人力制动机制动力不强或不制动造成事故。

(3)为满足调车作业过程中溜放车组制动和机车车辆停留后防溜需要,作业前应准备足够、良好的制动铁鞋和防溜器具。

(4)无线调车灯显设备作为指挥调车作业的关键设备,调车作业过程中必须时刻保持良好的状态,因此作业开始前必须进行试验,主要包括调车组人员间的试验和调车长与司机间的试验,以防作业过程中发生故障,影响调车作业的正常进行。

# 任务3　调车工作制度

## 一、调车工作“九固定”

为使参加调车作业的人员在作业中相互协调、紧密配合,熟悉调车技术设备及工具的性能,调车工作要实行“九固定”,即固定作业区域、线路使用、调车机车、人员、班次、交接班时间、交接班地点、工具数量及其存放地点。

### 1. 固定调车作业区域

在调车作业繁忙,配线较多的车站,配有两台或两台以上调车机时,应根据车站作业特点,设备情况及调车作业性质,划分每台调车机车的固定作业区域,避免各调车机车作业相互干扰。

### 2. 固定线路使用

固定线路使用是指按列车编组计划的要求、车流量的大小,结合线路配置情况,以及特殊用途等合理安排车辆的集结线路,分类固定使用,这样既可以有效地使用线路,又可以减少重复作业。

### 3. 固定调车机车

为便于调车领导人、调车指挥人和其他调车人员熟悉调车机车性能、特点等,及时完成调车工作,担当调车作业的机车应相对固定。

### 4. 固定班次和人员

调车作业是由多工种配合进行的,包括调车组人员,调车机车乘务人员和扳道人员等。由于单位不同、工种不同,作业人员相对固定在一起工作,有利于相互了解,密切配合,协同作业。

### 5. 固定交班时间和地点

固定交接班时间和交接班地点,可以避免交接班人员相互等待,有利于缩短非生产时间。

#### 6. 固定工具数量及存放地点

调车工具如铁鞋、叉子等，要按需固定数量、固定地点存放，保证能够交接清楚，不仅有利于日常使用和保管，当发生损坏或短少时，也便于及时发现和补充，消除安全隐患，保证正常作业需要。

## 二、越区转场作业制度

在调车作业繁忙、配线较多的车站，配有两台及以上调车机车时，应根据车站（车场）特点、调车作业性质、车流特点和车站配线等情况，划分每台调车机车相对固定的作业区域，简称调车区。每个调车区一般情况下只有一台机车按固定范围作业（驼峰有预推进路者除外），可避免调车作业的互相干扰、抵触，便于机车乘务人员和调车人员熟悉作业区域设备特点和工作条件，有利调车安全。

### （一）调车区的划分

划分调车区的方法，应根据车站的调车任务、车流和调车设备配置等情况而定，并在《站细》中规定。一般采用两种方法：

（1）对于调车作业互不干扰，设有牵出线和一定数量调车线的独立车场，可单独划区管理。在调车作业量较大的货场、交接场和专用线，在配有专用的取送调车机车时，也可以划为单独的调车区。

（2）对于两端均设有牵出线和驼峰，或一端设有牵出线、一端设有驼峰的车场，可实行横向划区或纵向划区。

横向划区的办法是在调车场中部特设分界标或利用固定建筑物作为调车区的分界线，两端各为一个调车区，两调车区之间应设立安全区。为了保证重点和适应不同作业的需要，通常把分界线划在靠近担负编组或辅助工作的一端，尽量使担负解体或主体调车一端保证有较长的线路。有的车站由于线路短，不宜用固定分界线方法划分调车区，而是规定当线路上有停留车时，就以该线内停留车为分界标，两端调车作业均不准触动该分界车。只有当线路空闲时，才以固定的分界标为界。在横向划区的调车场任何一端调车时，越过分界线或触动分界车均为越区作业。

纵向划区是调车（编发）场的任何一端都有两条及以上的牵出线或驼峰溜放线，且分别配有固定的调车机车，共同担负车场一端的调车工作，或调车（编发）场两端各有一台机车因设备、车流等原因分线束划区作业。一般是按照每条牵出线或驼峰溜放线直接接通的线束来划分，每个调车区分配几条线路，规定一定的工作任务，固定一台调车机车，这样便于各台调车机车平行作业。遇有交叉作业时，按越区作业办理。

在集中联锁的车站，一般以独立的集中操纵楼（信号楼）来划分调车区，固定一台或多台调车机车共同作业。调车（编发）场为共同作业区域，在横列式车站到发场亦为共同作业的区域，在共同区域作业时，应相互做好联系。

### （二）越区转场作业要求

越区和转场调车，是车站调车作业中一项比较复杂的工作。越区作业，是指调车机车或带有车辆越出本调车机固定的作业区域，进入其他调车区作业；转场作业，是指调车机车或带有车辆由一个车场去另一个车场的作业。越区既可能在同一车场也可能在不同车场间进行，转场既可能在同一调车区内也可能在不同调车区内进行。越区或转场调车，不仅关系到调车区和车场之间作业的安排，而且有时还要经过许多线路和道岔，跨越正线和其他车场，如果没有做好联系和防护，不但要影响调车效率，而且会危及行车安全。因此，要求在越区或转场作业时，两区（场）调车领导人或车场值班员之间必须事先做好联系，停止相抵触的作业，确认线路，准备好进路，并做好防护。没有做好联系和防护，不准越区或转场作业。

划区（场）的车站，均应根据车站的技术设备、作业特点等情况，制定越区（转场）的联系、防护办法，纳入《站细》，作业时必须按照《站细》中的有关规定办理。

## 三、无线调车灯显设备的使用要求

无线调车灯显设备具有调车作业指令无线传输功能，即将调车指挥人通过专用电台发出的调车指令以不同颜色的灯光显示在机车控制器上，指挥机车乘务员、调车组作业（通过语音合成技术，在将调车指令显示于机车控制器的同时，辅以语音提示），同时调车组、机车乘务组及调车领导人之间具有通话功能。

（1）使用机车进行调车作业时，应采用无线调车灯显设备。对于以机车为动力的调车作业，应采用无线调车灯显设备进行调车作业指令无线传输和通话联系，提高调车效率。

（2）机车摘挂、转线等不进行车辆摘挂的作业，列车在到达线路内拉道口、直接后部摘车，这几项调车作业过程简单，没有调车指挥人和调车人员参与，不要求使用无线调车灯显设备。

（3）无线调车灯显设备与列车运行监控装置配合使用，能将无线调车灯显设备的机控器与列车运行监控装置相连，使列车运行监控装置接收无线调车灯显设备发出的指令，并按指令的要求控制调车速度，在调车作业中能够有效地防止调车超速连挂、调车冲突等。无线调车灯显设备的使用、维修、管理办法，由铁路局集团公司规定。

（4）无线调车灯显设备故障时，调车作业应改用手信号。

无线调车灯显设备发生故障时，应停止作业，调车组人员间电台通话功能良好时，可使用电台相互联系，但调车长须改用手信号方式指挥司机。

## 四、调车进路确认制度

### 1. 进路的确认

在调车作业中，单机运行或牵引车辆运行时，前方进路的确认由司机负责；推进车辆运行时，前方进路的确认由调车指挥人负责，如调车指挥人所在位置确认前方进路有困难时，可指派调车组其他人员确认。

没有看到调车指挥人的起动信号，不准动车，但单机返岔子或机车出入段时，可根据扳道员显示的道岔开通信号或调车信号机显示允许运行的信号动车。无扳道员和调车信号机时，调车指挥人确认道岔开通正确（如为集中操纵的道岔，还须与操纵人员联系）后，向司机显示起动信号。

### 2. 信号的显示

调车作业时，调车人员必须正确及时地显示信号，机车乘务人员要认真确认信号，并鸣笛回示。

推进连挂车辆时，要显示十、五、三车的距离信号，没有显示十、五、三车的距离信号，不准挂车，没有司机回示，应立即显示停车信号。

推送车辆时，要先试拉。车列前部应有人进行瞭望，及时显示信号。

当调车指挥人确认停留车位置有困难时，应派人显示停留车位置信号。

**3. 非集中区调车作业时的要道还道**

非集中区调车作业时，要认真执行要道还道制度。

要道还道制度，分两种情况：一种是以调车长、司机为一方，以扳道人员为另一方，确认进路准备是否妥当、正确；另一种是当调车进路上配有两名及以上扳道员时，在互相检查、确认调车进路是否正确时，也要执行要道还道制度。

要道还道的程序是：要道由近而远，还道由远而近。

由于各站线路配置不同，扳道员之间的要道还道办法及集中区与非集中区间的作业办法，在《站细》内规定。连续溜放和驼峰解散车辆时，第一钩应实行要道还道制度（集中联锁设备除外），从第二钩起，按调车作业通知单的要求扳动道岔。

# 任务4 调车作业

## 一、调车速度

调车速度是根据调车作业的特点，调车时所经过线路、道岔的允许速度、调动特殊构造的车辆或装载特殊货物车辆的要求，以及保证调动车列运行中的安全而规定的。作业中还应根据带车多少、制动力大小以及距离远近等，由司机和调车指挥人员共同掌握。

（1）在空线上牵引运行时，不准超过40km/h；推进运行时，不准超过30km/h。

（2）调动乘坐旅客或者装载爆炸品、气体类危险货物、超限货物的车辆时，不准超过15km/h。

（3）接近被连挂的车辆时，不准超过5km/h。

（4）推上驼峰解散车辆时的速度和装有加、减速顶的线路上的调车速度，在《站细》中规定。经过道岔侧向运行的速度，由工务部门根据道岔具体条件规定，并纳入《站细》。

（5）在尽头线上调车时，距线路终端应有10m的安全距离；遇特殊情况，必须近于10m时，要严格控制速度。

（6）电力机车、动车组在有接触网终点的线路上调车时，应控制速度，距接触网终点标应有10m的安全距离；遇特殊情况，必须近于10m时，要严格控制速度。

（7）旅客未上下车完毕，除本务机车、补机摘挂作业外，不得进行旅客列车（车底）的连挂作业。

（8）遇天气不良等非正常情况，应适当降低速度。

## 二、溜放调车的限制

溜放调车和驼峰解散车辆，可以缩短调车行程、压缩调车钩分、提高调车效率。但溜出车组减速或停车是靠人力制动机、铁鞋、减速器或减速顶制动实现的。为了确保人身、调车作业和货物的安全,对某些车辆及一些线路上,禁止溜放作业。

**(一)禁止溜放的车辆**

(1)装有禁止溜放货物的车辆。

(2)非工作机车、铁路救援起重机、大型养路机械、机械冷藏车、凹型车、落下孔车、客车、动车组和特种用途车。

(3)乘坐旅客的车辆。

**(二)禁止溜放的线路**

(1)停有乘坐旅客车辆的线路,停有动车组的线路。

(2)超过2.5‰坡度的线路(为溜放调车而设的驼峰和牵出线除外)。

(3)停有正在进行技术检查、修理、装卸作业车辆及无人看守道口的线路。

(4)停有装载爆炸品、气体类危险货物车辆的线路。

(5)停留车辆距警冲标的长度,容纳不下溜放车辆(应附加安全制动距离)的线路。

(6)中间站正线、到发线及与其衔接而未设隔开设备的线路。

**(三)禁止溜放调车的其他情况**

(1)调车组不足3人时,禁止溜放作业。

(2)不准采用牵引溜放法调车(见图4-3)。

图4-3　牵引溜放调车示意图

牵引溜放调车,是调车机车牵引调车车列快速运行,在途中摘钩后机车加速,机车与车列离开一定距离,扳动道岔,使机车与调车车列进入不同股道的调车方法。这种调车方法对司机、调车人员、扳道员相互间的配合要求较高,必须严格掌握减速、提钩、加速和扳道的时机,如果稍有不当,就可能造成前堵后追、侧面冲撞或进入“四股”的后果,因此明确规定不准采用牵引溜放法调车。

## 三、调车作业摘挂车及制动软管连结规定

(1)调车作业时,应有安全措施。摘车时,必须停妥,按规定采取好防溜措施,方可摘开车钩;挂车时,没有连挂妥当,不得撤除防溜措施。

(2)在一般情况下,调车作业时,车列的减速和停车主要是靠机车本身制动力,但在一些不利地形和特殊条件下,为使调车车列增加制动力,能及时停车,应连结软管。连结软管数量过多,会因摘解软管、车列充风而延长作业时间;连结软管数量过少,会影响制动力。转场或者在超过2.5‰坡度的线路上调车时(驼峰作业除外),10辆及以下是否需要连结软管及连结软管的数量,11辆及以上必须连结软管的数量,以及以解散作业为目的的牵出是否需要连结软管,由车站和机务段根据具体情况共同确定,并纳入《站细》。

驼峰主要是为溜放作业所设置的调车设备,有专门的减速、制动设备和安全措施,连结软管对作业影响较大,作业中需要频繁的摘开车钩,因此为了适应驼峰作业的需要,驼峰作

业时可不连结软管。

## 四、通过驼峰的限制

（1）机车（调车机车除外）、铁路救援起重机、客车、动车组、大型养路机械、凹型车、落下孔车、钳夹车，由于自身构造和工作原理，通过驼峰可能会对自身或驼峰设备造成危害，危及安全，所以禁止通过驼峰。

（2）由于特殊货物运输需要，我国针对性的生产一些特殊、专用车辆，这些车辆在构造如车辆走行部、轴距、车底高和机械原理等方面存在特殊尺寸和要求，一般在定型、生产前就明确不能通过驼峰，在出厂时涂打禁止上峰的标记，如图4-4所示。

图4-4　车辆禁止上峰标记

涂打禁止上峰标记的车辆，属于自身构造禁止通过驼峰的车辆，因其特殊的轴距、车底高等因素限制，若强行过峰，易发生车体摩擦、碰撞地面设备甚至脱轨问题，所以禁止通过驼峰。

（3）装载活鱼（包括鱼苗）、跨装货物的车辆（跨及两平车的汽车除外）等，是否可以通过驼峰，不宜做统一规定，由车站会同车辆段等有关单位做出具体规定，并纳入《站细》。

①装载活鱼（包括鱼苗）的车辆，在通过驼峰时，如果坡度很大、很陡，活鱼和水将会大量从容器中溢出，造成活鱼死亡，所以也必须根据实际情况确定。其过峰情况如图4-5所示。

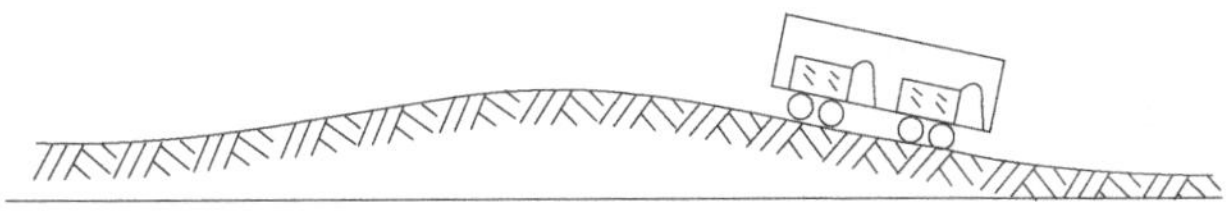

图4-5　装载活鱼车过峰示意图

②跨装货物的车辆（指重量或长度不能由一车装载的跨装货物的车辆），是否能通过驼峰，应考虑竖曲线状态的影响。对两辆及其以上的车辆连成一体的跨装货物，车辆通过坡度较大的竖曲线驼峰时，应经过计算或试验，确定是否可以通过驼峰，以防产生货物窜动、车辆脱轨或车钩损坏等严重后果。跨装货物车辆越峰如图4-6所示。

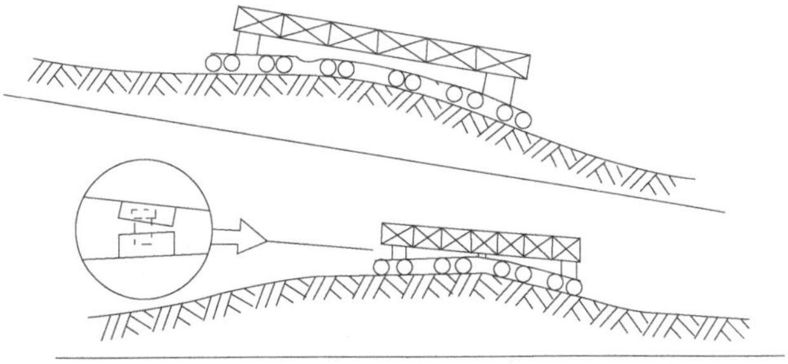

图4-6　跨装货物过峰示意图

对以上车辆经过计算或试验后，将不准通过驼峰的车辆纳入《站细》，以便贯彻执行。

（4）机械冷藏车内各种机械、仪表设备和各种管道，牢固性差，尽可能避免通过设有车辆减速器（顶）的驼峰，应经迂回线送至峰下。如因迂回线故障等原因，必须通过设有车辆减速器（顶）的驼峰时，应由机车推送下峰，速度不得超过7km/h。除推峰外，不得附挂机械冷藏车溜放其他车辆，主要是避免溜放作业中车列急起急停造成的车辆冲动，以保证车内精密仪器、机械不受损伤和车辆连结管路的完好。

## 五、线路两旁堆放货物的规定

(1)为保证调车工作的安全与作业方便,线路两旁堆放货物,距钢轨头部外侧,不得少于1.5m。如图4-7所示。

(2)站台上堆放货物,距站台边缘不得小于1m。

(3)货物应堆放稳固,防止倒塌。

(4)货物堆放,不足上述规定距离时,不得进行调车作业。

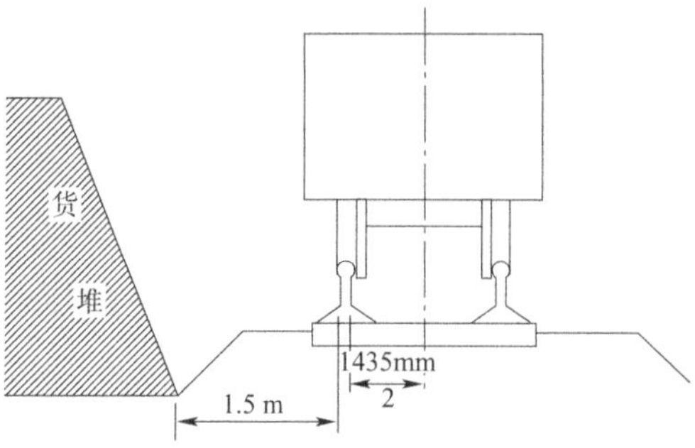

图4-7　线路旁堆放货物距离示意图

## 六、手推调车

手推调车是调移车辆的辅助形式,一般只在缺乏动力的情况下,短距离移动车辆时采用。为保证安全,手推调车应符合以下要求:

(1)手推调车必须取得调车领导人的同意。

(2)手推调车时,人力制动机作用应良好,有胜任人员负责制动。

(3)手推调车速度不得超过3km/h。

(4)下列情况,禁止手推调车:

①在正线、到发线及超过2.5‰坡度的线路上(确需手推调车时,须经铁路局集团公司批准)。

②在停有动车组的线路上。

③遇暴风雨雪或者夜间无照明时。

④接发列车时,与接发列车进路没有隔开设备或者脱轨器的线路,向能进入接发列车进路的方向。

⑤装有爆炸品、气体类危险货物的车辆。

⑥电气化区段,接触网未停电的线路上,对棚车、敞车类的车辆。

## 七、正线、到发线上调车作业

车站的正线、到发线主要办理列车接发、通过、会让。在正线、到发线上调车时,应遵守下列要求:

(1)要经过车站值班员的准许。车站值班员负责掌握正线、到发线的使用,了解列车运行情况,对保证不间断地接发列车负有直接责任。因此,占用或影响正线、到发线的调车,必须经过车站值班员的准许,特别是设有车站调度员的车站更应注意,以免妨碍列车的接发。在调度集中区段,由列车调度员办理接发列车,掌握车站的正线、到发线运用的情况下,在正线、到发线上调车时,必须取得列车调度员的准许。

(2)在接发列车时,车站值班员应掌握调车作业的实际情况,并应按《站细》规定的时间,确认影响列车进路的调车作业已停止,再排列接发车进路,开放信号。

占用或穿越上述列车进路直接影响接发列车的调车活动，以及在接发超限货物列车进路的邻线，线间距离不足5000mm的线路上调车，或接发非超限列车而在线间距离不足5000mm的邻线调动有超限货物的车辆等情况，均称为影响列车进路的调车作业。

(3)影响列车进路的调车作业，应在《站细》规定的开放信号时机前停止，严禁抢钩作业。

#### (一)接发旅客列车时的调车作业

在接发旅客列车时，除遵守正线、到发线调车作业及影响接发列车进路的调车作业等相关规定外，为防止其他调车作业中的机车车辆因溜逸、冒进信号等进入接发列车进路，与正在进出站的旅客列车发生冲突，规定在接发旅客列车时，与接发列车进路没有隔开设备或脱轨器的线路，不准向能进入接发列车进路的方向调车。

为了尽可能地压缩非生产等待时间，并考虑本务机车在停留线路内摘挂、列车拉道口等作业机车车辆移动范围小、目的明确，允许接发旅客列车时，在与接发列车进路没有隔开设备或脱轨器的线路，进行本务机车摘挂、列车拉道口作业，但须严格控制速度，只能在本线路内进行。

有特殊困难的车站，确需调车时，应根据作业特点和设备实际由铁路局集团公司制定相应的安全措施。

#### (二)越出站界调车

越出站界调车是受车站调车设备限制，在区间空闲(自动闭塞为第一个闭塞分区空闲)的情况下，越过进站信号机或站界标进入区间调车的一种方法。由于是进入区间，不同一般的站内调车作业，为了保证列车运行和调车作业的安全，应遵守下列要求：

**1. 双线区间正方向越出站界调车**

(1)当区间为自动闭塞时，必须从监督器上确认第一个闭塞分区空闲，车站值班员口头准许并通知司机，即可出站调车。

(2)当区间为半自动闭塞时，必须区间空闲，车站值班员口头准许并通知司机，即可出站调车。

上述双线(1)、(2)情况，因发车权属于正方向办理越出站界调车的车站，对方站不能发车，所以可不与对方站办理占用区间闭塞手续，只要区间(自动闭塞为第一个闭塞分区)空闲，车站值班员口头准许并通知司机即可。

**2. 双线区间反方向越出站界调车**

双线区间反方向越出站界调车时，因正常情况下占用区间的权限不属于本站，同时列车运行情况由列车调度员掌握，必须取得占用区间的权限，即停止基本闭塞法改用电话闭塞法(得到列车调度员发布的停止基本闭塞法改用电话闭塞法的调度命令)，确认区间空闲后，由车站值班员与邻站办理电话闭塞手续，发给司机出站调车通知书，方可出站调车。

**3. 单线区间越出站界调车**

(1)当区间为自动闭塞时，闭塞系统必须在发车位置，由办理越出站界调车的车站控制发车权，只要第一个闭塞分区空闲，经车站值班员口头准许并通知司机，即可出站调车。

(2)当区间为半自动闭塞时，区间必须空闲，得到停止基本闭塞法改用电话闭塞法的调度命令，与邻站办理电话闭塞手续取得占用区间的权限，并发给司机出站调车通知书，方可出站调车。

#### 4. 区间已改为电话闭塞法行车

无论单线或双线，在区间已改为电话闭塞法行车的情况下，越出站界调车时须经列车调度员口头准许，在确认区间空闲，与邻站办理闭塞手续取得占用区间的权限，发给司机出站调车通知书后，方可出站调车。

出站调车通知书由车站值班员填写，当调车机车距行车室较远时，可由扳道员、助理值班员等按车站值班员的指示填写，其格式如图 4-8 所示。

出站<br>跟踪 调车通知书

对方站承认的号码第＿＿＿＿＿＿＿＿＿＿＿＿号，

准许 自<br>至 时 分 起<br>止 ＿＿＿机车由车站向＿＿＿区间 出站<br>跟踪 调车。

站（站名印）车站值班（扳道）员（签名）

年 月 日填发

注：不用的字句抹消。（规格 90mm×130mm）

图 4-8 调车通知书

#### 5. 越出站界调车作业完毕

越出站界调车作业完毕，应将出站调车通知书收回注销，具体收回注销办法由铁路局集团公司规定。当出站调车车列回站待避列车后，如需继续出站调车时，应重新办理手续。

越出站界调车时，为了防止错办，车站值班员应在控制台上揭挂“出站调车”表示牌（安全帽）。

### （三）跟踪出站调车

跟踪出站调车是指在列车由车站发出后，尚未到达前方站（线路所），间隔一定的距离或时间，即跟随前行列车，越出站界在规定距离内进行的调车作业。

跟踪出站调车只能在单线区间或双线正方向的线路上办理，并按下列要求进行，以确保安全。

（1）为使跟踪出站调车不影响列车运行，在办理时须经列车调度员口头准许。

（2）为了更好地掌握区间占用情况，防止跟踪出站调车的机车车辆返回车站前，两站错误办理闭塞，办理跟踪出站调车时，须在取得邻站车站值班员承认的电话记录号码后，方可填写跟踪调车通知书，组织跟踪出站调车。

（3）发给司机的跟踪调车通知书，即《技规》附件 5。填写时应将“出站”字样抹掉。跟踪调车通知书允许由扳道员、助理值班员等根据车站值班员的指示填发。

（4）办理跟踪出站调车时，为了防止错办，车站值班员应在控制台上揭挂“跟踪调车”表示牌（安全帽）。

（5）跟踪调车作业完毕，车站值班员确认跟踪调车通知书收回后，向邻站发出电话记录号码。列车虽已到达邻站，但跟踪调车通知书尚未收回时，禁止办理区间开通手续。

(6)承认跟踪出站调车及跟踪出站调车完毕发出电话记录号码及发出的时间填写在“行车日志”相应栏内。

(7)跟踪出站调车,因调车与列车运行是平行作业,能够缩短调车等待时间,充分利用通过能力。但由于调车与列车运行先后进入同一区间或闭塞分区,因而存在不安全因素,必须对跟踪出站调车进行严格的限制:

①跟踪出站调车只准在单线区间及双线正方向办理,双线反方向线路上不准办理。双线反方向行车已是特殊情况行车,再跟踪反方向运行的列车出站调车,增加不安全因素。

②为保证跟踪出站调车的车列与前行列车保持一定距离,只有前发列车尾部越过预告、接近信号机或靠近车站的第一个预告标后,方可跟踪出站调车。如受地形地物影响,看不见预告信号机或站界标,确认前发列车位置有困难时,应按《站细》规定的间隔时间进行。

③跟踪出站调车的机车、车辆最远不得越出站界500m。

④出站方向区间内有瞭望不良的地形或有长大上坡道时,禁止跟踪出站调车。区间有长大上坡道禁止跟踪出站调车的站名由铁路局集团公司公布。

“长大上坡道”是指《技规》中“长大下坡道”的反向。

⑤前发列车需由区间返回或挂有区间返回的后部补机时,禁止跟踪调车,以防止返回的列车或补机与正在跟踪出站调车的机车车辆发生冲突。

⑥一切电话中断,禁止跟踪调车。这是因为电话中断后行车联络办法比较复杂,不易保证安全。

⑦降雾、暴风雨雪等,因瞭望困难,作业不便,禁止跟踪出站调车。

⑧为确保动车组安全,禁止动车组跟踪出站调车作业。

### (四)机车出入段

设有机务段(折返点)的车站,机车出入段是一项频繁的调车作业。它不仅关系到加速出入段机车的放行,保证机车按停留时间标准进行作业,而且对到发线、咽喉道岔能力的运用,有着直接的影响。因此,车站值班员必须认真掌握机车出入段的时机和经路。

有固定走行线时,出、入段机车必须走固定走行线。因为设计、确定机车走行线时,对机车走行线的配置已经综合考虑车站技术作业进行了科学划分,使机车出、入段的走行更便利、更合理,最大限度地减少机车出、入段与接发列车的相互干扰,因此必须按固定走行线走行。

为了保证固定走行线的正常运用,禁止在固定走行线上停留机车车辆。因为一旦停留机车车辆,将引起出、入段变更走行线,打乱机车出入段顺序,而且因变更走行线司机对线路不熟,有可能延长出入段时间。

当车站没有机车出入段固定走行线或临时变更走行线时,为保证安全和加速机车出入段工作,应事先通知司机走行经路,司机按固定信号或扳道员显示的允许运行的信号行车。集中联锁的车站,机车出入段时,司机按地面调车信号机的显示运行,故不必通知司机,司机按信号显示运行即可。

## 八、动车组调车作业

(1)动车组自带动力,基于安全、构造特点、作业方式等原因,一般情况下动车组进行调车作业应采用自走行方式(故障救援、非电化区段调车等必要时才采用动车组无动力调车方式)，司机根据调车作业计划和凭地面信号机的显示进行作业。

(2)动车组自走行调车作业时，司机应在动车组运行方向的前端操作，前方进路的确认由动车组司机负责。在不得已情况下必须在后端操作时，应指派随车机械师或其他胜任人员站在动车组运行方向的前端指挥，发现危及行车或人身安全时，应立即使用紧急停车按钮(紧急制动装置)停车或通知司机停车。为保证安全，后端操作时速度不得超过15km/h。

(3)动车组是固定编组、单独运用，从其自身构造和安全要求出发，动车组禁止连挂其他机车车辆调车。但是动车组故障时连挂救援机车，动车组连挂附挂回送过渡车以及动车组无动力调车时的调车机、公铁两用牵引车，是特殊情况下的必要方式，不在此禁止之列。

# 任务5　机车车辆停留

## 一、机车车辆停留的线路及地点

### 1. 机车车辆应停在警冲标内方

警冲标是指示机车车辆停留时，满足机车车辆限界、不准向道岔方向或线路交叉点方向越过的限制点。如果越过警冲标，可能侵限妨碍邻线机车车辆的运行，有可能发生侧面冲突，所以规定列车及机车车辆必须停在警冲标内方。

遇下列特殊情况，在不影响接发列车和调车作业的条件下，准许临时停在警冲标外方：

(1)因溜放车组速度不当或借线停留等情况，车组未进入警冲标内方，在确认不妨碍其他作业进路时，准许临时停在警冲标外方。在一批作业完了后，必须立即将该车组送入警冲标内方。

(2)特殊情况，确需在警冲标外方装卸作业时，由于与邻线作业相互影响，必须经车站值班员、调车区长确认不影响列车到发及调车作业，或者停止相关调车作业后，方可准许。装卸作业完了后，应立即取走或送入警冲标内方，并报告车站值班员、调车区长。

### 2. 安全线及避难线上

安全线及避难线上，禁止停留机车车辆；在超过6‰坡度的线路上，不得无动力停留机车车辆。

安全线及避难线设置的目的是为了防止列车和机车车辆冲突，如在该线上停留机车车辆，不仅失去了它的作用，反而增加了冲突机会。在超过6‰坡度的线路上，极易发生机车车辆溜逸，安全风险大，因此，安全线及避难线上禁止无动力停留机车车辆。

### 3. 装载危险货物的车辆及救援列车

装载爆炸品、气体类危险货物的车辆及救援列车，应停放在固定的线路上，两端道岔应扳向不能进入该线的位置并加锁。

爆炸品、气体类危险货物等危险品，对冲击、火焰敏感，万一发生意外，其后果严重。为此，对装载这些物品的车辆，必须停放在固定线路上，两端道岔应扳向不能进入该线的位置并加锁，以防其他车辆进入。集中操纵的道岔，应在控制台上将道岔开通邻线，并将道岔单独锁闭。在选择停留这些车辆的固定线路时，应尽可能远离房舍、住宅及其他建筑物，并应与列车运行和调车繁忙的线路保持一定间隔。救援列车担负着事故救援的紧急任务,为保证在需要时能及时出动,亦必须停放在固定的线路上。该线路不得停放其他机车车辆,并将两端道岔置于其他机车车辆不能进入该线的位置并加锁。集中操纵的道岔,应在控制台上将道岔开通邻线,并将道岔单独锁闭。

**4.临时停留公务车线路上的道岔也应扳向不能进入该线的位置并加锁**

为了保证公务车上有关人员的正常工作和休息,对临时停留公务车的线路,除应将道岔置于不能进入该线的位置并加锁外,一般不准利用该线进行与其无关的调车作业。集中操纵的道岔,应在控制台上将道岔开通邻线,并将道岔单独锁闭。

## 二、车辆停留的防溜要求

由于货物的性质、车辆的特点或线路坡度方面的因素,停留车辆不进行调车作业时,应采取防溜措施或其他安全措施,以保证行车和货物安全。

(1)编组站、区段站在到发线、调车线以外的线路上停留车辆,不进行调车作业时,应连挂在一起,并应拧紧两端车辆的人力制动机,或者以铁鞋(止轮器、防溜枕木等)牢靠固定。因装卸车对货位等情况,不能连挂在一起时,应分组做好防溜措施。

(2)中间站停留车辆,无论停留的线路是否有坡道,均应连挂在一起,拧紧两端车辆的人力制动机,并以铁鞋(止轮器、防溜枕木等)牢靠固定。因装卸车对货位等情况,不能连挂在一起时,应分组做好防溜措施。一批调车作业中临时停留的车辆,应拧紧两端车辆的人力制动机或者以铁鞋(止轮器)止轮。

(3)编组站和区段站的到发线、调车线是否需要防溜以及作业量较大中间站执行上述规定有困难时,由铁路局集团公司规定。

(4)电气化区段,部分车辆不能采用人力制动机防溜时,应使用人力制动机紧固器防溜。

## 三、动车组防溜的规定

动车组固定编组,调车作业大多是自走行作业,除使用机车调车作业外不需要车站人员参与,而且动车组大多带有停放制动装置,可保证动车组无动力停留安全。为减少作业环节、消除结合部隐患,统一动车组防溜办法。

(1)动车组无动力停留时,有停放制动装置的动车组,由司机负责将动车组处于停放制动状态。

(2)动车组无停放制动装置或者在坡度为20‰以上的区间无动力停留时,由司机通知随车机械师进行防溜,防溜时使用铁鞋牢靠固定。

(3)动车段(所)内动车组防溜办法由铁路集团公司规定。

## 复习思考题

1.什么是调车?

2.什么是调车工作的“统一领导和单一指挥”?

3.调车长的要求有哪些?

4.调车机车司机作业要求有哪些?

5. 调车作业计划编制的要求有哪些?
6. 调车“九固定”的具体内容是什么?
7. 调车区如何划分?
8. 调车速度有何规定?
9. 哪些情况禁止溜放调车?
10. 哪些车辆禁止通过驼峰?
11. 哪些情况禁止跟踪出站调车?
12. 中间站停留车辆时防溜有何要求?

# 项目5 行车闭塞

## 项目内容

本项目主要介绍普速铁路行车闭塞法，自动闭塞、自动站间闭塞、半自动闭塞、电话闭塞法使用特点和行车凭证等以及一切电话中断时的行车办法。

## 教学目标

**1. 能力目标**

能按有关规定，正确使用行车凭证。

**2. 知识目标**

了解和掌握普速铁路行车闭塞法的特点，熟知各种行车凭证的使用时机以及发给行车凭证的依据。

**3. 素质目标**

培养严格执行作业标准、操作规程的职业精神。

## 任务1 行车闭塞法认知

为了保证安全，在列车运行时，使列车与列车间保持一定的距离，这种行车方法叫作行车闭塞法。行车闭塞法有两种：一种是空间间隔法，一种是时间间隔法。

### 一、空间间隔法

空间间隔法，也叫距离间隔法，是指在一个区间或闭塞分区在同一时间内，只准一列列车运行。空间间隔法有以下优点：

(1)由于铁路线路划分成若干个区间或闭塞分区，在一定时间内每一区间（闭塞分区）都可以开行列车，这样可提高通过能力。

(2)由于在车站都有为列车到、发、会让而铺设的配线，可保证列车安全会让。

(3)由于在一个区间（闭塞分区），只准许一列列车运行，列车可按规定的速度在区间运行，这样既能提高列车速度，又能加速机车车辆周转。

(4)有的区段在干线上设立了线路所，对提高通过能力，也起到一定作用。基于空间间隔法有以上优点，我国铁路正常行车采用空间间隔法。

## 二、时间间隔法

时间间隔法是指在一个区间，按规定的时间，将同方向运行的列车彼此间隔开运行。

由于使用时间间隔列车，没有设备上的控制，容易发生事故，安全性较差。所以原则上不使用隔时续行办法，如必须使用时，由铁路局集团公司规定。

## 三、行车基本闭塞法

我国普速铁路行车基本闭塞法采用的是空间间隔法，有自动闭塞法、自动站间闭塞法和半自动闭塞法。电话闭塞法是当基本闭塞法不能使用时，根据列车调度员的命令所采用的代用闭塞方法。遇列车调度电话不通时，闭塞法的变更或恢复，应由该区间两端站的车站值班员确认区间空闲后，直接以电话记录办理。列车调度电话恢复正常时，两端站车站值班员应及时向列车调度员报告。

## 四、改用电话闭塞法行车的情况

遇下列情况，应停止使用基本闭塞法，改用电话闭塞法行车：

(1)基本闭塞设备发生故障导致基本闭塞法不能使用、自动闭塞区间内两架及以上通过信号机故障或者灯光熄灭时。

(2)无双向闭塞设备的双线区间反方向发车或者改按单线行车时。

(3)发出由区间返回的列车，或者发出挂有由区间返回后部补机的列车时。

(4)自动站间闭塞、半自动闭塞区间，由未设出站信号机的线路上发车，或者超长列车头部越过出站信号机并压上出站方面轨道电路发车时。

(5)在夜间或者遇降雾、暴风雨雪，为消除线路故障或者执行特殊任务，开行轻型车辆时。

## 五、改用半自动闭塞法行车

自动站间闭塞设备故障，半自动闭塞设备良好时，可根据调度命令改按半自动闭塞法行车。

## 六、轨道电路发生故障

设有双向闭塞设备的自动闭塞区间，遇轨道电路发生故障等情况，需使用总辅助按钮改变闭塞方向时，车站值班员必须确认区间空闲后，根据列车调度员命令，使用总辅助按钮改变闭塞方向，并在“行车设备检查登记簿”内登记。

在半自动闭塞区间，遇接车站轨道电路发生故障，闭塞设备停电后恢复供电，列车因故退回原发车站等情况时，车站值班员确认列车整列到达后，根据列车调度员命令，使用故障按钮，办理人工复原，并在“行车设备检查登记簿”内登记。

## 七、设有辅助所的行车闭塞法

线路所和区间内设有辅助所的行车闭塞办法，由铁路局集团公司规定。

# 任务2 自动闭塞

## 一、自动闭塞法使用特点

自动闭塞是根据列车运行及有关闭塞分区状态，自动变换通过信号机显示而司机凭信号行车的闭塞方法。其特征为：把站间区间划分为若干闭塞分区，有分区占用检查设备，一般设有通过信号机；站间能实现列车追踪；办理发车进路时自动办理闭塞手续，自动变换通过信号机的显示。

目前我国自动闭塞制式一般采用三显示和四显示。

三显示自动闭塞，其特征为：通过信号机具有 3 种显示；能预告列车前方 2 个闭塞分区状态；分 2 个速度等级，1 个闭塞分区的长度满足从规定速度到零的制动距离。三显示自动闭塞中，黄灯是注意信号，表示运行前方有 1 个闭塞分区空闲，1 个闭塞分区的长度能满足从规定速度到零的制动距离，可以越过黄灯后再开始制动。

四显示自动闭塞，其特征为：通过信号机具有 4 种显示；能预告列车前方 3 个闭塞分区状态；分 3 个速度等级，2 个闭塞分区的长度满足从规定速度到零的制动距离。四显示自动闭塞中，绿黄灯是警惕信号，表示运行前方有 2 个闭塞分区空闲，2 个闭塞分区的长度满足从规定速度到零的制动距离，可以越过绿黄灯后再开始减速；黄灯是限速信号，列车越过黄灯时必须减速至规定的限速值，不然就难以保证在下一个红灯前可靠停车。

自动闭塞区段的车站，办理发车前应向接车站预告；单线自动闭塞区段的车站，还应得到列车调度员的同意（列车调度员已下达列车运行调整计划时除外）。已向接车站预告，但列车不能出发时，发车站应通知接车站取消预告。

## 二、自动闭塞法行车凭证

使用自动闭塞法行车时，列车进入闭塞分区的行车凭证为出站或者通过信号机显示的允许运行的信号。

### （一）行车凭证

自动闭塞区段遇下列情况发车的行车凭证见表 5-1。

表 5-1 中规定的各项内容，为自动闭塞区段特殊情况下发车的行车凭证、发给行车凭证的根据及附带条件等。自动闭塞与半自动闭塞和自动站间闭塞在部分设备故障或特殊情况下行车的最大不同，就是不需停止基本闭塞法，采用一些特殊的方式发出列车，进入区间后按自动闭塞法行车，提高运输效率。

（1）表中的第 1、2、3 项是在出站信号机不能开放或未设出站信号机的情况下发出列车，此时发车进路与信号机间失去了联锁关系或无联锁关系。车站值班员必须在做好下列工作后，方准填写绿色许可证，组织发出列车。

①确认监督器表示第一个闭塞分区空闲，不表示时为接到前次列车到达邻站的通知或前次列车发出后不少于 10min 的时间。

**自动闭塞区段特殊情况行车凭证表** 表 5-1

| 列车出发情况 | 行车凭证 | 发给行车凭证的依据 | 附带条件 |
|---|---|---|---|
| 1. 出站信号机故障时发出列车 | 绿色许可证(表 5-2) | 1. 监督器表示第一个闭塞分区空闲,不表示时为接到前次列车到达邻站的通知或者前次列车发出后不少于 10min 的时间<br>2. 确认道岔位置正确及进路空闲<br>3. 单线应取得对方站确认区间内无迎面列车的电话记录号码 | 从监督器上不能确认第一个闭塞分区空闲时,车站应发给司机书面通知(表 5-3),司机以在瞭望距离内能随时停车的速度,最高不超过 20km/h,运行到第一架通过信号机,按其显示的要求执行 |
| 2. 由未设出站信号机的线路上发出列车 | | | |
| 3. 超长列车头部越过出站信号机发出列车 | | | |
| 4. 发车进路信号机发生故障时发出列车 | 绿色许可证 | 确认道岔位置正确及进路空闲 | 列车到达次一信号机按其显示的要求执行 |
| 5. 超长列车头部越过发车进路信号机发出列车 | | | |
| 6. 自动闭塞作用良好,监督器故障时发出列车 | 出站信号机显示的允许运行的信号 | | 与邻站车站值班员及本站信号员联系 |
| 7. 双线双向闭塞设备的车站,反方向发出列车 | | 1. 区间占用表示灯表示区间空闲<br>2. 双线反方向行车的调度命令 | 反方向发车进路表示器显示正确(进路表示器故障时通知司机) |

注:在四显示区段,因设备不同,执行上述条款困难的,可按铁路局集团公司规定办理。

**绿 色 许 可 证** 表 5-2

许 可 证

第______号

在出站(进路)信号机故障、未设出站信号机、列车头部越过出站(进路)信号机的情况下,准许第________次列车由______线上发车。

站(站名印) 车站值班员(签名)

年 月 日填发

注:1. 绿色纸,复写一式两份,司机一份,存根一份; (规格 90mm×130mm)

2. 不用的字句抹消。

**书 面 通 知** 表 5-3

书 面 通 知

第____次司机:

监督器上不能确认第一个闭塞分区空闲,以在瞭望距离内能随时停车的速度,最高不超过 20km/h,运行至第一架通过信号机,按其显示的要求执行。

站(站名印) 车站值班员(签名)

年 月 日填发

注:白色纸,复写一式两份,司机一份,存根一份。 (规格 90mm×130mm)

②确认道岔位置正确及进路空闲。

③单线区间须取得对方站确认区间内无迎面列车的电话记录号码，并填记在"行车日志"记事栏内。

因为出站信号机不能开放，如果从监督器不能确认第一个闭塞分区空闲时，第一闭塞分区情况不明，此时发车人员必须发给司机书面通知，要求列车以在瞭望距离内能随时停车的速度运行，最高不超过20km/h，确保安全。当列车运行到第一架通过信号机时，按其显示的要求执行。

(2)表中的第4、5项，是指发车进路信号机(同一发车进路上一架或多架进路信号机)因故不能开放的情况下发出列车时，车站值班员确认发车进路空闲、进路道岔位置正确并按规定加锁后，填发绿色许可证发出列车的作业方式。

(3)表中的第6项，是指在自动闭塞作用良好，出站信号机能正常显示允许运行的信号，但监督器对离去闭塞分区的占用与空闲因故不能表示或表示不明时，发出列车。在此种情况下，由于出站信号机能够正常开放，自动闭塞设备可以确认闭塞分区的占用与空闲状态，车站值班员与邻站车站值班员联系确认区间列车运行情况，和本站信号员联系确认自动闭塞及监督器设备状态和发出列车情况后，即可组织按出站信号机的显示发出列车。

(4)表中的第7项，是指在双线自动闭塞区间装设有双向闭塞设备，列车在正方向运行线路上运行时，可自动追踪运行，在线路反方向运行时，按站间间隔运行。由于我国铁路在双线区间实行左侧单方向行车制度，反方向行车时，应发布调度命令，在发车前必须确认无迎面列车运行，区间空闲，在控制台上确认区间占用表示灯表示区间空闲后，办理改变列车运行方向手续，排列反方向发车进路，组织反方向发出列车，列车进入区间的行车凭证为出站信号机显示的允许运行的信号。

为使发车人员和司机明确区别正、反方向发车进路，在出站信号机的正下方设有反方向发车进路表示器，当排列了反方向发车进路后，显示规定的白色灯光，外部发车人员和列车司机在反方向发车前必须确认显示正确。如遇反方向发车进路表示器故障时，发车人员应口头通知司机，使司机明确列车运行方向。

在四显示区段，由于自动闭塞设备不同，执行表5-1中的各项规定有困难时，可由铁路局集团公司规定行车办法。

### (二)自动闭塞区间内通过信号机显示停车信号(包括显示不明或灯光熄灭)的行车办法

#### 1. 主要原因

自动闭塞区间内通过信号机显示停车信号(包括显示不明或灯光熄灭)的主要原因一般有以下三项：

(1)显示红色灯光时，可能是前方闭塞分区内有列车或机车、车辆占用；或是由于线路上有障碍物引起轨道电路短路或钢轨折断；或是轨道电路故障所致；还可能是通过信号机的灯泡断丝而引起的灯光转移等。

(2)信号显示不明，可能是因天气关系，如灯光被飘雪、扬沙所遮盖等；也可能是自动闭塞系统发生故障。

(3)灯光熄灭，可能是灯泡断丝或灯泡松动，也可能是临时断电。

### 2. 行车办法

(1)自动闭塞区间通过信号机显示停车信号(包括显示不明或者灯光熄灭)时,列车应在该信号机前停车,司机应使用列车无线调度通信设备通知车辆乘务员(随车机械师)。停车等候2min,该信号机仍未显示允许运行的信号时,即以遇到阻碍能随时停车的速度继续运行,最高不超过20km/h,运行到次一通过信号机(进站信号机),按其显示的要求运行。在停车等候同时,应与车站值班员、列车调度员联系,如确认前方闭塞分区内有列车时,不得进入。

(2)装有容许信号的通过信号机,显示停车信号时,铁路局集团公司规定的停车后起动困难的货物列车,可以在该信号机前不停车,按上述速度通过。当容许信号灯光熄灭或者容许信号和通过信号机灯光都熄灭时,司机在确认信号机装有容许信号时,仍按上述速度通过该信号机。

(3)装有连续式机车信号的列车,遇通过信号机灯光熄灭,而机车信号显示允许运行的信号时,应按机车信号的显示运行。

(4)司机发现通过信号机故障时,应将故障信号机的号码通知前方站(列车调度员)。车站值班员(列车调度员)发现或者得到区间通过信号机故障的报告后,在故障修复前,对尚未进入区间的后续列车,改按站间组织行车。此时不改变原基本闭塞法,人工控制按站间间隔放行列车。

# 任务3　自动站间闭塞

## 一、自动站间闭塞法的使用特点

自动站间闭塞是在半自动闭塞基础上发展起来的新型闭塞设备,区间两端站的出站信号机(线路所通过信号机)和轨道检查装置构成联锁关系,自动检查区间空闲,列车以站间(所间)区间为间隔运行,通过办理发车进路和检查列车出清区间的方式,自动实现区间闭塞和区间开通。自动检查区间功能主要通过计轴设备或区间长轨道电路来实现。

(1)计轴设备通过设置在区间(所间)两端站的计轴磁头,对进入区间和车站(线路所)的列车轴数进行记录,并经过传输线路将两端站(线路所)所记录的轴数进行核对,当两端站(线路所)记录的轴数一致时,即确认列车整列到达,区间空闲,自动开通区间。发出由区间返回的列车时,由发车站自行检查。当计轴设备记录进出区间的列车轴数不一致时,即判定区间占用。当计轴设备发生故障不能正常计轴或判定区间占用时,不能自动解除闭塞。

(2)区间长轨道电路由三部分组成,包括上、下行接近区段轨道电路(双线时为接近和发车区段轨道电路)及中间部分轨道电路,通过轨道电路对区间是否占用、线路是否良好进行检查。在这三部分轨道电路都空闲时,排列发车进路,开放出站信号,自动完成闭塞;在列车到达前方站(返回发车站)三部分轨道电路都空闲后,自动开通区间。当区间任何一部分轨道电路处于占用状态时,不能开放出站信号机;列车虽已到达前方站(返回发车站),但不能解除闭塞开通区间。出站信号机开放后,如果区间轨道电路因故障等原因处于占用状态时,便自动关闭。

## 二、行车凭证

使用自动站间闭塞法发出列车时,列车按站间间隔运行,列车进入区间的行车凭证为出站信号机或线路所通过信号机显示的允许运行的信号。

(1)自动站间闭塞发车前不需办理闭塞手续,排列发车进路开放出站信号后,即可发出列车,同时列车是按站间间隔行车,因此发车站在办理发车进路前,须确认区间空闲和接车站未办理同一区间的发车进路。为使接车站做好接车准备工作,发车站应向接车站发出预告。

(2)自动站间闭塞区间,发车站办理预告后,接车站必须做好接车准备。如果列车预告后因特殊情况不能发出时,发车站必须通知接车站取消预告,这样,接车站可以办理其他作业。

## 三、行车办法

由于自动站间闭塞设备使用时间不长,相关设备也未完全统一,其行车组织办法由铁路局集团公司制定。

# 任务4 半自动闭塞

半自动闭塞是人工办理闭塞手续,列车凭信号显示发车后,出站信号机自动关闭的闭塞方法。其特征为:站间或所间只准运行一列列车;人工办理闭塞手续;人工确认列车完整到达和人工恢复闭塞。

### (一)出站(线路所)通过信号机的开放条件

(1)双线半自动闭塞区间,发车站(线路所)必须得到前次列车到达前方站(线路所)的到达信号后,才有权发车。因为前次列车驶过接车站接车轨道电路,闭塞机就可以解锁并开通区间。所以发车站(线路所)只要得到前次列车到达前方站(线路所)的到达信号后,才能开放出站或线路所通过信号机发车。

(2)单线半自动闭塞区间,发车站(线路所)必须在闭塞机上得到接车站(线路所)的同意闭塞信号后,才能开放出站或线路所通过信号机。而接车站(线路所)只有在区间空闲时,才能发出同意闭塞信号,并在其发出同意闭塞信号后,该站(线路所)向该区间的出站或线路所通过信号机才能开放。因此,在单线半自动闭塞区间任何一端车站(线路所),在开放出站或线路所通过信号机前,必须得到接车站的同意闭塞信号。

### (二)半自动闭塞取消闭塞的办法

#### 1. 双线半自动闭塞的车站取消闭塞

集中联锁的车站,开放出站信号后如需取消发车时,车站值班员须通知发车人员、司机,确认列车没有出发，关闭出站信号，发车进路解锁后，将事由通知接车站，即可取消闭塞。

电锁器联锁的车站，开放信号后因故需取消闭塞时，车站值班员须通知发车人员、司机，确认列车没有出发，关闭出站信号，按下闭塞按钮使发车表示灯亮黄灯，即可通知接车站取消闭塞；然后由接车站值班员登记破封，拉出故障按钮，再拉出闭塞按钮，办理区间复原。

**2. 单线半自动闭塞的车站取消闭塞**

如发车站已请求发车（发车表示灯亮黄灯），需要取消闭塞时，经两站车站值班员联系同意后，由发车站拉出闭塞按钮（或按下复原按钮），两站表示灯熄灭，闭塞机复原。

如接车站已按下闭塞按钮（发车表示灯亮绿灯），但发车站未开放出站信号机时，亦由发车站拉出闭塞按钮（或按下复原按钮），闭塞表示灯熄灭，闭塞机复原。

如开放出站信号机后，需取消闭塞时，集中联锁的车站，经两站联系，发车站值班员确认列车没有出发，关闭出站信号机，拉出闭塞按钮（或按下复原按钮），双方闭塞表示灯熄灭，闭塞机复原；电锁器联锁的车站，双方站车站值班员确认列车没有出发，由发车站值班员登记破封，使用故障按钮办理复原。

### （三）半自动闭塞的行车凭证

**1. 使用半自动闭塞设备发车**

使用半自动闭塞设备发车时，列车进入区间的行车凭证为出站信号机或线路所通过信号机显示的允许运行的信号。

出站或线路所通过信号机显示允许运行的信号，表示区间已空闲、发车进路已被锁闭，当出发的列车压上出站方面的轨道电路，出站或通过信号机就立即自动关闭，在该列车运行到接车站，压上接车轨道电路之前，出站或通过信号机不能再开放。由于上述联锁关系，可以保证列车运行的安全。

**2. 特殊情况下的行车凭证**

（1）超长列车头部越过出站信号机而未压上出站方面轨道电路时，因能使用半自动闭塞法，此时列车占用区间的行车凭证为出站信号机显示的允许运行的信号，并发给司机准许列车头部越过出站信号机发车的调度命令。

（2）发车进路信号机故障或超长列车头部越过发车进路信号机发车时，列车越过发车进路信号机的行车凭证为半自动闭塞发车进路通知书，见表5-4。

**半自动闭塞发车进路通知书** 表5-4

| |
|---|
| 半自动闭塞发车进路通知书<br>第____号<br>1. 在列车头部越过发车进路信号机的情况下，准许第____次列车由____线发车。<br>2. 在____发车进路信号机故障的情况下，准许第____次列车越过该发车进路信号机。<br>站（站名印）车站值班员（签名）<br>年　月　日填发 |

注：1. 白色纸，复写一式两份，司机一份，存根一份；　（规格90mm×130mm）

2. 不用的字句抹消。

# 任务5 电话闭塞

## 一、电话闭塞法的使用特点

电话闭塞是当基本闭塞法不能使用（闭塞设备故障或闭塞设备不能满足运行列车的要求，如在无双向闭塞设备的双线区段反方向运行，或半自动闭塞区段发出由区间返回的列车等），根据列车调度员的命令，由两车站（线路所）车站值班员利用站间行车电话，以电话记录的方式办理闭塞。

（1）电话闭塞不论单线或双线，均按站间区间办理。

（2）使用电话闭塞法全靠人工控制，闭塞手续必须在查明区间空闲后方可办理。

（3）出站信号机不能开放，接发列车进路在一般情况下也失去联锁，除人工确认进路正确外，还需按规定对进路相关道岔加锁、填写行车凭证。

（4）为保证同一区间、同一线路、同一时间内不误用两种闭塞法，在停用基本闭塞改用电话闭塞法或恢复基本闭塞法时，均须根据列车调度员的调度命令办理。在列车调度员电话不通，得不到调度命令的情况下，应由该区间两端站的车站值班员确认区间空闲后，以电话记录办理。列车调度电话恢复正常时，两端站车站值班员应及时向列车调度员报告。

## 二、行车凭证

### 1.路票

使用电话闭塞法行车时，列车占用区间的行车凭证，单线、双线均为路票（见表5-5）。填写路票时，当发出挂有由区间返回后部补机的列车时，另发给补机司机路票副页，作为补机司机返回发车站的行车凭证。

**路　票**　　表5-5

路　票

电话记录第　　号

车　次________

延安 ➡ 延安北

延安站（站名印）　　编号123456

注：1.路票为预先印好区间（即站名）和编号的硬卡片；　　（规格75mm×88mm）

2.加盖㊖字戳记者，为路票副页。

**2. 路票的填发**

(1)填发时机。

为避免相对方向的两端站同时发出迎面列车,单线或双线反方向发车时,除根据“行车日志”等查明区间空闲外,还必须取得接车站的承认后,方可填发路票。双线正方向首列发车时,除查明区间空闲外,也应取得接车站的承认后,方可填发路票。

在双线正方向发车时(首列除外),不必取得接车站的承认,但应根据收到前次发出的列车已到达接车站的电话记录,在发车进路准备妥当后,方可填发路票。

(2)填发要求。

为了防止错填路票,原则上应由车站值班员亲自填写。因车站值班员作业繁忙或助理值班员室距离过远等原因时,可由《站细》指定的助理值班员填写,但应经车站值班员审核(可使用电话复诵核对,具体由《站细》规定),方可交付使用。

填写路票时,要内容齐全,字迹清楚,不得涂改。当填写错误时,应在路票上划“×”注销,重新填写。

使用路票必须选准使用的区间,正确填写电话记录号码、车次并加盖站名印。为防止双线反方向、两线或多线区间电话闭塞法行车时,错误办理列车方向,双线反方向行车时,应在路票上加盖“反方向行车”章,两线、多线区间使用路票时,应在路票上加盖“××线行车”章。

对由区间返回的列车,路票应填写往返车次。当发出挂有需由区间返回的后部补机的列车,应填路票一式两份(仅编号顺序不同),发给补机的路票右上角须加盖“㊪”字戳记作为副页,作为补机司机由区间返回时占用区间的行车凭证。

对使用完毕的路票,车站(线路所)值班员必须将其划“×”注销,以防废票肇事。

**3. 电话记录号码**

办理电话闭塞时,下列各项应发出电话记录号码,并记入“行车日志”:

(1)承认闭塞。

(2)列车到达,补机返回。

(3)取消闭塞。

(4)单线或双线反方向越出站界调车。

电话记录号码自每日零时起至24时止,按日循环编号,同一行车分界点发出的电话记录号码不得重复,编号办法由铁路局集团公司规定。

**4. 电话闭塞的办理手续**

(1)单线区间电话闭塞简要程序如表5-6。

(2)双线区间电话闭塞简要程序如表5-7。

**5. 行车日志**

“行车日志”是车站记录列车运行情况的原始资料。凡在车站办理列车到发、通过的一切列车(包括单机、大型养路机械及重型轨道车),均须在“行车日志”内记载。“行车日志”有三方面的作用:

(1)记载列车到发时刻,作为填记货车出入登记簿(运统4)的依据。

(2)记载列车运行实际情况,作为向列车调度员报告的资料。

(3)确认区间是否空闲的依据。

**单线区间电话闭塞简要程序** 表5-6

| 程序 | 车站 | |
|---|---|---|
| | 发车站 | 接车站 |
| 办理闭塞 | 1. 确认区间空闲后,请求闭塞:“××(次)闭塞” | |
| | | 2. 确认区间空闲及接车线可以接车,答:“电话记录×号,×时×分,同意×(次)闭塞。”同时记入“行车日志” |
| | 3. 复诵并记入“行车日志” | |
| 发车与接车 | 4. 准备发车进路 | |
| | 5. 填写路票并进行自检及互检 | |
| | 6. 将路票交给司机,指示发车。通知接车站:“××次×时×分发车”并向列车调度员报点 | |
| | | 7. 复诵并准备接车进路,开放信号接车 |
| 区间开通 | | 8. 列车到达收回路票划“×”注销,向发车站办理区间开通手续“电话记录×号,××次×时×分到,区间开通”并记入“行车日志”,向列车调度员报点 |
| | 9. 复诵“电话记录×号,××次×时×分到,区间开通”,并记入“行车日志” | |

**双线区间电话闭塞简要程序** 表5-7

| 程序 | 车站 | |
|---|---|---|
| | 发车站 | 接车站 |
| 预告发车 | 1. 根据前次发出列车到达接车站的电话记录号码预告开车:“××次预告” | |
| | | 2. 复诵:“××次预告”,并填写“行车日志” |
| | 3. 准备发车进路 | |
| | 4. 填写路票,并进行自检及互检 | |
| 发车与接车 | 5. 将路票交司机,指示发车 | |
| | 6. 通知接车站:“××次×点×分开”,填写“行车日志”并向列车调度员报点 | |
| | | 7. 复诵:“××次×点×分开”。准备进路,开放信号接车 |
| 区间开通 | | 8. 列车到达收回路票,划“×”注销,通知发车站:“电话记录×号,××次×时×分到,区间开通”并填写“行车日志”,向列车调度员报点 |
| | 9. 复诵:“电话记录×号,××次×时×分到,区间开通”并记入“行车日志” | |

# 任务6　一切电话中断时的行车

电话联络是行车工作的重要条件，车站在办理闭塞和接发列车时，都要通过电话与邻站及列车调度员进行联系。由于自然灾害和其他原因，造成车站行车室内的一切电话中断，无法与相邻车站（线路所）及列车调度员取得行车联络的特殊情况，即为一切电话中断。发生一切电话中断后，为了保证不间断行车，必须采用特殊的行车办法。

## 一、一切电话中断时的行车

### （一）行车办法及凭证

（1）在自动闭塞区间，如闭塞设备作用良好时，此时一切电话虽然中断，但车站值班员仍能从监督器上确认和监督列车运行情况，列车运行仍按自动闭塞法行车。车站可通过列车无线调度通信设备与列车司机直接联系，了解后续列车的运行情况等，列车在车站可不停车。当列车无线调度通信设备临时故障时，为加强联系，向司机交代情况，说明注意事项，列车必须在车站停车。

（2）单线行车按书面联络法。单线区间上、下行列车均在同一条区间正线上交替运行，一切电话中断后，区间两端站需通过书面联络，确定列车进入区间运行的顺序。

（3）双线行车按时间间隔法。由于双线区间运行的列车可分别固定在区间一条正线上运行，因此，一切电话中断后，区间两端站只准发出正方向列车。

（4）按书面联络法、时间间隔法行车时，列车进入区间的行车凭证为红色许可证，见表5-8。红色许可证包括占用区间的“许可证”和与邻站联络确定列车运行顺序的“通知书”，司机据此可了解本列车及前后列车运行等情况。

**红色许可证**　　　　表5-8

许　可　证

第____号

现在一切电话中断，准许第____次列车自____站至____站，本列车前于____时____分发出的第____次列车，邻站到达通知已/未收到。

通　知　书

1. 第____次列车到达你站后，准接你站发出的列车。

2. 于____时____分发出第____次列车，并于____时____分再发出第____ 次列车。

站（站名印）车站值班员（签名）

年　月　日　填发

注：1. 红色纸，复写一式两份，司机一份，存根一份；　　（规格90mm×130mm）

2. 不用的字句抹消。

### （二）书面联络法

**1.优先发车的车站**（即一切电话中断后有权发出第一趟列车的车站）

一切电话中断时，单线区间两端站是通过书面联络确定列车运行的先后顺序。但是，一切电话中断后第一个列车如果等待书面联络后发车，则将产生很长的等待时间；如果在取得书面联络前，区间两端站任意发车，将造成列车正面冲突。为此，单线区间在一切电话中断前需规定优先发车的车站，在一切电话中断后，可优先发出第一趟列车。下列车站可以优先发车：

（1）已办妥闭塞而尚未发车的车站。因车站已取得了发车权，故可优先发车。此时，若司机持有行车凭证时，则不再发给红色许可证，只发给与邻站确定下一个列车发车权的通知书。如无手持的行车凭证时，列车应持红色许可证开往邻站。

（2）未办妥闭塞时，单线区间为开下行列车的车站；双线改为单线行车时，为该线原定发车方向的车站；同一线路同一方向运行的列车，有上、下行两种车次时，铁路局集团公司规定优先发车的车站。

**2.书面联络的建立**

（1）优先发车的车站填发通知书，记明下次列车发车顺序，优先发车的车站发出的列车到达接车站后，接车站按通知书内容办理接发列车。至此，两站建立了书面联络。

（2）如果优先发车的车站无待发列车，应利用一切交通工具，迅速将红色许可证中的“通知书”送交非优先发车的车站，准许非优先发车的车站发车。

（3）发车前必须查明区间空闲

一切电话中断前发出的列车是按正常闭塞法行车的，如果列车未到达邻站，在电话中断后不确认区间空闲即按电话中断时的方法向区间发出列车，可能造成两个列车进入同一区间。前行列车被迫停车后根据原闭塞法的要求可能退行，亦可能不进行防护，因而给行车安全带来威胁。因此，无论单线还是双线，第一趟列车的发车站，在发出第一趟列车前必须查明区间空闲。

### （三）时间间隔法

时间间隔法是指前一列车由车站出发后，不论是否到达前方站，准许间隔一定的时间，再向该区间发出次一列车的行车办法。

双线按时间间隔法行车时，只准发出正方向的列车。非自动闭塞区间发出第一个列车时，在发车前应查明区间空闲。

**1.发出同方向列车的间隔时间**

电话中断后，无论单线或双线区间，均无法收到列车到达邻站的通知。发出同方向运行的列车，必须使两列车间保持一定的距离。两列车间隔时间为区间规定的运行时分另加3min，但当区间规定运行时分少于10min时，其两列车的间隔时间不得少于13min。这样，在一般情况下前行列车完全可以到达前方站，构成区间空闲。3min主要是接车站安排后行列车进路的时间，或前发列车在区间被迫停车的防护时间。

**2.一切电话中断时禁止发出的列车**

一切电话中断时，行车指挥和站间联系都很困难，因此，禁止发出下列列车：

(1)在区间内停车工作的列车(救援列车除外)。一切电话中断后,对列车在区间运行的情况很难掌握,如果发出在区间停车工作的列车,就可能影响邻站待发的重要列车出发。

(2)开往区间岔线的列车。开往区间岔线的列车开出后,如待其返回或继续开往前方站,再发出其他列车,占用区间的时间太长。从岔线返回时,也很难和车站联系。

(3)须由区间内返回的列车。这种列车要在区间内停车进行某种作业,占用区间时间长,返回时间不易掌握,将会影响待发的其他列车。

(4)挂有由区间内返回后部补机的列车。邻站无法掌握补机返回发车站的时间,邻站发出待发列车时,就不能确保行车安全。

(5)列车无线调度通信设备故障的列车。如果再发出列车无线调度通信设备故障的列车,会明显增加不安全因素。

#### (四)一切电话中断时区间封锁与开通

##### 1. 封锁区间

一切电话中断时间内,如因列车在区间发生事故或线路故障,造成行车中断时,必须立即组织救援和抢修,尽快恢复行车。如需封锁区间时,由接到请求的车站值班员,以书面(应加盖站名印及车站值班员签名或盖章)通知封锁区间的相邻车站。如需开行救援列车时,以车站值班员的书面命令(使用调度命令卷书写,见表5-9)作为进入封锁区间的凭证。

**调 度 命 令**　　　　表5-9

________年____月____日____时____分　　第____号

| 受令处所 | | 调度员姓名 | |
|---|---|---|---|
| 内容 | | | |

##### 2. 开通区间

抢修或救援工作完了,应及时开通封锁的区间。

(1)单线区间,由接到请求开通封锁区间的车站,在确认区间空闲(或线路恢复正常状态)后,以书面形式通知该区间的相邻车站,然后按一切电话中断行车办法行车。

(2)双线区间,接到请求开通封锁区间的车站,如本站向该区间的原定发车方向为正方向时,在确认区间空闲(或线路恢复正常状态)后,即可发车;如本站向该区间的原定发车方向不是正方向时,应以书面形式尽快通知相邻车站,恢复行车。

在电话联络恢复后,再将封锁区间事项报告列车调度员。

### 二、单线区间车站电话呼唤5min无人应答时的行车

单线区间的车站,经以闭塞电话、列车调度电话或其他电话呼唤5min无人应答时,应由列车调度员查明该站及相邻区间确无列车(包括单机、大型养路机械及重型轨道车)后,发布调度命令封锁不应答站的相邻两区间,按封锁区间办法向不应答站发出列车,列车凭调度命令进入区间。

由于事先不了解不应答站的情况,为保证进入封锁区间列车的安全,无论不应答站的进

站信号机是否开放，列车都必须在进站信号机外停车。判明不应答原因及确认接车进路准备妥当后，再行进站。列车进站后，司机或车站值班员应将经过情况报告列车调度员。若该站电话不通或不能使用时，列车继续运行至前方站，向列车调度员汇报。

## 复习思考题

1. 普速铁路基本闭塞法有哪几种？
2. 自动闭塞法行车时，列车进入第一闭塞分区的行车凭证是什么？
3. 自动站间闭塞法发出列车时，列车进入区间的行车凭证是什么？
4. 半自动闭塞法行车时的行车凭证及发给行车凭证的依据是什么？
5. 哪些情况需停用基本闭塞法改用电话闭塞法？
6. 办理电话闭塞时，哪些情况需发出电话记录号码？
7. 填写路票时应注意哪些问题？
8. 一切电话中断后发出列车的凭证是什么？
9. 一切电话中断后哪些列车禁止发出？
10. 试述单线区间车站呼唤5min无人应答时的行车办法？
11. “行车日志”作用有哪些？
12. 在出站信号机不能开放的情况下，列车从车站出发的行车凭证是什么？

# 项目6 列车运行

## 项目内容

本项目主要介绍普速铁路列车运行有关要求、接发列车、列车区间运行、救援列车开行等。

## 教学目标

**1. 能力目标**

能按有关规定，组织列车在车站、区间运行，实现列车按图行车。

**2. 知识目标**

了解接发列车的基本要求，掌握列车在车站、区间运行组织方法以及救援列车开行的特殊要求。

**3. 素质目标**

培养严谨的工作作风，自觉遵守严格的作业纪律。

## 任务1 列车运行认知

列车是指编成的车列并挂有机车及规定的列车标志。动车组列车为自走行固定编组列车。单机、大型养路机械及重型轨道车，虽未完全具备列车条件，亦应按列车办理。

### 一、列车尾部标志

为了保证旅客列车的运行安全，便于后续列车确认，列车尾部标志应使用电灯。为了加强灯具的保管、维修，动车组以外的旅客列车尾部标志灯的摘挂、保管由车辆部门负责。对中途转向的动车组以外的旅客列车，为了节省换挂标志灯的时间，应配有备用标志灯，确保列车能正点运行。动车组尾部标志灯不能摘挂，不需要对尾部标志灯进行摘挂、保管。

### 二、列车乘务组

根据各种列车的任务，编组内容和运行条件的不同，必须配备直接为列车服务的工作人员组成列车乘务组。

（1）动车组司机负责操纵动车组列车，机车乘务组负责操纵机车，完成列车牵引任务，负责本列车在区间的行车指挥工作。

（2）车辆乘务人员负责旅客列车、特快货物班列等列车途中车辆检修和处理故障工作。为便于动车组列车途中随时进行检修、处理故障，应配备随车机械师。

(3)客运乘务组负责组织旅客上、下车,保证车内卫生、提供旅客文化生活、饮食供应以及行李包裹的运送等服务工作。客运乘务组一般由列车长、列车广播员、列车员、列车行李员及餐车工作人员等组成。

## 三、动车组以外列车司机的要求

动车组以外的列车司机是机车乘务组的负责人,应带领乘务人员严格执行规章制度和操作规程,加强与车站、列车调度员的联系,正确、及时处理列车运行中发生的各种问题,确保列车运行安全正点。

动车组以外的列车司机在列车运行中,应做到:

(1)列车在出发前输入监控装置有关数据;按规定对列车自动制动机进行试验,在制动保压状态下列车制动主管的压力1min内漏泄不得超过20kPa,确认列尾装置作用良好。

装备机车综合无线通信设备的机车,开车前司机要选定机车综合无线通信设备通信模式和运行线路。在GSM-R区段运行时,机车综合无线通信设备、GSM-R手持终端按规定注册列车车次,并确认正确。

(2)遵守列车运行图规定的运行时刻和各项允许及限制速度。彻底瞭望,确认信号,执行呼唤应答制度,严格按信号显示要求行车,确保列车安全正点。遇有信号显示不明或者危及行车和人身安全时,应立即采取减速或者停车措施。

(3)机车信号、列车无线调度通信设备、列车运行监控装置(轨道车运行控制设备)和列尾装置应全程运转,严禁擅自关机。

运行途中,遇列尾装置、机车信号、列车运行监控装置(轨道车运行控制设备)发生故障时,司机应立即使用列车无线调度通信设备报告车站值班员或者列车调度员,并根据实际情况掌握速度运行;动车组列车按列车运行监控装置方式行车时,遇机车信号、列车运行监控装置(轨道车运行控制设备)发生故障时,司机应控制列车运行至前方站停车处理或者请求更换机车,在自动闭塞区间,列车运行速度不超过20km/h;遇列车无线调度通信设备发生故障时,司机应在前方站停车报告。

(4)起动稳,加速快,精心操纵,停车准确,按规定鸣笛,防止列车冲动和断钩。

(5)随时检查机车总风缸、制动主管的压力。检查内燃机车柴油机的润滑油压力、冷却水的温度及其转数等情况。注意电力机车的各种仪表的显示及接触网状态。

(6)在区间内列车停车进行防护、分部运行、装卸作业或者使用紧急制动阀停车后再开车时,司机应检查试验列车制动主管的贯通状态,确认列车完整,具备开车条件后,方可起动列车。

(7)单机、自轮运转特种设备在自动闭塞区间紧急制动停车或者被迫停在调谐区内时,司机应立即通知后续列车司机、向两端站车站值班员(列车调度员)报告停车位置(具备移动条件时司机应先将机车移动不少于15m),并在轨道电路调谐区外使用短路铜线短接轨道电路。

(8)等会列车时,不准关闭空气压缩机,并应按规定显示列车标志。

(9)负责货运票据的交接与保管。

(10)将列车运行中发生的问题及使用紧急制动阀的情况,及时报告列车调度员。

## 四、动车组列车司机的要求

动车组列车由司机负责指挥,应严格执行规章制度和操作规程,加强与车站、列车调度员的联系,正确、及时处理列车运行中发生的各种问题,确保列车运行安全正点。

(1)开车前司机要选定机车综合无线通信设备通信模式和运行线路,机车综合无线通信设备、GSM-R 手持终端按规定注册列车车次,并确认正确。装备列车运行监控装置的动车组列车还应按规定输入监控装置有关数据。

(2)遵守列车运行图规定的运行时刻和各项允许及限制速度。彻底瞭望,确认信号,执行呼唤应答制度,严格按信号显示要求行车,确保列车安全正点。遇有信号显示不明或者危及行车和人身安全时,应立即采取减速或者停车措施。

(3)机车信号、机车综合无线通信设备、列车运行监控装置、列控车载设备应全程运转,严禁擅自关机、隔离。运行途中,遇机车信号、列车运行监控装置(列控车载设备)发生故障时,司机应立即报告车站值班员或者列车调度员。动车组列车按列车运行监控装置方式行车时,遇机车信号、列车运行监控装置发生故障,应根据实际情况掌握速度运行,运行至前方站停车处理;在自动闭塞区间,机车信号、列车运行监控装置发生故障时,列车运行速度不超过 40km/h。动车组列车按列控车载设备方式行车时,遇列控车载设备发生故障,应根据调度命令停车转为列车运行监控装置控车方式或者隔离模式运行;转为隔离模式运行时,列车运行速度不超过 40km/h。

(4)运行途中,司机不能使用机车综合无线通信设备进行通话时,应立即使用 GSM-R 手持终端或者无线对讲设备报告车站值班员(列车调度员);如 GSM-R 手持终端及无线对讲设备也不能进行通话,司机应在前方站停车报告。

(5)起动稳,加速快,精心操纵,停车准确,按规定鸣笛。

(6)注意操纵台各种仪表及车载信息监控装置的显示。

(7)正常情况在列车运行方向最前端司机室操纵,非操纵端司机室门、窗及各操纵开关、手柄均应置于断开或者锁闭位。关闭非操纵端司机室机车综合无线通信设备电源。

(8)动车组列车停车后,应使列车保持制动状态。更换动车组司机(同向换乘除外)或者司机室操纵端、使用紧急制动停车、重联或者解编后再开车时,应进行相关试验。

(9)等会列车时,不准关闭辅助电源装置,并应按规定显示列车标志。

(10)将列车运行中发生的问题及使用紧急制动装置的情况,及时报告列车调度员。

## 五、车辆乘务人员的要求

车辆乘务人员应按技术作业过程的规定检查车辆,并参加制动试验。在列车运行途中,应监控车辆运用状态,及时处理车辆故障,并将本身不能完成的不摘车检修工作,预报前方站列检。前方站列检应积极组织人力修复车辆故障,保持原编组运用。是否摘车检修,由当地列检决定并处理。

车辆乘务员应配备列车无线调度通信设备及响墩、火炬、短路铜线、信号旗(灯)等防护用品,在值乘中还应做到:

(1)列尾装置故障时,列车出发前、停车站进站前和出站后,应按规定与司机核对列车尾部风压。

(2)列车发生紧急制动停车后,联系司机,检查车辆技术状态,可继续运行时通知司机开车。

(3)向司机通报使用紧急制动阀的情况,并协助司机处理有关行车事宜。

## 六、随车机械师的要求

(1)随车机械师应按技术作业过程的规定检查动车组。

(2)在列车运行途中,应监控动车组设备技术状态,及时处理车辆故障,经处置确认无法正常运行时,通知司机选择维持运行或者停车。

(3)随车机械师应配备GSM-R手持终端和无线对讲设备及响墩、火炬、短路铜线、信号旗(灯)等防护用品,在值乘中还应做到:

①列车发生紧急制动停车后,联系司机,检查车辆技术状态,可继续运行时通知司机开车;

②向司机通报使用紧急制动装置的情况,并协助司机处理有关行车事宜。

## 七、车机联控的要求

"车机联控"是车务、机务等行车有关人员使用列车无线调度通信设备,按规定联络,提示行车安全信息、确认行车要求的互控方式。接发列车作业中,车务、机务等行车有关人员应按车机联控的有关规定执行。

## 八、紧急制动阀(紧急制动装置)的使用

遇下列情况,车辆乘务员、客运乘务组应使用紧急制动阀(紧急制动装置)停车:

(1)车辆燃轴或者重要部件损坏。

(2)列车发生火灾。

(3)有人从列车上坠落或者线路内有人死伤。

(4)其他危及行车和人身安全必须紧急停车时。

为慎重使用及便于检查紧急制动阀使用情况,平时在阀手把口施有铅封。在使用紧急制动阀时,不必先行破封,直接将阀手把向全开位置拉动,直到全开为止。在拉动过程中不得停顿和关闭阀手把,中途关闭会造成列车中部分车辆处于制动,部分车辆处于缓解,容易发生列车断钩。遇弹簧手把时,在列车完全停车以前,不得松手。在长大下坡道上,必须先看制动主管压力表,如压力表指针已由定压下降100kPa时,不得再行使用紧急制动阀(遇折角塞门关闭时除外)。

动车组列车运行速度高,遇上述情况时,随车机械师、客运乘务组等列车乘务人员应立即报告司机采取停车措施,以避免使用紧急制动装置给动车组带来损害;来不及报告时,应使用客室紧急制动装置停车。

列车乘务人员应将使用紧急制动阀(紧急制动装置)的情况报告司机。

## 九、天气恶劣时有关行车要求

### (一)天气恶劣难以辨认信号时的行车

遇天气恶劣,进站、出站、进路及自动闭塞区间通过信号机等指示列车运行的信号机显

示距离不足200m，车站值班员或司机应将天气恶劣情况及发生地点报告列车调度员，列车调度员发布调度命令，改按天气恶劣难以辨认信号的办法行车。天气转好时亦由车站值班员或司机报告列车调度员，列车调度员发布调度命令恢复正常行车。

（1）列车按机车信号显示运行。当接近地面信号机时，司机应确认地面信号，地面信号与机车信号显示一致时，正常运行；显示不一致时，应立即采取减速或者停车措施。

（2）当无法辨认出站（进路）信号机显示时，在列车具备发车条件后，司机凭车站值班员列车无线调度通信设备（其语音记录装置应作用良好）的发车通知起动列车，在确认出站（进路）信号机显示正确后，再行加速。

**（二）汛期暴风雨行车应急处理**

工务部门应根据现场环境、气候特点、设备状况等并结合历年防洪经验，确定并公布防洪重点地段，防洪重点地段一般为汛期灾害多发区域，如洪水、泥石流、山体滑坡、塌方落石等，线路、桥隧、路基、道床等稳定性会受到影响。

（1）列车通过防洪重点地段时，司机要加强瞭望，并随时采取必要的安全措施。

（2）当洪水漫到路肩时，列车应按规定限速运行；遇有落石、倒树等障碍物危及行车安全时，司机应立即停车，并通知相邻车站值班员，排除障碍并确认安全无误后，方可继续运行。

（3）列车遇到线路塌方、道床冲空等危及行车安全的突发情况时，司机应立即采取应急性安全措施，并立刻通知追踪列车、邻线列车及邻近车站。配备列车防护报警装置的列车应首先使用列车防护报警装置进行防护。

## 十、双管改单管供风时的要求

双管供风旅客列车采用列车制动主管和列车总风管分别供风，其中列车制动主管负责车辆副风缸的供风，主要承担列车制动的供风，列车总风管负责车辆空气弹簧、车门开关以及集便器的供风。

（1）运行途中发生双管供风设备故障或用单管供风机车救援接续牵引需改为单管供风时，双管改单管作业应在站内进行。

（2）旅客列车在区间发生故障需双管改单管供风时，由车辆乘务员通知司机向列车调度员（车站值班员）提出在前方站停车处理的请求，并通知司机以不超过120km/h速度运行至前方站。列车调度员发布双管改单管供风的调度命令，车辆乘务员根据调度命令在站内将客车风管路改为单管供风状态。

（3）旅客列车改为单管供风跨局运行时，由发布调度命令的铁路局集团公司通知有关铁路局集团公司，按单管供风办理，直至终到站。

## 十一、动车组行车的要求

**（一）动车组故障时的行车**

动车组运行中发生设备故障时，司机应根据车载信息监控装置的提示，按步骤及时处理；需要由随车机械师处理时，司机应通知随车机械师。经处置确认无法正常运行时，司机应按车载信息监控装置提示和随车机械师的要求，选择维持运行或停车等方式，并报告列车调度员（车站值班员）。

在动车组运行中，司机发现或得到车载轴温系统轴温（热轴）报警时，应立即停车；当接到地面红外线轴温探测系统的热轴预报，经随车机械师根据车载轴温检测系统确认轴承温度超过报警温度时，司机应立即停车，向列车调度员（车站值班员）报告。

**（二）动车组重联和解编**

动车组列车重联后，司机应到动车组列车运行方向的操纵端，按规定程序作业后激活驾驶台，确认车载信息监控装置重联后的显示状态。根据所担当列车车次在列车运行监控装置（列控车载设备）内输入相关参数，并选择 CIR 通信模式（运行线路），按规定进行车次注册。

重联动车组列车解编操作，主动车组必须一次移动 5m 以上距离后方可停车。根据动车组运行方向（同方向发车或背向发车）及所担当列车车次在列车运行监控装置（列控车载设备）输入相关参数，并选择 CIR 通信模式（运行线路），按规定进行车次注册。

**（三）动车组的回送要求**

（1）动车组回送按旅客列车办理，原则上采用自走行方式。无动力回送时可根据回送技术条件加挂回送过渡车，使用客运机车牵引，回送过渡车应挂于机后第一位。8 辆编组的动车组可两列重联回送。未装备列车运行监控装置的动车组需在 CTCS-0/1 级区段回送时，应采取无动力回送方式。

（2）动车组回送运行时，应安排动车组司机及随车机械师值乘。有动力回送时，非担当区段应指派带道人员。

（3）动车组回送不进行客列检作业。

（4）动车组安装过渡车钩回送时，按规定限速运行，尽可能避免实施紧急制动。发生紧急制动后，本务司机应通知随车机械师，经随车机械师检查过渡车钩状态良好后方可继续运行。

（5）动车组回送时，相关动车段（所）、造修单位应提出限速、回送方式（有动力、无动力）、可否折角运行等注意事项。

**（四）CTCS-0/1 级区段未装备 LKJ 的动车组运行要求**

未装备列车运行监控装置的动车组在 CTCS-0/1 级区段按机车信号模式运行时，应严格执行以下要求：

（1）以地面信号机显示为行车凭证，最高运行速度不超过 80km/h。线路允许速度低于 80km/h 的区段由司机控制列车运行速度。运行中加强对地面信号瞭望和确认。

（2）遇地面信号机未开放或显示不明时，及时采取停车措施。

（3）运行区段有低于 80km/h 的运行揭示或临时限速调度命令时，司机应认真确认地面限速标志，人工控制列车运行速度。

**（五）动车组通过小半径曲线的要求**

动车组一般情况下不得通过半径小于 250m 的曲线，通过曲线半径为 300m 曲线时，限速 35km/h；通过曲线半径为 250m 曲线时，限速 30km/h；特殊情况通过曲线半径为 200m 曲线时，限速 25km/h；通过 6 号对称双开道岔时限速 15km/h；不得侧向通过小于 9 号的单开道岔和小于 6 号的对称双开道岔。

## 十二、列车运行限制速度

为了保证列车安全运行，司机在操纵机车、动车组时，应注意不使列车超过规定的限制速度。根据信号的显示、机车牵引方式和接车线的特点，分别规定了不同情况下列车运行的限制速度(见表6-1)。

列车运行限制速度表　　表6-1

| 项　　目 | 速度(km/h) |
|---|---|
| 四显示自动闭塞区段通过显示绿黄色灯光的信号机 | 在前方第三架信号机前能停车的速度 |
| 通过显示黄色灯光的信号机及位于定位的预告信号机 | 在次一架信号机前能停车的速度 |
| 通过显示一个黄色闪光灯光和一个黄色灯光的信号机 | 该信号机防护进路上道岔侧向的允许通过速度 |
| 通过减速地点标 | 标明的速度，未标明时为25 |
| 推进 | 30 |
| 退行 | 15 |
| 接入站内尽头线，自进入该线起 | 30 |

## 十三、登乘机车、动车组的规定

机车、动车组乘务组以外人员，登乘机车、动车组司机室时，凭登乘证件，在不影响乘务人员工作的前提下，经检验准许后方可登乘。

## 十四、特殊行车组织办法

特大桥梁、长大隧道、轮渡、装备区域联锁设备区段、装备列控设备区段、调度集中区段和重载列车、组合列车的特殊行车组织办法，铁路局集团公司应根据具体设备条件和作业组织需要规定。

# 任务2　接 发 列 车

## 一、接发列车工作的要求

### 1. 接发列车工作的基本任务

接发列车工作是铁路运输生产活动的一项重要内容，是列车运行过程中不可缺少的重要环节，所有列车都需经过发车和接车作业，方能进入区间运行或接入站内进行各项技术作业。因此，严格按照列车运行图规定的时刻，安全、正点、不间断地接发列车，是车站行车工作的主要任务。

### 2. 接发列车工作的主要内容及人员分工

接发列车工作的主要内容有：办理闭塞(预告)、布置与准备进路、开闭信号、交接凭证、接送列车、发车。参与车站接发列车工作的人员有：车站值班员、助理值班员、信号员或扳道员。车站值班员是接发列车工作的统一组织者和指挥者,接发列车有关人员必须服从车站值班员的统一指挥。

上述接发列车工作,原则上由车站值班员亲自办理。由于设备条件(如设备分散,又无集中控制设备)或业务量(如行车方向多或列车集中到发)等原因,由车站值班员一人亲自办理确有困难时,除布置进路(包括听取进路准备妥当的报告)外,其他各项工作可指派助理值班员、信号员或扳道员办理。助理值班员、信号员、扳道员参与接发列车作业的分工,应在《站细》内规定。

车站值班员接到邻站列车预告后,按《站细》规定及时通知有关人员到岗接车,站内平过道应加强监护。

**3. 车站值班员的要求**

办理闭塞和做好接发列车的准备工作,是保证列车安全运行的重要环节,车站值班员必须认真做到:

(1)办理闭塞时,必须确认区间空闲。车站值班员在办理闭塞时,必须确认区间空闲。例如采用半自动闭塞设备,因区间无轨道电路,一旦列车在区间丢车,设备也反映不出来,如不认真确认列车是否整列到达,待列车压过接车轨道电路,就可以办理区间开通,再向区间发出列车,这是非常危险的。至于电话闭塞,因无设备控制,一旦疏忽,就更有可能向占用区间发车。因此,车站值班员在接发列车工作中,首先要把好办理闭塞时确认区间空闲这一关。

确认区间空闲的办法,主要是通过闭塞设备、"行车日志"、各种表示牌,以及有关人员的情况报告等,确认前次列车是否全部到达,补机是否返回,出站(跟踪)调车是否完毕,以及有无区间封锁和轻型车辆占用等。

(2)布置进路要正确及时。车站值班员布置接发车进路时,必须向有关人员讲清接发列车的车次、占用线路,即某次接入某道或由某道出发。如车站一端有两个及其以上列车运行方向或双线反方向行车时,还要讲清方向、线别。布置进路的要求是:

①按《站细》规定的时间,正确及时地布置进路。

②布置进路应使用"接发列车作业"标准规定用语,要求简明清楚,不得简化。布置进路的命令,不准与其他作业的命令、通知一起下达,以防混淆。如车站衔接方向有两条及以上运行线时,布置进路除讲明方向还应讲清经由线别。

③为防止布置进路时有关人员错听,受令人员必须复诵。车站值班员要认真听取复诵,核对无误,方可命令"执行"。

(3)接发列车前必须认真检查确认的事项:

①为了防止向占用线路接车,车站值班员必须在接车前认真检查、确认接车线路空闲。具体检查确认办法,按"接发列车作业"标准和《站细》等有关规定执行。

②必须亲自或通过有关人员确认影响进路的调车作业已经停止。不及时停止影响接发列车进路的调车工作,就有可能造成到达列车站外停车或出发列车晚点,甚至可能使列车与正在调车的机车车辆发生冲突事故。

上述工作完毕后,方可开放进站信号机,准备接车,或开放出站信号机,交付行车凭证,在确认旅客上下、行包装卸和列检作业、客车给水、吸污等作业完毕后发车。

### 4. 扳道、信号操纵人员的要求

扳道、信号操纵人员必须按车站值班员布置的接发列车进路命令和调车作业计划，正确、及时地准备进路，保证安全、迅速地接发列车和调车作业。

（1）扳道、信号操纵人员，在扳动道岔、操纵信号时，要眼看、手指、口呼，要认真执行“一看、二扳（按）、三确认、四显示（呼唤）”制度。

“一看”：看道岔标志、信号手柄（按钮）位置。

“二扳（按）”：将道岔、信号扳（按）至所需位置。

“三确认”：扳（按）完道岔、信号手柄（按钮）后，通过表示灯或标志确认有关进路道岔开通位置是否正确；手动道岔确认闭止块是否“落槽”，确认信号开放、关闭状态是否正确。

“四显示（呼唤）”：确认无误后，就地显示规定的信号或按规定执行呼唤制度。

扳动道岔、操纵信号，执行“一看，二扳（按）、三确认、四显示（呼唤）”的同时，要执行“眼看、手指、口呼”的制度。

（2）扳道、信号操纵人员于接发车进路准备完了或信号开放后，应及时向车站值班员报告进路准备情况（能从设备上确认的除外），报告用语按“接发列车作业”标准等有关规定办理。

## 二、列车进路

### 1. 接车进路

接入停车列车时，接车进路由进站信号机起至接车线末端计算该线路有效长的警冲标或出站信号机止的一段线路（图 6-1）。有延续进路时，延续进路为接车进路的一部分。

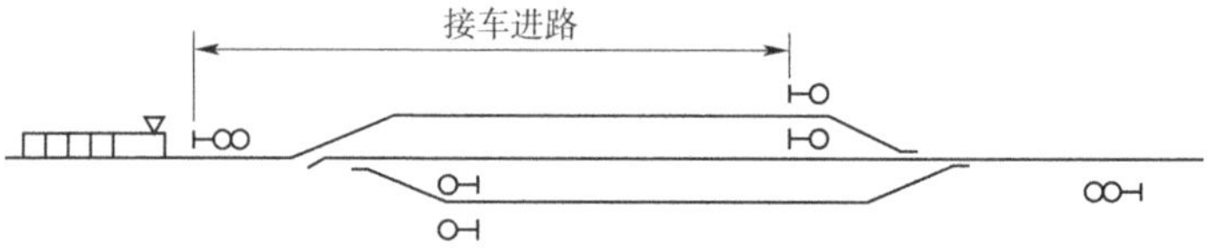


图 6-1　接车进路

### 2. 发车进路

发出列车时，发车进路是由列车前端起至相对方向进站信号机或站界标止的一段线路（图 6-2）。

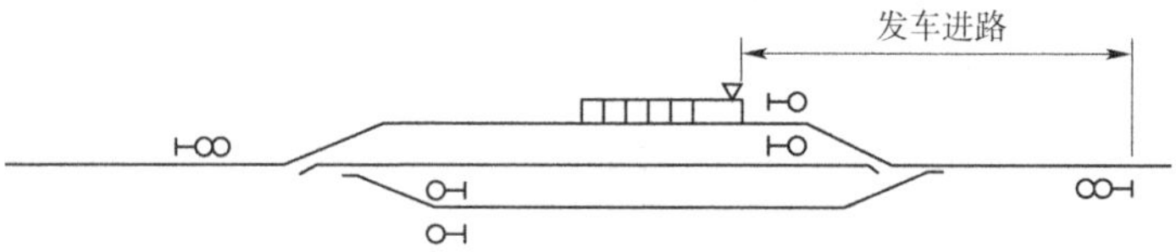


图 6-2　发车进路

### 3. 通过进路

列车通过时，通过进路为该列车通过线两端进站信号机或站界标间的一段线路（图 6-3）。

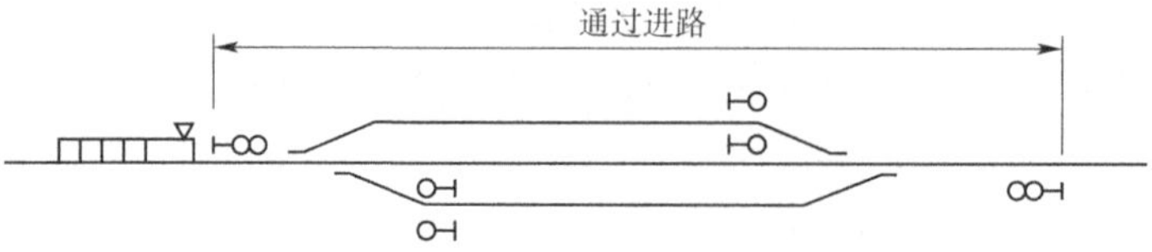


图 6-3　通过进路

## 三、接发列车线路使用原则

为保证安全和正确地接发列车，便于进行列车技术作业，接发列车应在正线或到发线上办理，并遵循下列原则：

(1)旅客列车、挂有超限货物车辆的列车，应接入规定线路。

为便于旅客乘降、行包装卸及客车上水等工作，办理客运业务的旅客列车应接入靠近站台等《站细》规定的线路。

超限货物的宽度或高度超出机车车辆限界，与邻近的设备、建筑物或邻线的机车车辆有刮撞的可能，甚至会影响邻线列车运行安全，为保证列车安全运行和货物完整，不损坏设备和建筑物，必须将挂有超限货物车辆的列车接入符合《站细》规定专门接发超限货物列车的线路。

(2)动车组列车在车站办理客运业务时，须固定股道、固定站台、固定停车位置。

遇设备故障、自然灾害、列车晚点等不可抗力原因必须调整动车组列车固定股道时，必须经调度所值班主任(值班副主任)准许，不发布调度命令。

(3)动车组列车、特快旅客列车应在正线上办理通过，其他通过的列车原则上应在正线上办理通过。

正线线路条件好，道岔一般处于直向位置，允许速度高，可以保证司机有良好的瞭望条件。

(4)原规定为通过的旅客列车由正线变更为到发线接车及动车组列车、特快旅客列车遇特殊情况必须变更基本进路时，须经列车调度员准许，并预告司机；如来不及预告时，应使列车在站外停车后，再开放信号机，接入站内。动车组列车遇特殊情况须变更办理客运业务的股道时须经调度所值班主任(值班副主任)准许。

原规定为通过的旅客列车由正线变更为到发线接车时，列车要从经道岔直向改为经道岔侧向运行。经道岔直向运行时允许速度高，而经侧向运行时允许速度低，如司机没有思想准备，列车由正线经道岔直向通过改为到发线经道岔侧向接车，可能难以降低到要求的速度，容易超速运行，带来安全隐患。动车组列车、特快旅客列车较其他旅客列车运行速度和等级高，应按基本进路办理，当车站因特殊原因必须变更基本进路时，列车运行进路上的速度要求可能会发生变化，应告知司机提前做好准备。

因此，为保证旅客列车运行安全，原规定为通过的旅客列车由正线变更为到发线停车、通过及动车组列车、特快旅客列车遇特殊情况必须变更基本进路时，必须经列车调度员准许，并预告司机，以便司机做好降低速度的准备。如来不及预告司机时，不得开放进站信号，使列车在站外停车后再开放进站信号，把列车接入站内。

## 四、正线、到发线停留车辆

为了实现列车按图行车，车站值班员应保证有不间断接车的空闲线路。为此，车站值班员必须加强与列车调度员的联系，随时了解列车运行情况，正确合理运用接发列车线路：

**1. 正线上不应停留车辆**(尽头式车站除外)

正线是列车通过车站的线路，正线上停留车辆会影响列车运行，无特殊情况不应在正线上停留车辆。尽头式车站不办理列车通过,其正线可按到发线使用。

**2. 到发线停留车辆须经批准并应采取安全措施**

在车站到发线上停留车辆时,须经车站值班员准许方可占用;中间站的到发线经常办理列车会让,若必须停留车辆时,除须经车站值班员准许外,并须得到列车调度员的准许。

## 五、相对方向同时接车及同方向同时发接列车

在车站接发列车工作中,经常会遇到两个列车在站内相对方向同时接车或同方向同时发接列车的情况。为保证接发列车作业的安全,车站应根据进站方向的坡度,接车线末端有无隔开设备、闭塞方式及列车性质,确定车站能否办理相对方向同时接车或同方向同时发接列车。

**1. 相对方向同时接车**

自车站一端开放进站信号机至列车全部进入接车线警冲标内停妥的时间内,也开放另一端的进站信号机,接入相对方向的列车,如图 6-4 所示。

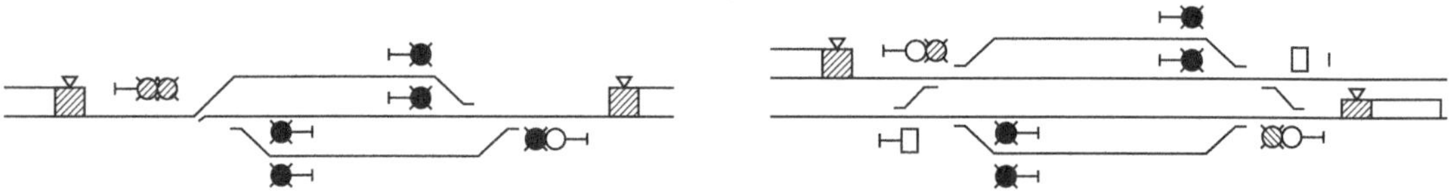

图 6-4　相对方向同时接车

**2. 同方向同时发接列车**

自车站一端开放出站(进站)信号机至列车全部出站(进入接车线警冲标内方停妥)的时间内也开放另一端进站(出站)信号机,接入(发出)相同方向的列车,如图 6-5 所示。

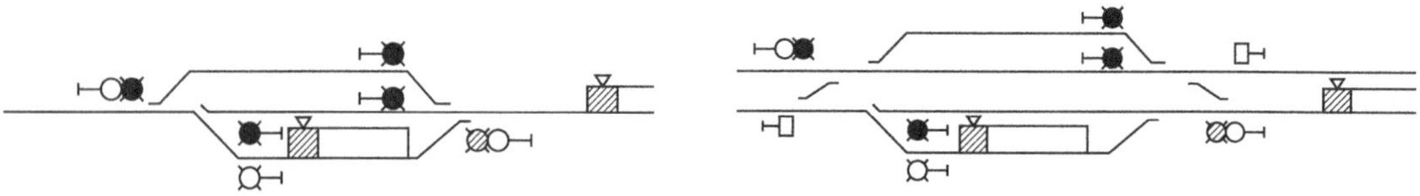

图 6-5　同方向同时发接列车

**3. 隔开设备**

将一条进路与另一条进路隔离开,使两条进路的接发列车作业彼此不干扰的设备。隔开设备包括安全线、避难线及平行进路和能起隔开作用的有联锁的防护道岔。

相对方向同时接车时,当一端列车未全部进入接车线警冲标内方,而另一端列车越过接车线末端警冲标,若无隔开设备就有发生冲突的可能;同方向同时发接列车时,当发出列车尚未全部驶出车站,而另一端进站列车越过接车线末端的警冲标,若无隔开设备,也可能发生冲突。因此,为保证车站接发列车的效率和作业安全,应根据进站方向的线路坡度、接车线末端有无隔开设备、列车及车站的性质等确定能否办理相对方向同时接车或同方向同时发接列车。

**(一)禁止办理相对方向同时接车和同方向同时发接列车的情况**

(1)进站信号机外制动距离内,进站方向为超过 6‰的下坡道,而接车线末端无隔开设备如图 6-6、图 6-7 所示。

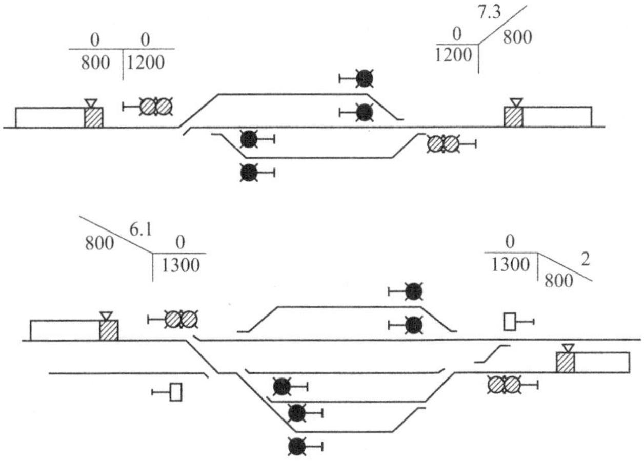


图 6-6 禁止相对方向同时接车示意图

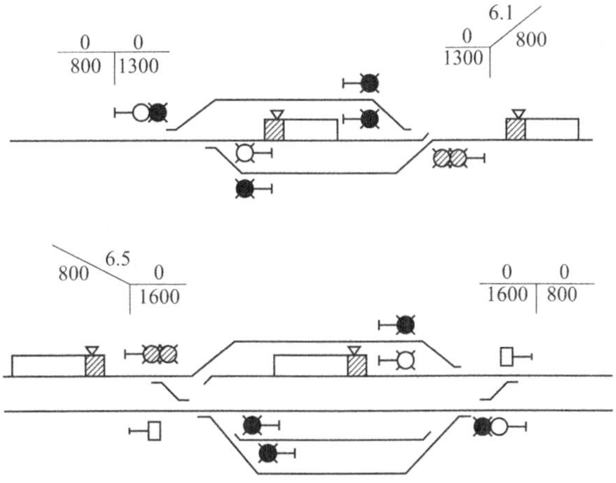


图 6-7 禁止同方向同时发接列车示意图

列车在超过 6‰的下坡道运行时,下滑力超过运行阻力。如司机不能正确施行制动,列车进站时可能越过接车线末端警冲标。若接车线末端无隔开设备,就有可能与正在进站的对向列车或正在出站的同向列车发生冲突。

进站信号机外制动距离内的坡度为换算坡度,即平均坡度减去曲线阻力的当量坡度。超过 6‰的坡度由工务部门提供,在《行规》内公布。

(2)在接、发旅客列车的同时,接入列车运行监控装置或者轨道车运行控制设备发生故障的列车、制动力部分切除的动车组列车而接车线末端无隔开设备。

(3)车站应将不能办理相对方向同时接车和同方向同时发接列车的情况纳入《站细》。

**(二)不能同时接车和不能同时发接列车的处理**

相对方向两列车同时接近车站而不能同时接车时,应先将一个方向的列车接入站内停于接车线末端警冲标内方后,再接入另一列车。在确定先后顺序时,应先接如下列车:

(1)不适于在站外停车的列车。

(2)在站外停车后起动困难的列车。

(3)后面有续行列车的列车。

其他情况应汇报列车调度员后遵照列车等级顺序的原则执行，亦可根据列车调度员指示办理。

## 六、引导接车

### （一）需要引导接车的情况

（1）进站或接车进路信号机不能使用时。

①进站、接车进路信号机故障或联锁装置失效；

②进站、接车进路信号机施工停用；

③向进站、接车进路信号机联锁范围以外的线路上接车。

（2）在双线区间由反方向开来的列车（包括区间返回列车、补机、退回的列车）而无进站信号机时。

### （二）引导接车方法

**1. 使用引导信号接车**

当接车进路准备妥当后，按压引导信号按钮，开放引导信号，列车头部越过引导信号机后，引导信号关闭。

**2. 须派引导人员接车的情况**

（1）进站、接车进路信号机未装设引导信号或构不成引导信号时。

（2）在双线区间由反方向开来的列车而无进站信号机时。

（3）施工停电时。

引导人员应站在引导员接车地点标处（未设者，引导人员应在进站信号机、进路信号机或站界标外方），显示引导手信号接车，列车头部越过引导信号，即可收回引导手信号。

### （三）引导接车注意事项

引导接车，一般是在特殊情况下进行的，此时，如放松有关行车条件及限制，往往留下安全隐患。

（1）引导人员接车时须取得列车调度员的命令。

（2）引导接车前，应确认接车进路空闲，有关道岔位置正确和敌对信号未开放。

（3）进路准备妥当后，应将进路上无联锁的有关对向道岔及邻线上能进入该进路的防护道岔按《站细》规定办法加锁。

（4）列车应以不超过 20km/h 的速度进站，并做好随时停车的准备。

（5）列车头部越过引导（手）信号，即可关闭信号或收回引导手信号。

## 七、无联锁（包括联锁失效）接发列车进路的准备

在无联锁线路上接发列车时，车站值班员除严格按接发列车手续办理外，并应将进路上的无联锁的有关对向道岔及邻线上的防护道岔加锁。进路上无联锁的分动外锁闭道岔无论对向或顺向，均应对密贴尖轨、斥离尖轨和可动心轨加锁。

**1. 对向道岔、防护道岔的确认**

（1）对向道岔：列车由尖轨向辙叉运行时，该道岔对运行的列车来说为对向道岔。列车

经辙叉向尖轨运行时,该道岔对运行的列车来说为顺向道岔。当对向道岔位置错误时,可能使列车进入不该进入的线路,与该线内的机车、车辆发生冲突,引起严重后果。

图 6-8 所示为某站上行咽喉示意图。上行列车进 6 道,进路上应加锁的对向道岔为 10、14、20、22、24 号道岔。当下行列车由 3 道发车时,进路上应加锁的对向道岔为 12 号道岔。

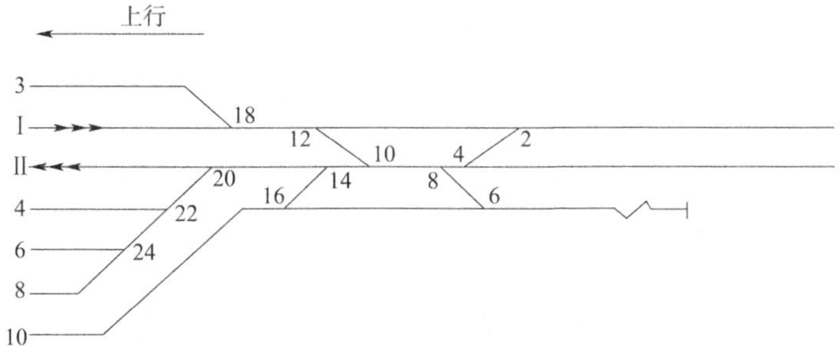


图 6-8 某站上行咽喉示意图

(2)防护道岔:能将邻线上的进路与本线上的接发列车进路隔开的道岔,叫防护道岔。若其开通位置错误,则可能造成邻线上的机车车辆闯入接发列车进路。由于进路不同,邻线上防护进路的道岔也不同。如图 6-8 中,上行列车进 6 道停车,防护道岔为 2、6、12、16 号道岔;下行列车由 3 道发车时,其防护道岔为 10、4 号道岔。

**2. 加锁办法**

(1)非集中联锁的车站:道岔的转换是通过转辙机械由人工就地操纵的。图 6-8 中,2/4、6/8、10/12、14/16 均为渡线两端道岔(联动道岔),用双动转辙机械操纵。当联锁失效时,渡线两端任何一组道岔人工加锁后,该联动道岔即不能扳动。因此,扳道人员可根据自己所在位置与道岔的距离,就近对渡线两端任一道岔进行加锁。如 2、6、10、14 号道岔需加锁时,扳道员亦可锁闭 4、8、12、16 号道岔。此时,2/4、6/8、10/12、14/16 已全部加锁,可以防止被扳动。图 6-8 中,当上行列车进 6 道时,此时需加锁的道岔为 2/4、6/8、10/12、14/16、20、22、24 号道岔。

(2)集中联锁的车站,道岔的转换是由电动转辙机带动的。渡线两端道岔,是由两组电机单独动作带动的。当改为就地操纵时,需用手摇把单独操纵渡线两端道岔,加锁时也要对防护道岔及对向道岔单独加锁。在图 6-8 中,当列车接入车站 6 道时,需加锁的道岔是 10、14、20、22、24 号(对向道岔)及 2、6、12、16 号(防护道岔)。

**3. 分动外锁闭道岔加锁方法**

进路上无联锁的分动外锁闭道岔无论对向或顺向,均应对密贴尖轨、斥离尖轨和可动心轨加锁。加锁方法如下:

(1)对道岔密贴尖轨,应在第一锁闭杆处不超过 0.5m 适当位置加密贴勾锁器并加挂锁。

(2)斥离尖轨的加锁办法:

①使用提速道岔顶锁器 A、B 两副进行勾顶。

②A 副与 B 副分别安装在斥离尖轨的第一牵引点(A 动)和第二牵引点(B 动)前或后枕木盒处、基本轨与斥离尖轨之间,控制斥离尖轨不能任意移动。

(3)对可动心轨分动外锁闭的道岔,除按上述方法钩锁外,同时应在可动心轨上加密贴勾锁器并加挂锁。

**4. 道岔加锁装置**

道岔加锁装置包括:锁板、勾锁器、闭止把加锁及带柄标志加锁。

## 八、站内无空闲线路时的接车

车站无空闲线路是指车站正线、到发线及符合接车条件的线路,均有车占用(包括因故障封锁的线路)。

**1. 对接入列车的限制**

在站内无空闲线路的特殊情况下,只准接入为排除故障、事故救援、疏散车辆等所需要的救援列车、不挂车的单机及重型轨道车。

**2. 接车办法**

(1)接车前,车站值班员应亲自或派人确认接车线停留车位置和空闲地段的长度,并通知接车线内停留的机车、重型轨道车司机禁止移动位置。

(2)接车时不开放进站信号机,也不使用引导接车办法,接车人员应站在进站信号机(或站界标)外方。所接列车在站外停车,由接车人员通知司机接车线路、停留车位置、列车停车地点及其他注意事项,然后接车人员登乘机车,以调车手信号旗(灯)按调车办法将列车领入站内。

## 九、信号机开闭时机和取消发车进路

严格按规定时机开闭信号机,是保证安全正点接发列车的一项重要工作。因此,在《站细》内应明确规定信号开闭时机。

信号开放后,即锁闭有关进路上的道岔,信号关闭后,有关道岔即解锁。所以信号开放过早,会提前占用咽喉区,影响调车作业及其他工作;开放过晚,会造成列车在信号机外减速或停车,不仅影响正点率,而且威胁安全。因此,信号机开放时机,应是列车正点到达车站或从车站出发前的一个合理时间。

计算进站信号机开放时机时,主要是确定列车运行进站距离所需的时间,如图6-9所示。

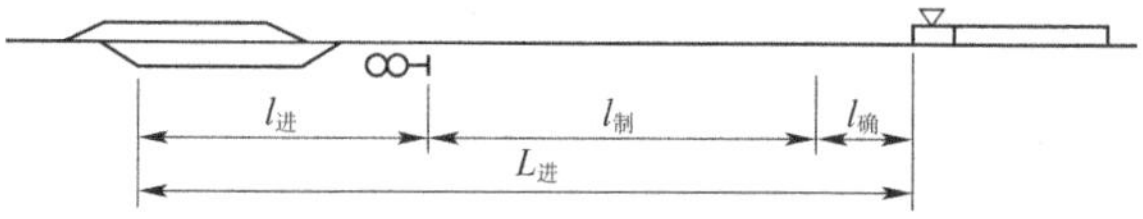


图6-9 进站信号机开放时机示意图

$l_{确}$-司机确认进站信号机或预告信号机显示时间内所走行的距离(m);$l_{制}$-为该站进站信号机前规定的制动距离(m);$l_{进}$-进站信号机至接车线末端出站信号机或警冲标的距离(m);$L_{进}$-列车通过的进站距离(m)

用分析计算法计算开放进站信号机时机的公式如下:

$$\begin{aligned} t_{开} &= t_{到} - t_{进} \\ &= t_{到} - 0.06(l_{确} + l_{制} + l_{进})/v_{进} \\ &= t_{到} - 0.06L_{进}/v_{进} \end{aligned}$$

式中:$t_{开}$——列车到达车站前最晚开放进站信号机的时刻;

$t_{到}$——按规定列车到达车站的时刻;

$t_{进}$——列车走完进站距离($L_{进}$)的时间(min);

$v_{进}$——列车走完进站距离的平均速度(km/h);

0.06——将 km/h 化成 m/min 的系数。

在一般情况下,考虑列车运行可能早到,应附加一定时间,适当提前开放进站信号的时机。

发车时,车站值班员开放出站信号,应能保证完成包括确认出站信号机的显示、显示及确认发车信号等作业所需的时间,使列车由车站按规定时刻出发,这就是开放出站信号机的时机。

非集中联锁的车站,关闭信号机过早,有可能危及行车安全;关闭过晚,会妨碍其他进路的准备,影响车站工作效率。因此,车站值班员必须严格按规定关闭信号。

遇特殊情况需取消发车进路时,车站值班员必须通知发车人员。严禁车站值班员在没有通知发车人员的情况下,关闭已开放的出站信号机。如已开放信号或发车人员已通知司机发车,而列车尚未起动时,还应通知司机,待司机明了,对司机持有行车凭证的,应收回行车凭证后,方可取消发车进路。当出发列车已经起动时,禁止取消发车进路。

## 十、列车进站停车的要求

(1)列车进站后,应停于接车线警冲标内方,以防止侧面冲突及影响邻线接发列车和调车作业。在设有出站信号机的线路上,列车头部不得越过该信号机。

(2)列车进站后,车站应确认列车尾部是否进入警冲标内方或是否过轨道绝缘。如没有进入警冲标内方或压轨道绝缘时,应使用列车无线调度通信设备等通知司机或向司机显示向前移动信号,指挥列车移动到警冲标或轨道绝缘内方停车。

(3)当超长列车尾部停在警冲标外方,相对方向需接入列车时,而在进站信号机外制动距离内为超过6‰的下坡道,接车线末端又无隔开设备时,为了防止对向列车进站后由于司机操纵不当越过出站信号机或警冲标,与超长列车发生冲突,必须使对向列车在站外停车后,再接入站内,如图6-10所示。

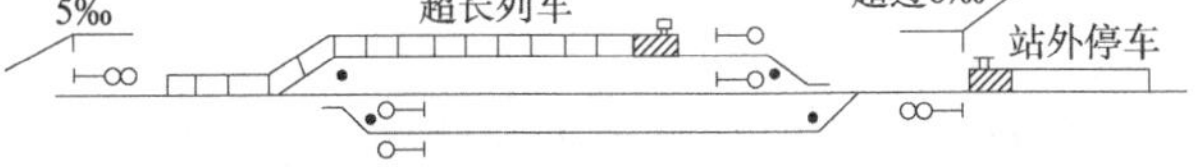


图6-10 超长列车在规定条件下会车示意图

当超长列车尾部停在警冲标外方,其邻线未设调车信号机,又无隔开设备,由相对方向进行调车时,必须派人以停车手信号进行防护,防止调车车列与超长列车尾部发生侧面冲突。

## 十一、立岗接送列车的要求

(1)为保证列车运行的安全,列车在车站到发时,接发车人员应携带列车无线调度通信设备、持手信号旗(灯),站在《站细》规定的地点接送列车。

(2)接送列车时,应注意列车运行和货物装载状态,发现车辆燃轴、抱闸、制动梁脱落、篷布绳索脱落、货物窜动或倾斜、倒塌等危及行车安全的情况时,要立即采取措施或通知有关人员使列车停车,并报告列车调度员。发现货物列车列尾装置丢失时,应报告列车调度员,列车调度员应使列车在前方站停车处理。

(3)发现旅客列车尾部标志灯光熄灭时,应通知车辆乘务员进行处理。在自动闭塞区段通知不到时,应使列车停车处理。

(4)当不能从设备上确认列车接近车站、进站和出站时,接发车人员应及时向车站值班员报告列车进出站情况,报告的时机、内容、用语按"接发列车作业"标准执行。

(5)列车到达、发出或通过后,车站值班员应及时向邻站和列车调度员报点,并记入"行车日志"。设有计算机报点系统的车站,报点方法执行有关规定。

(6)遇有超长、超限列车、制动力部分切除的动车组列车、单机挂车和货物列车列尾装置灯光熄灭等情况,应通知接车站。

## 十二、车站发车的要求

### (一)货物列车

货物列车在站停车时,司机应使列车保持制动状态(铁路局集团公司指定的凉闸站除外)。发车前,司机施行缓解,确认发车条件具备后,方可起动列车。

### (二)动车组列车

动车组列车由列车长确认旅客上下完毕后,通知司机关闭车门;列车进站停车时,司机按动车组停车位置标停车,确认列车停稳、对准停车位置后开启车门。按钮不在司机操作台上的,由列车长通知随车机械师关闭车门;列车到站停稳后,由随车机械师开启车门。如自动开关门装置故障或者特殊情况需单独开关车门时,由司机通知列车工作人员手动开关车门。

动车组列车在车站出发,动车组列车司机在确认行车凭证和开车时间,车门关闭后,即可起动列车。

动车组以外的列车在车站发车前,有关人员应做到:

(1)发车进路准备妥当,行车凭证已交付,出站(进路)信号机已开放,发车条件完备后,车站值班员(助理值班员)方可显示发车信号。

(2)司机应确认行车凭证及发车信号显示正确后,方可起动列车。

(3)语音记录装置良好的车站,准许使用列车无线调度通信设备发车。

## 十三、列车在站内临时停车的处理

列车在站内临时停车,待停车原因消除且继续运行时,应按下列规定办理:

(1)司机主动停车:指司机发现危及行车或人身安全的情况等原因主动停车时,等停车原因消除后,由司机自行起动列车,车站不再发车。

(2)司机以外的列车乘务人员使用紧急制动阀(紧急制动装置)使列车停车,由车辆乘务员(随车机械师)查明情况消除隐患后,通知司机开车,车站不再发车。

(3)车站接发列车人员因发现货物装载问题、车辆抱闸等原因通知列车在站内临时停车的,等停车原因消除后,由车站按规定程序发车;动车组列车不需要车站发车,因此由车站通知动车组列车司机开车。

(4)因其他原因临时停车,由车站值班员组织司机、车辆乘务员(随车机械师)共同查明原因,恢复运行条件后,由车站按规定发车;动车组列车不需要车站发车,因此由车站通知动车组列车司机开车。

上述(1)、(2)、(4)项在临时停车后,司机应立即向车站值班员报告,并说明停车原因。上述情况车站值班员均应及时报告列车调度员。

### 十四、信号机故障时的处理

(1)进站、出站、进路及线路所通过信号机发生故障时,应置于关闭状态,进站信号机及线路所通过信号机发生不能关闭的故障时,应将灯光熄灭或者遮住。在将灯光熄灭或者遮住以及信号机灭灯时,于夜间应在信号机柱距钢轨顶面不低于2m处,加挂信号灯,向区间方面显示红色灯光。

(2)出站信号机发生故障时,除按规定交递行车凭证外,对通过列车应预告司机,并显示通过手信号。装有进路表示器或者发车线路表示器的出站信号机,当该表示器不良时,由办理发车人员通知司机后,列车凭出站信号机的显示出发。

## 任务3 列车区间运行

### 一、列车被迫停车不能继续运行时的处理办法

列车在区间被迫停车是指列车在区间因线路中断、接触网停电、动车组(电力机车)停在分相无电区、制动失效及其他机车车辆故障等原因,导致列车不能按信号显示(行车凭证)继续向前运行的情况。列车在区间因作业需要、信号(包括地面信号和车载信号)显示停车信号或显示不明、接到停车的通知而停车以及发现线路上有行人、异物等而临时停车,不属于列车在区间被迫停车。

#### (一)列车乘务人员、车站值班员、列车调度员的处理

(1)列车在区间被迫停车不能继续运行时,司机应立即使用列车无线调度通信设备通知两端站(列车调度员)及车辆乘务员(随车机械师),报告停车原因和停车位置,根据需要迅速请求救援。需要防护时,列车前方由司机负责,列车后方由车辆乘务员(随车机械师)负责,无车辆乘务员(随车机械师)由列车乘务员负责。配备列车防护报警装置的列车应首先使用列车防护报警装置进行防护。单班单司机值乘的列车防护作业办法由铁路局集团公司规定。

(2)如遇自动制动机故障,动车组以外的旅客列车司机应通知车辆乘务员立即组织列车乘务人员拧紧全列人力制动机,以保证就地制动;其他列车司机应立即采取安全措施,并向车站值班员(列车调度员)报告,请求救援。

(3)对已请求救援的列车,不得再行移动,并按规定对列车进行防护。

(4)车站值班员(列车调度员)接到司机通知后,应将区间内列车运行情况通知司机,并

立即使用列车无线调度通信设备转告区间内有关列车。在停车原因消除前不得再放行追踪、续行列车。

(5)需组织旅客疏散时,车站值班员得到列车调度员准许后,扣停邻线列车并通知司机,司机通知有关作业人员办理。

### (二)妨碍邻线的处理

列车被迫停车可能妨碍邻线时:

(1)司机应立即用列车无线调度通信设备通知邻线上运行的列车,并通知两端车站(列车调度员)。

(2)司机与车辆乘务员(随车机械师)分别在列车头部和尾部附近邻线上点燃火炬;自动闭塞区间还应对邻线来车方向短路轨道电路。配备列车防护报警装置的列车应首先使用列车防护报警装置进行防护。

(3)司机亲自或指派人员沿邻线一侧对列车进行检查,发现妨碍邻线时,立即派人按规定防护,如发现邻线有车开来时,司机应鸣示紧急停车信号。

(4)车站值班员接到列车被迫停车可能妨碍邻线的通知后,应立即通知邻线有关列车停车,在原因消除、确认不再妨碍邻线前不得向邻线放行列车。

### (三)被迫停车的防护

列车被迫停车后,应使用响墩对列车进行防护。响墩设置方法:每组为三枚,其中两枚扣在来车方向的左侧钢轨上,一枚扣在右侧钢轨上,彼此间隔20m。

(1)已请求救援的列车,应在救援列车开来方向(不明时,从列车前后两方面)距停留车列不少于300m处放置响墩,如图6-11所示。

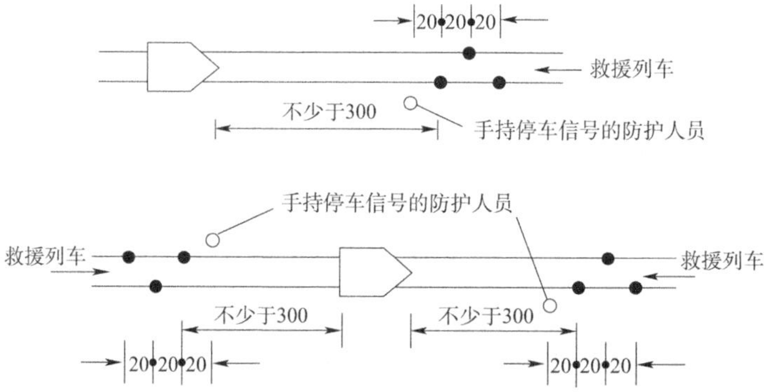


图6-11 已请求救援列车的防护(尺寸单位:m)

(2)一切电话中断后发出的列车(持有"红色许可证"通知书1的列车除外),应于停车后,立即从列车后方按线路最大速度等级规定的列车紧急制动距离位置处防护。如该线路最大速度为120km/h,则制动距离为800m,防护距离应不少于800m,如图6-12所示。

(3)列车被迫停车后,如妨碍邻线行车时,为防止邻线列车开来发生冲突,应在邻线上放置响墩防护。在不能确认来车方向时,应从两端进行防护。如确知来车方向,可仅对来车方向进行防护。由于邻线运行的列车没有停车准备,故放置响墩的距离不应少于线路最大速度等级规定的列车紧急制动距离。防护方法如图6-13所示。

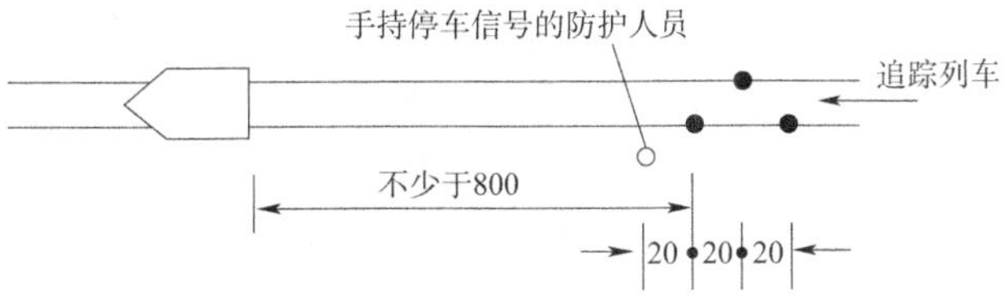


图 6-12 有追踪列车运行的防护(尺寸单位:m)

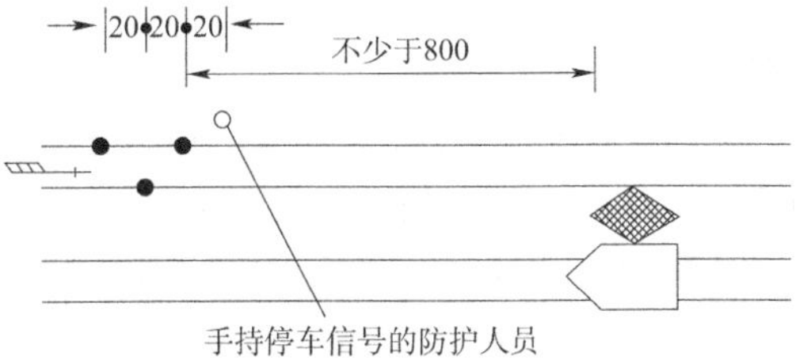


图 6-13 妨碍邻线的防护(尺寸单位:m)

(4)列车分部运行,机车进入区间挂取遗留车辆时,因其已知停留车地点,能提前减速及停车,故在车列前方不少于 300m 处放置响墩防护,如图 6-14 所示。

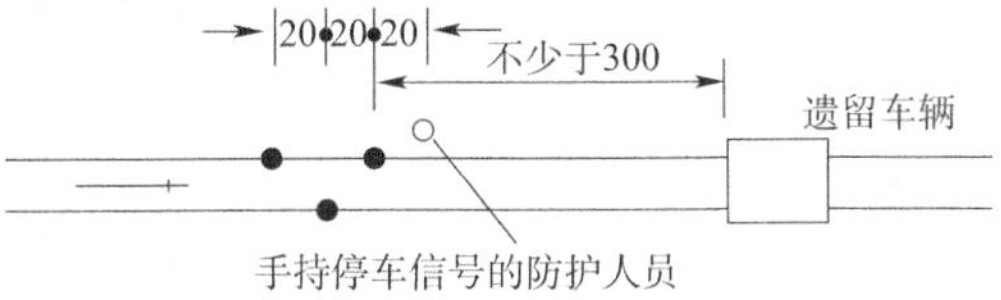


图 6-14 分部运行时机车挂取遗留车辆的防护(尺寸单位:m)

(5)防护人员设置的响墩待停车原因消除后可不撤除(运行动车组列车的区段除外)。

### (四)分部运行的处理

列车在区间内发生断钩、制动主管破裂、脱轨、坡停等被迫停车,必须分部运行时,应按下列要求办理:

(1)司机应立即将被迫停车的原因及需要分部运行的要求报告前方站或列车调度员。

(2)组织和指挥有关人员做好遗留车辆的防溜工作,并按规定做好防护。

(3)遗留车辆派人看守。

(4)记明遗留车辆辆数和停留位置。

(5)牵引前部车辆开往前方站。在自动闭塞区间,在运行中仍应按信号机的显示运行。在半自动闭塞区间或电话闭塞法行车时,分部运行的前部车列运行至接车站进站信号机前,必须在进站信号机外停车(司机已报告前方站或列车调度员列车为分部运行时可直接进站),将情况通知车站值班员后再进站。

(6)机车牵引的前部车辆整列进入车站后,车站值班员将情况报告列车调度员,列车调度员发布调度命令封锁区间。

(7)救援列车到达或返回车站,车站值班员确认遗留车辆全部取回、区间空闲后,向列车调度员报告。列车调度员发布调度命令开通区间。

(8)以下情况不准分部运行:

①经采取措施可整列运行时(如发生坡停后,派救援机车以双机牵引或后部补推的方式运

行至车站，或在区间因车辆故障停车后，可由车辆乘务人员对车辆进行临修后继续运行等）。

②遗留车辆未采取防护、防溜措施时（停留车辆可能溜逸，酿成事故）。

③遗留车辆无人看守时（可能损坏车辆、货物）。

④司机与两端站及列车调度员均无法取得联系，不能分部运行。

⑤遗留车辆停留在超过6‰坡度的线路上时，即使采取防溜措施，但也存在车辆溜逸的风险，因此也不能分部运行。

**（五）列车退行的处理**

（1）在不得已情况下，列车必须退行时，车辆乘务员或者随车机械师（无车辆乘务员或者随车机械师时为指派的胜任人员）应站在列车尾部注视运行前方，发现危及行车或者人身安全时，应立即使用紧急制动阀（紧急制动装置）或者使用列车无线调度通信设备通知司机，使列车停车。

（2）列车退行速度，不得超过15km/h。未得到后方站（线路所）车站值班员准许，不得退行到车站的最外方预告标或者预告信号机（双线区间为邻线预告标或者特设的预告标）的内方。

（3）车站接到列车退行的报告后，除立即报告列车调度员外，根据线路占用情况，可开放进站信号机或者按引导办法将列车接入站内。

（4）下列情况列车不准退行：

①按自动闭塞法运行时（列车调度员或者后方站车站值班员确认该列车至后方站间无列车，并准许时除外）。

②在降雾、暴风雨雪及其他不良条件下，难以辨认信号时。

③一切电话中断后发出的列车（持有“红色许可证”通知书1的列车除外）。

挂有后部补机的列车，除上述情况外，是否准许退行，由铁路局集团公司规定。

（5）动车组列车在区间被迫停车后必须返回后方站时，车站值班员确认动车组列车至后方站间已空闲后，经列车调度员同意，通知司机返回。司机根据车站值班员的通知，在动车组列车运行方向（折返）前端操作，运行速度不得超过40km/h，按进站信号机显示进站。

## 二、列车发生火灾、爆炸应急处理

（1）列车发生火灾、爆炸时，应立即停车（停车地点应尽量避开特大桥梁、长大隧道等，选择便于旅客疏散的地点），车站不再向区间放行列车，并通知邻线及后续相关列车停车。电气化区段，现场需停电时，应立即通知供电部门停电。

（2）列车需要分隔甩车时，应根据风向及货物性质等情况而定。一般为先甩下列车后部的未着火车辆，再甩下着火车辆，然后将机后未着火车辆拉至安全地段。

对甩下的车辆，在车站由车站人员负责采取防溜措施；在区间由司机、车辆乘务员负责采取防溜措施。

## 三、列车（动车组列车除外）运行途中发生车辆故障应急处理

（1）发现客车车辆轮轴故障、车体下沉（倾斜）、车辆剧烈振动等危及行车安全的情况时，应立即采取停车措施。由车辆乘务员检查，对抱闸车辆应关闭截断塞门，排除工作风缸

和副风缸中的余风，确认安全无误后，方可继续运行；如车轮踏面损坏超过限度或者车辆故障不能继续运行时，应甩车处理。

(2)列车调度员接到热轴报告后，应按热轴预报等级要求果断处理。必要时，立即安排停车检查(司机应采用常用制动，列车停车后由车辆乘务员负责检查，无车辆乘务员的由司机确认能否继续安全运行)或者就近站甩车处理。

(3)遇客车安全监控系统报警或者其他故障需要列车限速运行时，车辆乘务员应使用列车无线调度通信设备通知司机，司机根据要求限速运行并报告车站值班员(列车调度员)。

# 任务4　救援列车开行

为了抢险救灾、排除故障、迅速恢复正常运输秩序开行的列车、机车或轨道车等，都是救援列车。

车站值班员接到司机或工务、电务、供电等人员的救援请求后，应立即报告列车调度员。需封锁区间派出救援列车时，根据列车调度员的命令封锁区间及发出救援列车。

## 一、向封锁区间开行救援列车

### 1. 开行办法

(1)向封锁区间发出救援列车时，不办理闭塞手续，以列车调度员的命令，作为进入封锁区间的凭证。列车调度电话不通时，应由接到救援请求的车站值班员根据救援请求办理，救援列车以车站值班员的命令，作为进入封锁区间的凭证。

(2)司机接到救援命令后，应认真确认命令内容，明确救援任务。命令不清、停车位置不明确时，不准动车。

(3)在接近被救援列车或车列2km时，严格控制速度，同时使用列车无线调度通信设备与请求救援列车司机进行联系，或以在瞭望距离内能随时停车的速度运行，最高不超过20km/h，在防护人员处或在压上响墩后停车，按要求进行作业。

### 2. 救援列车的出发或返回，应报告列车调度员及通知对方站

事故现场设有临时线路所时，车站值班员应于发车前征得临时线路所值班员同意。联系办法如下：

(1)车站向线路所开行救援列车时，必须事先取得线路所值班员同意，以便及时做好接车准备和防护工作。

(2)线路所向两端站发出救援列车时，必须取得列车调度员和接车站车站值班员的同意。

(3)线路所值班员接发车前，应通知防护和引导人员，以便做好一切准备工作。

采用机车救援动车组时，应进行制动试验。具备升弓取电条件时，允许动车组升弓取电。

### 3. 事故调查组到达前

在事故调查组人员到达前，站长或者胜任人员应随乘发往事故地点的第一列救援列车(分部运行时挂取遗留车辆的机车除外)到事故现场，负责指挥列车有关工作。

## 二、区间开通手续

(1)车站值班员接到事故现场负责人请求,可以开通区间、恢复列车运行时,查明区间确已空闲,报告列车调度员,请求发布命令开通区间。

(2)列车调度电话不通时,接到请求的车站值班员,可通告邻站按电话记录办理区间开通,但必须查明区间确已空闲。

## 三、注意事项

(1)救援列车进入非封锁区间,仍按原闭塞法行车。

(2)进入封锁区间的调度命令应分别交给司机及救援列车负责人。

(3)封锁区间两端站要掌握好到发线的运用,为救援列车的机车转线、调车、停放车辆做好安排。

(4)封锁区间两端站,接发救援列车时,进路的准备都要按规定要求办理。

(5)如无空闲线路接车时,每次接车办法要在调度命令中说明,使司机心中有数。

## 复习思考题

1. 列车乘务组是如何构成的?
2. 列车运行时,动车组司机、机车司机有哪些要求?
3. 什么时候应使用紧急制动阀(紧急制动装置)?
4. 天气恶劣难以辨认信号时,如何组织行车?
5. 动车组故障时,如何组织行车?
6. 接发列车时,车站值班员应亲自办理哪些事项?
7. 列车进路是如何规定的? 接发列车线路使用的原则是如何规定的?
8. 哪些情况禁止办理相对方向同时接车和同方向同时发接列车?
9. 无联锁的情况下,如何准备接发车进路?
10. 站内无空闲线路的情况下,接车时有何限制?
11. 遇哪些情况,列车不得分部运行?
12. 救援列车如何开行?

# 项目7　调度指挥

## 项目内容

本项目主要介绍铁路运输调度机构、调度工作计划、调度命令、调度指挥方法等。

## 教学目标

**1. 能力目标**

根据列车运行图、《技规》和《调规》等相关规定，正确组织指挥列车运行。

**2. 知识目标**

了解普速铁路运输调度基本要求，掌握运输调度工作必须遵循的基本原则、工作方法、作业程序。

**3. 素质目标**

培养“大局”意识，树立“调度工作无小事”观念。

## 任务1　运输调度机构

铁路是国民经济大动脉、国家重要基础设施和大众化交通工具，是综合交通运输体系骨干，在我国经济社会发展中的地位至关重要。铁路运输具有高度集中的特点，各工作环节须紧密联系、协同配合。铁路运输组织工作，必须贯彻安全生产的方针，坚持集中领导、统一指挥、逐级负责的原则。

### 一、运输调度的基本任务

铁路运输调度部门是铁路日常运输组织的指挥中枢，分别代表各级领导组织指挥日常运输工作。铁路运输调度的基本任务是：

(1)贯彻执行国家运输政策，完成国家重点运输任务，如军事运输、重点物资运输等。

(2)科学合理地组织客货运输，提高客货运输服务质量。

(3)组织列车按运行图行车，保障铁路运输安全。

(4)正确编制和执行运输工作日常计划，经济合理地使用机车车辆等运输设备，充分利用现有通过能力，提高铁路运输效益。

因此，各级调度人员必须精心组织，科学调度，努力增运增收、节支降耗。凡与运输有关各部门、各工种都必须在运输调度的统一组织指挥下，进行日常生产活动。

## 二、运输调度指挥人员的要求

调度指挥必须坚持安全生产的原则。各级人员必须做到：

（1）熟悉有关站段及列车的技术设备、作业过程、各项技术作业标准及各站接发列车的有关规定，正确地组织指挥列车运行。

（2）值班中要精力集中、坚守岗位、严格遵守规章制度，及时正确处理问题。

（3）遇有铁路交通事故、设备故障、自然灾害、天气不良、施工维修、临时限速（指未纳入运行揭示调度命令的限速）、区间装卸等情况和对区间封锁、开通的处理，列车调度员要严格遵守有关规定，值班主任（值班副主任）应加强检查。

（4）遇有铁路车辆运行安全监控系统报警时，红外线、车辆、动车调度员应立即按规定进行处理；列车调度员接到报告后，必须确认车次，并按规定处理。

（5）当得到现场关于列车、线路等出现危及行车安全的报告时，应及时指示有关人员采取停车等安全措施，查明情况，妥善处理。

（6）超限超重货物车辆的挂运，必须纳入调度日（班）计划，根据超限超重货物运输确认电报和超限超重车辆挂运通知单确定的运行条件，由列车调度员发布调度命令。

（7）装载剧毒品货物车辆的挂运，必须纳入日（班）计划，重点布置、预报、交接，跟踪掌握。

（8）限速机车车辆，须根据限速机车车辆挂运电报及规章制度有关规定安排挂运。纳入日（班）计划的，按日（班）计划挂运、交接。未纳入日（班）计划时，铁路局集团公司管内须由调度所主任（副主任）准许后方可安排挂运；跨局交接时，由相邻铁路局集团公司计划调度员共同确认挂运电报及规章制度有关规定，并经两局调度所值班主任协商同意后方准安排交接。

## 三、运输调度机构设置

铁路运输调度工作实行分级管理、集中统一指挥。国铁集团设运输调度指挥中心，铁路局设调度所，技术站设调度室（调度车间）。

运输调度指挥中心设值班主任、行车、客运、货运、军运、特运、行包（快运）、集装箱、施工及机车、车辆、动车、供电等调度台。

调度所应设综合、安全、技术教育、分析、统计室，计划、行车、高铁、客运、货运、特运、机车、车辆、供电、工务、电务调度室，施工办公室（简称施工办）。并设值班主任、值班副主任、计划、列车、客运、货运、特运、施工、机车、车辆、动车、红外线、供电等调度台，根据需要可设置快运、集装箱、篷布等调度台。根据各工种调度台工作量情况，有关调度台可合并设置，具体由铁路局集团公司确定。各工种调度可根据需要设置主任调度员岗位。

技术站调度设值班站长、车站调度员、助理调度员、货运调度员等，具体由铁路局集团公司确定。

根据分级管理、集中统一指挥的原则，国铁集团、铁路局集团公司、技术站调度分别代表国铁集团总经理、铁路局集团公司总经理，车站站长负责国铁集团、铁路局集团公司和车站的日常运输组织指挥工作。在铁路日常行车安全管理工作上，国铁集团按规定对铁路局集团公司调度的指挥安全实施监督管理,铁路局集团公司对本局调度指挥安全工作全面负责,车站对本站调度指挥安全工作全面负责。

国铁集团值班主任、铁路局集团公司值班主任、技术站值班站长分别领导一班调度工作。在日常运输组织工作中,下级调度必须服从上级调度的指挥;国铁集团、铁路局集团公司、车站各工种调度及有关人员分别由运输调度指挥中心值班主任、调度所值班主任、车站值班站长统一组织指挥。

国铁集团调度统一指挥各铁路局集团公司和专业运输公司完成运输生产经营任务;铁路局集团公司调度统一指挥铁路局集团公司管内运输生产单位完成运输生产经营任务;技术站调度统一指挥本站区作业人员完成运输生产经营任务。

国铁集团、铁路局集团公司、车站应根据调度的工作量配置班制,主要调度工种全路统一实行四班制(国铁集团有特殊要求的除外)。

在日常运输组织工作中,各级调度按照业务分工,设置了若干不同职名的调度员,分别负责一定的工作。铁路局集团公司调度所一般设有:

(1)列车调度员,负责管辖区段内列车运行的组织指挥工作,实现按图行车,保证列车运行安全。

(2)计划调度员,负责管辖范围内的列车工作计划的编制和计划的组织实现。

(3)货运调度员,负责管辖区段内的装卸车组织以及管内重车的输送。

(4)客运调度员,负责旅客运输组织和客车运用工作。

此外根据需要还设有施工调度员、篷布调度员、特运调度员、机车调度员、工务调度员、电务调度员、电力调度员、车辆调度员等。铁路局集团公司调度所调度组织系统如图7-1所示。

## 四、运输调度主要职责

### (一)国铁集团调度主要职责范围

(1)按规定对铁路局集团公司调度安全指挥进行监督管理和监督检查工作。维护调度纪律,检查各铁路局集团公司调度执行国铁集团调度命令和规章制度的情况,对违令、违章造成不良后果的单位和人员进行通报批评并提出处理意见。

(2)负责全路日常客运、货运和车流组织工作。组织各铁路局集团公司及时输送旅客和货物,平衡各铁路局集团公司货车保有量,经济合理地使用机车车辆,充分利用运输能力,挖掘运输潜力,提高运输效率和效益。

(3)编制和下达国铁集团调度轮廓计划和日计划,督促、检查各铁路局集团公司按调度日(班)计划均衡地完成运输生产经营任务。

(4)监督检查各铁路局集团公司按列车编组计划编车、按列车运行图行车、按运输生产经营计划组织运输,督促、组织各铁路局集团公司按国铁集团批准的计划均衡地完成铁路局集团公司间分界站列车、车辆交接任务、远程技术直达列车开行计划,及时协调处理铁路局集团公司间运输工作中出现的问题,实现铁路局集团公司间分界口畅通。

(5)掌握各铁路局集团公司及重点用户、主要港口和车站的装卸车情况。

(6)掌握国际旅客列车和跨铁路局集团公司(简称跨局)旅客列车的运行情况,收集、分析晚点原因,组织有关铁路局集团公司及相关单位(人员)采取措施,恢复运行秩序。

图 7-1　××铁路局集团公司调度所调度组织系统图

(7)了解各铁路局集团公司、主要站客流波动及旅客列车票额利用情况，组织指导行包运输工作；处理跨局旅客列车的临时加开、停运、变更径路、途中折返、车辆甩挂和调整编组(1 个月以内的软卧、行李、邮政、餐车)等工作；根据需要安排跨局客车回送；组织和部署专运、中央大型会议及重点任务的乘车计划，并掌握运行情况。

(8)组织和掌握军运、特运工作，安排新兵和退役士兵运输，重点掌握与其有关的列车始发、运行情况。

(9)负责国铁集团抢险救灾物资、人员运输组织工作，跟踪掌握输送情况。

(10)负责审批国铁集团管理施工项目的日计划,组织各铁路局集团公司兑现施工日计划,做好施工期间分界口车流、机车调整工作。

(11)掌握各铁路局集团公司调度工作情况,检查各铁路局集团公司日常运输工作完成情况。

(12)掌握国铁集团备用货车,批准国铁集团备用货车的备用、解除备用,检查各铁路局集团公司对备用货车的管理情况。

(13)负责全路专用货车的统一调整,新造车辆出厂组织,军运备品回送,集装箱的运用,篷布的运用和备用、解除备用。

(14)检查、通报安全情况,及时收取、掌握铁路交通事故、设备故障、自然灾害等突发事件信息,按规定进行应急处置,通报信息、组织救援、调整运输。负责跨局调动救援列车、救援队。

(15)负责国铁集团日常运输工作完成情况和调度安全监督检查情况的分析工作,及时总结、推广调度工作先进经验。

(16)负责检查指导铁路局集团公司调度基础管理和技术培训工作,规范调度管理、加强队伍建设。

(17)负责调度信息化需求管理,积极采用、推广先进技术和设备,组织调度信息系统开发和应用,负责调度信息系统运用管理,促进调度指挥工作现代化。

**(二)铁路局集团公司调度主要职责范围**

(1)在国铁集团调度的集中统一指挥下,负责铁路局集团公司管内运输组织和调度指挥工作。

(2)严格执行各项规章制度、安全管理制度和安全卡控措施,遵守和维护调度纪律,及时处理影响行车安全的有关情况,保证调度指挥安全。

(3)组织铁路局集团公司管内各运输生产单位密切配合、协同动作,经济合理地使用机车车辆,充分利用运输能力,挖掘运输潜力,压缩运输成本,提高运输效率和效益,完成运输生产经营任务。

(4)负责编制和下达铁路局集团公司调度日(班)计划,并组织各站段落实,提高计划兑现率。

(5)负责组织铁路局集团公司管内各运输生产单位按列车编组计划编车、按列车运行图行车、按运输生产经营计划组织运输,督促、组织各站段按调度日(班)计划均衡地完成运输任务,及时协调处理铁路局集团公司运输工作中出现的问题。

(6)组织调整铁路局集团公司管内的货流、车流,按阶段均衡地完成国铁集团下达的车流调整方案和去向别装车方案,重点掌握分界口排空、快运货物和重点物资运输。

(7)按国铁集团批准的计划组织列车在分界站均衡交接,保证机车与列车的紧密衔接,与邻局密切联系、及时交换列车计划、积极协商解决出现的问题,保证分界站畅通。

(8)掌握铁路局集团公司管内各站和主要用户、港口装卸车情况,提高直达列车和成组装车比重,提升运输能力。

(9)组织旅客列车按列车运行图正点运行,遇晚点时,积极采取措施,组织有关单位(人员)恢复运行秩序,做好正晚点分析并上报国铁集团。

(10)掌握铁路局集团公司管内客车配属、客流波动、票额利用、旅客列车开行及运行情况,重点掌握动车组列车、特快旅客列车、国际旅客列车、重点旅客列车的运行情况及旅客列车超员情况;处理旅客列车的临时加开、停运、变更径路、途中折返、车底编组、客车回送、整列换乘、车辆甩挂和调整编组(管内列车,跨局列车1个月以内硬卧、硬座、软座车)、客车底试运行和实施票额临时调整等工作;组织落实专运及重点任务,并掌握运行情况;组织做好旅客列车行包运输工作。

(11)组织完成铁路局集团公司管内军运、特运、超限、超重、挂有装载危险货物车辆等重点列车运输组织工作,组织落实新兵和退役士兵运输任务,重点掌握与其有关的列车始发、运行情况。

(12)负责铁路局集团公司管内抢险救灾物资、人员运输组织工作,跟踪掌握输送情况。遇自然灾害或事故中断行车时,铁路局集团公司要及时采取措施,并提出有关旅客列车停运、加开、折返和变更径路等方案,并及时发布调度命令(跨局旅客列车报国铁集团批准后发布)。

(13)负责编制、下达铁路局集团公司施工日计划,安排实施维修计划,发布运行揭示调度命令和施工、维修作业的调度命令,协调组织施工、维修作业按计划进行。

(14)向国铁集团调度报告铁路局集团公司调度工作情况,检查铁路局集团公司管内各站段运输工作完成情况。

(15)认真执行国铁集团备用货车的管理制度,严格掌握铁路局集团公司集团公司管内备用货车的备用、解除备用。

(16)负责铁路局集团公司管内专用货车的调整,军运备品回送,集装箱和篷布的运用。

(17)及时收取、上报铁路交通事故、设备故障、自然灾害等突发事件信息,按规定进行应急处置,通报信息、组织救援、调整运输。负责调动救援列车、救援队或向国铁集团调度申请跨局调动救援列车、救援队。

(18)检查各站段执行调度命令和规章制度的情况;对违令、违章的单位和人员,进行通报批评并提出处理意见。

(19)负责铁路局集团公司日常运输工作完成情况和调度安全工作情况的分析工作,及时总结、推广调度工作先进经验。

(20)负责铁路局集团公司调度基础管理和技术培训,规范调度管理、加强队伍建设,指导站段调度日常运输生产工作。

(21)负责铁路局集团公司调度信息化需求管理,积极采用、推广先进技术和设备,促进调度指挥工作现代化,组织调度信息系统实施应用,负责调度信息系统运用管理。

**(三)技术站调度主要职责范围**

(1)严格执行各项规章制度,遵守和维护调度纪律,认真执行上级调度命令和指示,及时处理影响行车安全的有关情况,保证车站调度指挥安全。

(2)掌握车流、货流,根据铁路局集团公司下达的调度日(班)计划,正确编制和组织实现车站班计划和阶段计划,按列车编组计划、列车运行图和重点要求解编列车,不间断地接发列车。

(3)经济合理地运用车站技术设备和能力,掌握调车机运用,组织有关单位、人员密切配合,协同动作,按作业计划、技术作业过程和时间标准,完成编组和解体列车的任务,提高作业效率,加速机车车辆周转。

(4)及时收集到达列车预确报,掌握车流变化,正确推算现车和指标,按阶段向铁路局集团公司调度汇报车流和车站作业情况。

(5)重点组织旅客、军运、货物班列、重载、超限、超重、超长和重点货物列车的开行。

(6)主动与厂矿企业联系,及时预报车辆到达情况和取送车作业计划,组织开行路企直通列车。组织回送客车(机车)、货物作业车、检修车(修竣车)和专用车的取送,缩短待取、待送时间。

(7)发生铁路交通事故时,积极组织救援,减小事故对行车的影响。

(8)正确、及时填画技术作业图表,认真分析车站作业计划兑现情况和运输生产完成情况并及时上报。

# 任务2 调度工作计划

为实现按图行车、按列车编组计划编组列车、按运输方案组织运输,完成日(班)计划规定的各项任务,必须加强调度工作计划。

## 一、调度日(班)计划

调度日(班)计划是日常运输组织工作的基础,应按列车编组计划、列车运行图、月度运输生产经营计划案、施工计划进行编制,保证均衡地完成运输生产和施工任务。

调度日(班)计划是一日(班)内的运输工作计划,包括国铁集团调度日计划和铁路局集团公司调度日(班)计划。

国铁集团调度日计划包括分界口列车交接计划(分界站交接货物列车数、临客列数、重车数、车种别空车数和重点要求)、货运工作计划(到局别使用车数、能力紧张去向的装车数和重点要求),起止时间为当日18:00至次日18:00,由运输调度指挥中心主任(副主任)负责组织编制。

铁路局集团公司调度日(班)计划[简称日(班)计划]包括货运工作计划、列车工作计划、机车车辆工作计划和施工日计划,由调度所主任(副主任)负责组织编制。铁路局集团公司货运工作计划、列车工作计划、机车车辆工作计划起止时间为当日18:00至次日18:00,分为两个班计划:当日18:00至次日6:00为第一班计划,次日6:00至18:00为第二班计划。铁路局集团公司施工日计划起止时间为0:00至24:00。

### (一)编制调度日(班)计划时应遵守的原则

(1)坚持安全生产的原则。

(2)贯彻国家运输政策,保证重点运输的原则。

(3)最大限度满足运输需求的原则。

(4)坚持一卸、二排、三装的运输组织原则。

(5)按列车编组计划编车,按列车运行图行车,按运输生产经营计划组织运输,按技术作业过程和时间标准组织作业,优先组织特需、快速货物列车开行,最大限度地组织直达、成组运输的原则。

(6)按施工计划安排施工,坚持运输与施工兼顾的原则。

(7)经济合理地使用机车车辆和其他运输设备,提高运输效率和效益的原则。

(8)组织均衡运输的原则。

### (二)铁路局集团公司编制日计划的主要依据

(1)国铁集团下达的调度日计划、轮廓计划。

(2)月度运输生产经营计划、列车编组计划、列车运行图、机车周转图、机车车辆检修计划、有关技术作业时间标准。

(3)日运输需求车数及相关要求(军用应有军运任务通知书,超限超重货物应依据确认电报)。

(4)预计当日18:00各类运用车数、车站现在车数(重车分去向,其中到本局和邻局管内摘挂车流分到站;待卸车、空车分车种)和机车、机车乘务员分布情况。

(5)旅客列车临时加开、停运、变更径路、途中折返、车辆甩挂、客车回送的调度命令或文件、电报。

(6)机车车辆试运行计划。

(7)国铁集团特需、快速货物列车开行计划、命令及铁路局集团公司管内特需、快速货物列车开行方案。

(8)列车预确报。

(9)分界站协议。

(10)月度施工计划(含临时文电批复的)及主管业务处提报的施工计划、路用列车开行申请。

(11)设备维修作业计划。

### (三)铁路局集团公司日计划主要内容

#### 1.货运工作计划

(1)各站装车需求批准数(包括发站、发货人、品类、到站、到局、运费、限制口、车种别装车数)。

(2)各站卸车计划(包括到站、车种、卸车数,整列货物要有收货人及品类)。

(3)特需货物列车、快速货物列车、企业自备车等直达列车和成组装车的列数及辆数。

(4)篷布、集装箱运用计划。

(5)专用货车使用计划。

#### 2.列车工作计划

(1)列车到、发及运行计划,包括列车车次、发站、到站、发到时分、编组内容、特定运行径路,始发列车车辆来源。

(2)分界站列车交接计划,包括列车车次、交接时分、各列车中去向别重车数(到邻局的摘挂车流分到站)和车种别空车数。

(3)管内工作车输送计划、各站配空挂运计划和摘挂列车的甩挂作业计划。

(4)专用货车的调整、挂运计划。

(5)装载超限超重、军运物资(人员)、剧毒品、运输警卫方案货物车辆,有运行条件限制的机车车辆、自轮运转特种设备挂运和专列开行计划。

(6)旅客列车的临时加开、停运、变更径路、途中折返、车辆甩挂、客车回送计划。

(7)机车车辆试运行计划。

(8)区间装卸作业计划。

(9)路用列车运行计划。

**3.机车车辆工作计划**

(1)各区段(含跨局)机车周转图,包括机车交路、机型及机车号。

(2)机车沿线走行公里、机车运用台数和机车日车公里。

(3)机车出(入)厂、检修、回送计划及重点要求。

(4)各车辆检修基地(含站修)扣修、修竣车辆取送计划。

(5)各沿线车站停留故障车辆检修计划。

(6)跨局及铁路局集团公司管内客、货检修车回送计划及重点要求。

(7)动车组车底运用方案。

**4.施工日计划**

(1)施工编号、等级、项目。

(2)施工日期、作业内容、地点(含线别、区间、车站、股道、道岔、行别、里程)和时间。

(3)施工限速、影响范围、行车方式变化及设备变化。

(4)施工单位(含配合单位)、施工负责人。

(5)施工作业车进出施工地段方案。

### (四)铁路局集团公司调度日(班)计划编制资料的收集

铁路局集团公司各工种调度人员,在每日14:30前向有关站段收集编制日(班)计划的资料,并向调度所主任(副主任)提供。

(1)货运调度员,预计当日18:00各站卸车数、装车数和去向别装车数、重点物资装车数,特需、快速货物列车装卸情况,18:00待卸车,有关停、限装命令,卸车单位的卸车能力,次日运输需求情况及国铁集团调度轮廓计划。

(2)计划及列车调度员,预计当日18:00各站运用车(重车分去向,其中到本局和邻局管内摘挂车流分到站;待卸车、空车分车种)、备用车等分布情况,在途列车的编组内容和预计到达编组站、区段站、分界站的时分。特需、快速货物列车编组情况和预计到达分界站的时分。

(3)特运调度员,整列和零星军用、罐车、冷藏车运输需求的车种、吨位、辆数、配车时间及挂运要求;长大货物车(D型车)、装载超限超重、剧毒品货物车辆的分布及挂运条件、车次及挂运通知单;专用货车的备用、解除和调配计划;预计18:00篷布分布情况。

(4)机车调度员,预计当日18:00运用机车和机车回送计划,机车检修、试运行情况,机车、机车乘务员分布动态情况。

(5)车辆调度员,预计当日18:00货车扣修、修竣、检修车分布及回送情况。车辆段结存检修车、扣修、修竣车数及车种,次日检修车计划,检修能力,有运行条件限制故障车辆回送挂运电报或计划申请。管内货车检修工厂结存检修车、修竣车数及车种,货车制造工厂新造出车数量及车种,次日入厂修计划。客车车辆试运行计划。

(6)供电调度员,牵引供电及电力供电、设备运行、次日维修计划情况。

(7)客运调度员,旅客列车的加开、停运、变更径路、中途折返和客车车辆回送、甩挂等情况。

(8)施工调度员，各站、各区段施工计划，慢行处所及限速条件。自轮运转特种设备、路用列车开行方案，路料装卸作业方案。

(9)快运调度员，预计当日 18:00 特需、快速货物列车装卸、开行及在途运行情况。

(10)集装箱调度员，预计当日 18:00 管内集装箱分布、装卸及运用情况，次日集装箱运输需求情况。

**(五)货运工作计划的编制**

(1)卸车计划，根据预计当日 18:00 管内工作车结存和次日产生的有效管内工作车数，确定次日卸车计划；根据 18:00 实际管内工作车确定次日应卸车数，并以此考核铁路局集团公司卸车完成情况；根据“管内工作车去向表”(运货 4)确定各站的卸车任务。

(2)装车计划，必须在保证排空任务的前提下，严格按照国铁集团下达的调度轮廓计划及各站运输需求情况确定装车日计划。

(3)第一班装、卸车计划应达到全日计划的 45% 以上。

**(六)列车工作计划的编制**

(1)列车工作计划必须有全日车次和全日编组内容。编制列车工作计划必须有可靠的资料，禁止编制无车流保证的空头计划。各区段日计划列数，要按列车运行图做到基本均衡。

(2)实行分号列车运行图时，选定列车车次、确定日计划列数应以分号列车运行图为基础，首先保证核心列车开行。当分号列车运行图的列车开满后，可开行基本列车运行图的列车车次；增开的跨局列车车次，由相邻铁路局集团公司协商确定。

(3)列车运行图规定的货物列车是否开满，跨局列车以分界站全日交接列车计算；铁路局集团公司管内列车以编组站或区段站全日发出列车计算；干支线衔接的区段，列车对数应分别计算；列车运行图规定在中间站始发和到达的列车未开满，但贯通全区段运行的列车已开满时，可视为列车运行图已开满。

(4)列车工作计划要确保排空列车的开行。第一班计划的排空车数应达到全日计划的 45% 以上。

(5)始发列车计划应按列车运行图规定的时分制订；中转列车可按预计到达时分，在分号列车运行图中选定紧密衔接的适当运行线。

图定车次贯通到底的直达货物列车，在接续的区段站或编组站因晚点不能使用原图定运行线，在制定日(班)计划时，准许利用图定的直达或直通列车运行线开车，但必须保持原车次不变。

(6)摘挂列车与其他货物列车运行线不得互相串用。

(7)在中间站始发或终到的列车，如列车运行图规定为通过时分，在编制日(班)计划时，应另加起停车附加时分。

(8)开行临时定点列车的规定：

①基本列车运行图的列车开满后，方准加开临时定点的列车(特需、快速货物列车除外)。

②始发列车无适当车次使用时，可制定临时定点列车计划，其旅行时间不得超过本区段内同类列车最长旅行时间。跨局运行时，须征得邻局的同意。

③开行列车运行图以外的阶梯直达列车，只限于作业站间可临时定点。

④挂有运行条件限制机车车辆的列车、有时间限制的军用列车和在区间整列装卸的列车，不能利用列车运行图中的运行线时，可开行临时定点列车。

挂有运行条件限制机车车辆的列车，在制定日（班）计划时允许指定始发和到达时分，运行时分可在3～4h列车运行调整计划中确定。

⑤途中停运的列车，恢复运行时应利用空闲运行线。如确无适当运行线可利用时，方准开行临时定点列车到达前方第一个技术作业站。

（9）分界站当日未交出的晚点列车，需纳入次日计划。接近18:00的晚点列车，来不及纳入次日计划时，准许18:00后晚点交出。

（10）原则上不准编制跨局的超重、超长列车计划；必须时，须征得邻局的同意。

（11）挂有装载超限超重、剧毒品货物车辆和运行条件限制机车车辆的列车跨局运行时，应向邻局重点预报。

（12）班计划一经确定，必须维护计划的严肃性，在执行中原则上不准变更列车车次和整列方向别的编组内容；跨局列车遇有特殊情况必须变更日（班）计划确定的列车车次和整列方向别的编组内容时，要预先征得邻局的同意。

（13）列车工作计划编制后，相邻铁路局集团公司调度所必须主动将分界站列车交接计划（包括车次、时刻、编组内容、机车交路）核对一致后，方准上报国铁集团批准。

（14）严格执行编组计划，遇特殊情况违反编组计划时，须经铁路局集团公司计划调度员准许并发布调度命令（跨局时须经国铁集团调度命令准许）。

### （七）机车车辆工作计划的编制

（1）机车车辆工作计划要保证日常运输任务的需要，按列车工作计划供应质量良好的机车车辆，合理安排机车车辆检修计划。

（2）机车周转图必须根据列车工作计划和规定的技术作业时间、乘务员劳动时间、机车交路进行编制。不准编制反交路，消除对放单机，减少单机走行。如编有紧交路时，必须采取兑现计划的组织调整措施。

（3）跨局长交路机车工作计划编制由机车配属局机车调度员负责，支配局、有继乘站的机车经过局机车调度员配合共同编制。编制的跨局长交路区段机车工作计划必须完整准确，跨局长交路相关铁路局集团公司要实现计划、实际机车周转图的数据共享。

### （八）施工日计划的编制

（1）施工单位于施工前3日将施工日计划申请报铁路局集团公司主管业务处室，主管业务处室审核（盖章）后，于施工前2日9:00前向施工办提报施工日计划申请，其中铁路局集团公司所管设备越过局间分界站延伸至邻局调度管辖区段的施工日计划申请向调度管辖区段铁路局集团公司施工办提报。

（2）施工办应将主管业务处室提报的施工日计划申请与月度施工计划（含临时文电批复的）进行核对，同时将Ⅰ级施工和繁忙干线国铁集团管理施工项目的施工计划申请于施工前2日15:00前报国铁集团运输调度指挥中心，运输调度指挥中心根据国铁集团月度施工计划和批准的施工文电进行审核后，于施工前2日18:00前反馈相关铁路局集团公司施工办，施工办据此编制施工日计划。

(3)因运输原因不能安排施工计划时,须经铁路局集团公司分管运输副总经理(总调度长)同意。因专特运原因不能安排施工计划时,按国铁集团(铁路局集团公司)调度命令执行。

(4)编制的施工日计划经调度所主任(副主任)审核后,纳入调度日计划。

(5)施工办于施工前一日12:00前(0:00至4:00执行的施工日计划于前一日8:00前)将施工日计划下达本局有关机务段、车务段(直属站),传(交)主管业务处室和相关计划调度台、列车调度台、供电调度台,其中涉及邻局的车务段(直属站)和相关调度台,传(交)邻局施工办并由其负责转达。主管业务处室负责通知施工单位、配合单位,车务段(直属站)负责通知相关车站。

(6)Ⅰ级施工和繁忙干线国铁集团管理施工项目的施工日计划,施工办于施工前一日15:00前报国铁集团运输调度指挥中心。

(7)施工日计划下达后,不得随意取消施工日计划(项目)。因特殊原因临时取消时,须经铁路局集团公司分管运输副总经理(总调度长)批准(Ⅰ级施工和繁忙干线国铁集团管理施工项目还须经国铁集团运输调度指挥中心主任或副主任批准)并采取行车安全措施后,以调度命令办理取消(含取消或重新发布运行揭示调度命令)。

(8)施工日计划下达后,施工开始前,施工单位自身原因取消施工和维修时,不发布取消施工和维修的调度命令。涉及运行揭示调度命令的施工取消时,施工单位须登记行车条件,铁路局集团公司调度所根据登记发布调度命令。

#### (九)日计划的审批和下达

(1)国铁集团每日10:00前向铁路局集团公司下达次日调度轮廓计划。

(2)铁路局集团公司调度日计划经分管副总经理(总调度长)批准后,于17:00前将需国铁集团调度日计划批准的内容报国铁集团运输调度指挥中心。

(3)国铁集团调度日计划经运输调度指挥中心主任(副主任)批准后,于17:20前以调度命令下达各铁路局集团公司。

(4)铁路局集团公司调度日计划于17:30前以调度命令下达有关单位、调度台。

(5)18:00至21:00、6:00至9:00的列车工作计划,应分别于16:00、4:00前下达有关单位。对货物列车车次的考核,仍以正式下达的日(班)计划为依据。

(6)第二班的调整计划,由铁路局集团公司调度所值班主任负责组织各工种调度人员,根据第一班计划的执行情况和日计划任务进行调整,铁路局集团公司于6:00前以调度命令下达有关单位。

(7)施工日计划审批和下达按上述“(八)施工日计划编制”的规定执行。

### 二、列车运行调整阶段计划

列车运行调整计划是列车调度员组织列车运行调整的综合部署,也是实现列车运行图、列车编组计划、运输方案和日班计划的具体行动计划。

列车运行调整计划按阶段进行编制,通常分为3h阶段计划或4h阶段计划。一般枢纽台采用3h阶段计划,其他台采用4h阶段计划。

#### (一)编制原则

在编制列车运行调整计划时,要坚持以下原则:

(1)列车调度员要按列车运行图指挥列车运行,当列车不能按列车运行图运行时,除特殊情况外,要按《技规》规定的列车运行等级顺序(单机应根据用途按指定条件运行)和先跨局后管内的原则进行调整,组织晚点列车恢复正点,实现按图行车的原则。

(2)根据实际情况决定工作方法,注意调整计划留有余地。

(3)保证日(班)计划任务的完成。

(4)在保证安全的前提下,努力提高效率。

### (二)主要内容

列车运行调整计划主要包括以下内容:

(1)车站列车到、发时分和列车会让计划(采用计算机下达的为实时调整计划)。

(2)列车在中间站作业计划。

(3)列车在区间、站内装卸车计划。

(4)施工、维修计划及天窗时间安排。

(5)重点注意事项。

### (三)编制方法

列车调度员编制和执行列车运行调整计划的方法,一般可以分为收集资料、编制计划、下达计划、组织实现等四个步骤。

#### 1.收集资料

列车调度员在编制列车运行调整计划时,需要了解和收集的资料主要有:

(1)区段内各站现在车(空车分车种,重车分去向)情况及到发线占用情况。

(2)邻台(局)及本区段内客、货列车实际运行情况。

(3)摘挂列车编组内容及前方站作业情况。

(4)技术站到发线使用和待发列车情况。

(5)机车整备及机车交路情况。

(6)区间装卸及施工情况。

(7)领导指示及其他情况。

#### 2.编制计划

列车调度员将收集了解到的情况和资料,经过认真的分析、研究,依据列车运行图、编组计划、月度生产经营计划的要求及日班计划的任务,运用各种列车运行调整方法,作出合理、切实可行的计划。

在编制计划时,一般优先铺画旅客列车和重点列车运行线。必要时,优先安排困难区间的列车运行,充分利用通过能力。在运行图表上铺画计划运行线时,采用正铺与倒铺相结合的方法。

如图 7-2 所示,42206 次列车计划在 G 站进行摘挂车作业量比较多,什么时间开才能赶到 D 站会 K519 次客车?如果从 G 站开始铺画,往往时间算不准而返工,若采取从 D 站向 G 站倒铺,一次铺出 G 站 19:09 必须开车。采取正铺与倒铺相结合的方法铺画节省了时间。

图 7-2 倒铺与正铺相结合示意图编计划时,应注意留有余地,为各种必需的作业留足充

分的作业时间，必要时，可拟定两个以上的调整方案，以适应情况的突然变化。

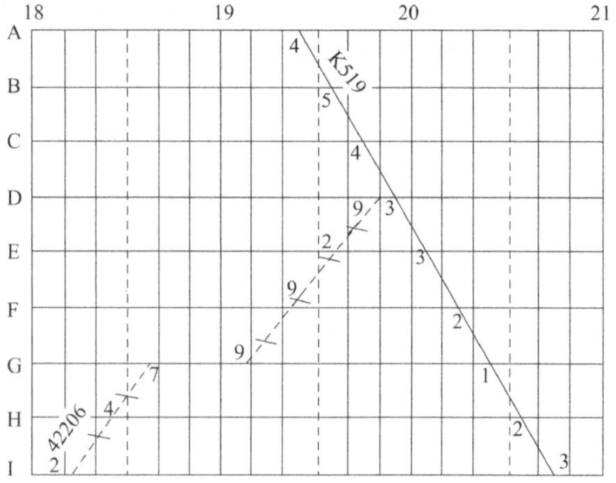


图 7-2　倒铺与正铺相结合示意图

在安排列车运行计划时，还应特别注意本区段技术站自编始发列车的车流接续和机车交路，以保证技术站有良好的工作秩序。

在编制计划时，一般采用“满表铺线，分段编制”的方法。具体做法是：接班后，根据所掌握的情况粗线条地将列车计划线铺画到 18:00(6:00)，然后按照 3 ~4 小时计划阶段编制列车运行调整计划。在“满表铺线”的基础上，执行上一个阶段计划列车运行调整计划的同时，边收集资料，边铺画下一个阶段的列车运行调整计划。这样一步一步地进行，在列车运行调整计划执行前 1 小时编制完成。

**3. 下达实施**

列车调度员在列车运行图计划编制完成后，要及时下达给各站、段。根据具体情况，可采取集中、分段或个别的方式下达计划。应向基层站、段执行者交代清楚，使其明确计划意图，心中有数。

**4. 组织实现**

列车运行调整计划下达后，仅仅是组织计划实现的开始。在执行计划的过程中，列车调度员要随时注意列车运行情况的变化，做到勤盯、勤问、勤联系，特别是对关键列车（如在旅客列车前面运行的货物列车，或在旅客快车前面运行的旅客慢车等）和重点车站，要及时收点，随时监督列车的运行，以便发现问题，及时采取调整措施，保证列车按计划安全正点运行。

# 任务3　调 度 命 令

调度命令是各级调度在组织指挥日常运输工作中对下级调度或站段，以及有关人员按规定发布的有关完成日常运输生产的具体部署和指挥行车工作的命令。行车调度命令是行车调度处理日常行车工作中有关问题，以及在非正常情况下组织指挥行车有关部门、单位和人员办理行车工作、指示作业方法和安全注意事项的带有约束性的指令，是行车各部门具体办理行车工作的根据，是行车调度人员组织指挥行车工作和安全生产的必要手段，也是考察行车调度人员组织指挥工作的过程及工作质量的依据。它体现了铁路行车工作集中领导、统一指挥的原则。

国铁集团、铁路局集团公司调度在组织指挥日常运输工作中，应及时正确发布与运输有关的调度命令，下级调度以及行车有关人员必须坚决执行。

## 一、需要发布调度命令的情况

根据调度集中统一指挥的原则，一个调度区段内由本区段列车调度员统一指挥，指挥列车运行的命令（运行揭示调度命令除外）和口头指示，只能由列车调度员发布。为确保列车运行安全、正点，确保按计划完成施工任务，积极妥善地处理各种突发事件，列车调度员在发布命令或口头指示前应通过现场有关人员充分了解列车的运行情况、现场设备状况、施工计划以及突发事件影响的范围，为现场人员具体组织、落实创造良好的条件。《技规》普速铁路部分规定需要发布行车调度命令的情况，见表7-1。

行车调度命令项目表　　表7-1

| 顺序 | 命令项目 | 受令者 | |
|---|---|---|---|
| | | 司机 | 车站值班员 |
| 1 | 封锁、开通区间 | | ○ |
| 2 | 向封锁区间开行救援列车、路用列车 | ○ | ○ |
| 3 | 临时变更或恢复原行车闭塞法 | ○ | ○ |
| 4 | 双线反方向行车、由双线改为单线或恢复双线行车 | ○ | ○ |
| 5 | 变更列车径路 | ○ | ○ |
| 6 | 发出在区间内停车或由区间返回的列车 | ○ | ○ |
| 7 | 开往区间内岔线的列车 | ○ | ○ |
| 8 | 发出临时由区间内返回后部补机的列车 | ○ | ○ |
| 9 | 列车需临时降弓运行 | ○ | ○ |
| 10 | 因行车设备故障、灾害或施工，以及列车中挂有限速的机车车辆等，需要使列车临时限速运行（纳入运行揭示调度命令或本务机车、动车组自身设备原因限速时除外） | ○ | ○ |
| 11 | 动车组列车空调失效需打开部分车门限速运行 | ○ | ○ |
| 12 | 车站使用故障按钮、总辅助按钮 | | ○ |
| 13 | 超长列车或列车挂有装载超限货物的车辆 | ○ | ○ |
| 14 | 单机附挂车辆 | ○ | ○ |
| 15 | 半自动闭塞区间，超长列车头部越过出站信号机（未压上出站方面的轨道电路）发车 | ○ | ○ |
| 16 | 在非到发线上接发列车 | ○ | ○ |

续上表

| 顺序 | 命令项目 | 受令者 | |
|---|---|---|---|
| | | 司机 | 车站值班员 |
| 17 | 调度日(班)计划以外,临时加开或停运列车(单机除外) | ○ | ○ |
| 18 | 双线区间在区间内进行跨线装卸作业时,对开入其邻线的列车 | ○ | ○ |
| 19 | 双线区间在区间内有除雪机、起重机工作时,对开入其邻线的列车 | ○ | ○ |
| 20 | 双线区间在区间内发生冲突、脱轨、火灾、爆炸事故,对开入其邻线的列车 | ○ | ○ |
| 21 | 列尾装置故障(丢失)的货物列车继续运行 | ○ | ○ |
| 22 | 改按天气恶劣难以辨认信号的办法行车或恢复正常行车 | ○ | ○ |
| 23 | 动车组列车转入或退出隔离模式(被救援时除外) | ○ | ○ |
| 24 | 动车组列车在列控车载设备控车和列车运行监控装置控车之间人工转换 | ○ | ○ |
| 25 | 临时利用本务机车调车作业 | ○ | ○ |
| 26 | 利用天窗施工、维修作业 | | ○ |
| 27 | 施工、维修作业较指定时间延迟结束 | | ○ |
| 28 | 运行揭示调度命令与实际限速、行车方式或设备不符时 | ○ | ○ |
| 29 | 正线、到发线接触网停电或送电(接触网倒闸、跳闸后试送电、向中性区送电或弓网故障排查除外) | | ○ |
| 30 | 正线、到发线接触网停电后准许登顶作业 | ○ | ○ |
| 31 | 双管供风旅客列车运行途中改为单管供风 | ○ | ○ |
| 32 | 列车调度员认为有必要记录的上述以外的命令 | 有关人员 | |

注:1. 划○者为受令人员。

2. 天窗维修作业在指定的时间内完成并销记后,列车调度员不再发布维修作业结束恢复行车的调度命令。

3. 动车组列车改按列车运行监控装置方式运行需将列控车载设备隔离时,列车调度员仅发布改按列车运行监控装置方式行车的调度命令。

4. 因调车作业动车组控车模式转换,不发布调度命令。自动站间闭塞法行车转为半自动闭塞法行车及转回的调度命令,可不发给司机。

(1)当区间内进行线路、桥隧、接触网等施工或由于自然灾害、设备故障、行车事故的影响,不能再向该区间发出正常运行的列车,以及车站无人应答、不能办理行车工作等情况,需对区间进行封锁时,必须以发布调度命令的方式向有关人员提出明确的要求,并严格执行有关规定,确保行车安全。当封锁区间的因素消除后开通区间时,也应以调度命令明确。

(2)当区间因施工或由于自然灾害、设备故障、行车事故等情况的影响封锁后,区间的设备情况和行车条件发生了很大的变化,需向区间内开行一些进行施工作业、抢修、救援的列车,并进行相应的作业,为保证施工作业及抢修、救援的安全,也为保证不再向区间发出正常运行的列车，在行车组织办法和作业要求上都发生很大变化，必须发布调度命令，使办理行车工作的有关人员及施工作业、抢修、救援人员明确行车要求和作业注意事项，保证在封锁区间内行车及作业的安全。

(3)当发生基本闭塞设备不能使用等情况，需采用人工方式保证列车按空间间隔的办法运行时，行车凭证、作业要求等方面都发生了变化，为使车站接发车人员、列车司机明确作业办法和要求，引起作业人员的重视，须发布调度命令。当基本闭塞设备恢复正常时，也须发布调度命令，向有关车站、列车明确，避免在行车中引起闭塞方式上的混乱。自动站间闭塞法行车转为半自动闭塞法行车及转回的调度命令，由于信号及司机行车方式不发生变化，调度命令可不发给司机。

(4)双线反方向行车及由双线改为单线行车，属于非正常的行车方式，同一条线路由单向行车改为运行上、下行列车，须以发布调度命令方式告知列车司机、车站值班员等行车有关人员，确保行车安全。当需恢复双线行车时，也须发布调度命令，使不同的车站、列车司机同时明确，避免不同人员理解不同，造成错误办理。

(5)列车是按列车运行图规定的径路运行的，司机熟悉规定运行区段内的线路、信号、车站等设备，旅客列车还有旅客在图定的车站乘降。当因特殊原因列车必须改变运行径路时，行车设备发生了变化，特别是旅客列车改变运行径路时，还涉及旅客的运输组织，因此必须发布调度命令，向改变径路的车站、司机等明确改变后的列车运行径路、运行要求等，以便各方面做好准备，妥善安排好旅客，保证列车运行的安全。

(6)正常情况下列车运行是从一个车站至另一个车站，在区间内不停车(运行图规定的列车除外)，更不返回。因装卸作业等特殊情况，确需列车在区间内停车或返回时，列车进入区间、返回车站的行车办法与正常情况下行车不同，同时对列车在区间的有关作业、停留地点、返回时刻等都需要进行明确，因此必须在发出列车前发布调度命令，明确上述事项，以便完成区间工作任务，保证列车运行的安全。

(7)列车开往区间内岔线时，不能采取正常的行车办法，必须发布调度命令对何时进去、何时返回等事项进行明确，指示车站及列车工作的有关人员按有关规定组织好有关工作。

(8)由于列车牵引超重或因天气不良等情况造成牵引困难，需在列车后部临时加挂由区间返回的补机，接发列车作业时，对本务机车、补机司机和车站作业人员都有规定和要求，因此发车前必须发布调度命令，要求有关人员按相关规定作业，保证列车运行的安全。

(9)因接触网挂异物或故障等特殊情况，需列车临时降弓通过故障地段时，列车司机须准确掌握降弓地点，做好降弓准备，因此必须发布调度命令明确相关事项，确保列车运行安全。

(10)当发生行车设备故障、灾害或在封锁施工后，以及在列车中挂有限速运行的机车、车辆等情况，需要使列车限速运行时，必须以调度命令明确列车运行速度限制。列车运行速度限制已纳入运行揭示调度命令时，列车司机已提前收到限速运行命令，不需再发布调度命令；本务机车或动车组自身故障时，列车司机已掌握故障情况，清楚列车运行速度限制，不需列车调度员再发布调度命令。

(11)为保证动车组列车空调失效时车内通风良好，特殊情况下允许动车组列车打开部分车门运行，为确保开门运行时的旅客人身安全和列车运行安全，列车须限速运行，为使列车司机等有关人员及沿途车站值班员明确作业要求，必须发布调度命令。

（12）遇轨道电路故障、闭塞设备故障、列车因故退回原发车站等情况，不能使用正常办理方式开通区间或改变运行方向，车站需使用故障按钮或总辅助按钮办理，此时不论区间是否有列车运行或有遗留车辆，都能开通区间或改变闭塞设备的发车方向，此时若不确认区间空闲就有可能发生行车事故，必须待列车调度员和两端站车站值班员共同确认区间空闲后，由列车调度员发布调度命令，方可使用故障按钮或总辅助按钮。

（13）编组货物列车是按列车运行图规定的重量和长度来进行的，以保证进入区间运行的货物列车的重量或长度，适应本务机车的牵引力和运行区段内线路有效长的要求，最大限度地完成运输生产任务，同时也不能影响其他列车的运行与接发。因特殊情况需要开行超长列车时，必须发布调度命令，向有关车站、列车司机等明确列车已超长，应提前做好会让计划、安排好接发车线路。装载超限货物是指货物装车后，在平直的线路上停留时，在高度或宽度上超过了机车车辆的限界，或在平直的线路上停留时不超限，但在通过曲线时，经过计算在高度或宽度上超出了机车车辆限界。列车中挂有装载超限货物的车辆时对邻线列车的运行、车站的接发车线路、列车运行和经过侧向道岔的速度等都有明确的规定，因此必须发布调度命令向列车运行所经各站、司机等规定运行条件，以使有关人员认真执行，确保将超限货物安全的运送至目的地。

（14）在区段内运行的单机，是为区段两端的技术站提供动力，以保证技术站的列车及时发出，加速技术站的车辆移动，或者是保证机车及时入库，以便更好运用机车，减少乘务员的超劳等。因此在不影响机车运用、保证列车运行安全的条件下，为充分利用机车动力和区间通过能力，允许利用单机附挂车辆，此时，必须发布调度命令予以承认。

（15）半自动闭塞区间，在超长列车头部越过出站信号机但未压上出站方面的轨道电路的情况下发车时，出站信号机虽能显示进行信号，但列车司机不能确认出站信号机的显示，也就是不能确认进入区间的凭证，因此必须发布调度命令，告知列车司机出站信号显示正确，准许列车超过出站信号机发车。

（16）接发列车应在正线、到发线上办理，遇特殊情况在调车线、货物线等非到发线上接发列车时，须经列车调度员同意并发布调度命令。

（17）列车是按运行图和日（班）计划规定的数量开行的，有关运输部门都是按日（班）计划开展工作的，比如编组列车、安排人员等，在调度日（班）计划以外临时加开或停运列车时，需要增加或取消上述作业，必须发布调度命令，以使有关人员做好相应工作。单机临时加开、停运频繁，单机开行及停运组织相对简单，故单机临时加开、停运采取口头指示等方式布置，不再发布调度命令，但应及时下达列车运行调整计划，明确车次、时刻、方向等事项。

（18）在双线区间内进行跨线装卸作业时，作业人员及机具等有可能影响邻线行车，因而须发布调度命令，提醒邻线的列车注意，按调度命令的要求运行。

（19）在双线区间内一条线路上有除雪机、起重机工作时，作业人员及机具等有可能影响邻线行车，因而须发布调度命令，提醒邻线的列车注意，按调度命令的要求运行。

（20）在双线区间内发生冲突、脱轨、火灾、爆炸时，事故车辆、抢修人员及救援机具等有可能影响邻线行车，因而须发布调度命令，提醒邻线的列车注意，按调度命令的要求运行。

(21)货物列车的列尾装置故障(丢失)时,机车乘务员不能准确掌握列车尾部风压和列车完整,为使车站接发列车人员引起注意,认真监视列车运行,确认列车完整,采取调度命令的形式告知沿途各站。

(22)改按天气恶劣难以辨认信号的办法行车或恢复正常行车时,作业办法发生改变并有明确的行车要求,必须发布调度命令告知有关人员。

(23)动车组列车转入隔离模式运行时,列车由机控改为司机人工控车,行车凭证、作业要求等方面也都发生了变化,因此转入或退出隔离模式运行必须得到列车调度员同意,并发布调度命令。动车组列车被救援而转入隔离模式时,因该动车组不再担当牵引动力,不需发布调度命令。

(24)动车组列车在列控车载设备控车和列车运行监控装置控车之间人工转换时,行车凭证、作业要求等方面变化较大,必须得到列车调度员同意并发布调度命令。当动车组列车改按列车运行监控装置方式运行需将列控车载设备隔离时,列车调度员仅发布改按列车运行监控装置方式行车的调度命令。

(25)除摘挂和小运转列车本务机车外,其他列车本务机车主要担当列车牵引任务,很少进行调车作业,机车乘务人员对调车作业和部分车站设备不十分熟悉,与车站调车人员配合生疏,因而临时利用本务机车调动车辆时,必须得到列车调度员同意并发布调度命令。

(26)利用列车运行图规定的"天窗"进行施工、维修作业时,对接发列车、调车作业及列车在区间运行都有一定的要求,同时对施工和维修单位的作业及开始、结束的时间等都有一定的限制,有时还要加开路用列车,必须发布调度命令向有关人员明确有关事项。因天窗维修作业前后,列车运行条件不变,因此,天窗维修作业在指定的时间内完成并销记后,列车调度员不需发布维修作业结束恢复行车的调度命令。

(27)由于施工改变了列车运行条件、车站办理接发列车的方式及进入区间的行车凭证等,如果施工较规定的时间延迟结束,施工的影响时间将延长,必须发布调度命令,使受施工影响的车站、有关施工及配合单位均了解施工情况,准许施工单位按新的时间等要求继续组织施工。

(28)为便于车站、列车司机提前学习、掌握行车条件,运行揭示调度命令是提前发布的,并将限速数据写入了IC卡,因施工提前、延迟等特殊原因导致实际情况与运行揭示调度命令不符时,必须将运行速度限制等行车要求以调度命令方式告知车站、列车司机等相关人员,以确保行车安全。

(29)电气化区段的正线、到发线接触网有无电是车站办理接发列车的重要条件,停电或送电时如果作业指挥不当,可能造成电力机车进入无电区或发生弓网事故等,送电时还可能造成作业人员的伤害等,因此电气化区段的正线、到发线接触网停电或送电时均需发布调度命令,向车站人员、供电人员明确停送电时间、范围及作业要求等。接触网倒闸、强送电跳闸后试送电、向中性区送电或弓网故障排查时,可不发布调度命令。

(30)电气化区段登顶作业存在人身安全风险,须在正线、到发线接触网已停电并得到列车调度员准许后,方可在做好接地等安全防护措施后,办理登顶作业,为慎重起见,规定列车调度员以调度命令的方式准许。

(31)双管供风旅客列车改为单管供风时,原通过总风管供风的车辆集便装置、塞拉门及空气弹簧,改为通过制动主管供风,并需安排在车站进行有关作业,需向司机、车辆乘务员、车站值班员等有关作业人员发布调度命令准许办理有关作业。

(32)在指挥行车工作当中,还有可能遇到很多特殊情况和突发事件,为指示有关人员做好与行车相关的工作,列车调度员认为有必要时,可发布调度命令。

## 二、不发布调度命令的情况

除《技规》有明确规定外,遇下列情况,列车调度员亦不发布调度命令。

(1)使用绿色许可证或半自动闭塞发车进路通知书发出列车时。

(2)自动闭塞区间一架通过信号机故障。

(3)旅客列车在技术停车站(不办理客运、通勤业务和技术作业)临时变更通过。

(4)使用引导信号接车(使用引导手信号除外)。

(5)站内采用调车方式救援。

(6)已发布运行揭示调度命令的变更旅客列车固定走行径路。

(7)接发动车组列车变更固定股道。

(8)区间内机车信号、列车运行监控装置(LKJ)、轨道车运行控制设备(GYK)发生故障,运行至前方站停车处理。

(9)列车退行。

(10)自轮运转特种设备自走行时因自身设备原因限速。

(11)旅客列车发生制动关门,依据"旅客列车制动关门限速证明书"限速;货物列车编入关门车数超过现车总辆数的6%,依据"制动效能证明书"限速。

## 三、口头指示

除调度命令以外,调度员在日常生产指挥中向有关人员发布的完成运输生产任务的具体部署和指挥行车工作的指令,称为口头指示。口头指示和调度命令具有同等作用,有关人员必须坚决执行。发布口头指示,也应正确、及时、清晰、完整。

## 四、调度命令的发布

行车调度命令是铁路行车中遇非正常情况下采取的作业方式的指令。列车调度员必须严格按规定发布调度命令,有关行车人员必须严格执行调度命令。

### (一)调度命令发布的基本规定

(1)调度命令发布前,应详细了解现场情况,听取有关人员的意见,命令内容、受令处所必须正确、完整、清晰。

(2)使用计算机、传真机、调度命令无线传送系统发布调度命令时,必须严格遵守"一拟写、二审核(按规定需监控人审核的)、三签发(按规定需领导、值班主任签发的)、四发布、五确认签收"的发布程序。命令接受人员确认无误后应及时反馈回执。

(3)使用电话发布调度命令时,必须严格遵守"一拟写、二审核(按规定需监控人审核的)、三签发(按规定需领导、值班主任或值班副主任签发的)、四发布、五复诵核对、六下达命令号码和时间”的发布程序。使用电话发收调度命令时，应填记“调度命令登记簿”（列车调度员使用调度命令系统记录时除外）见表7-2，指定受令人员中一人复诵，并记明发收人员姓名及时刻。

**调度命令登记簿**（《技规》附件7） 表7-2

| 月日 | 发出时刻 | 命令 | | | 复诵人姓名 | 接受命令人姓名 | 调度员姓名 | 阅读时刻（签名） |
|---|---|---|---|---|---|---|---|---|
| | | 号码 | 受令及抄知处所 | 内容 | | | | |
| | | | | | | | | |
| | | | | | | | | |
| | | | | | | | | |
| | | | | | | | | |
| | | | | | | | | |
| | | | | | | | | |
| | | | | | | | | |
| | | | | | | | | |
| | | | | | | | | |

（规格190mm×265mm）

（4）已发布的调度命令遇有错、漏或变化时，尚未开始执行的，必须取消前发命令，重新发布调度命令；已开始执行的，应立即停止执行错误或变化内容，并及时发布调度命令进行修正。

（5）调度命令书写不正确时，应重新书写。

（6）发布有关线路、道岔限速的调度命令，必须注明具体地点、起止里程及限速值。

（7）发布救援调度命令，必须注明被救援列车或车列的救援端里程。

（8）使用常用行车调度命令模板、常用运行揭示调度命令模板拟写调度命令时，可根据需要对命令模板内容进行增加或删减。

铁路局集团公司列车调度员发布行车调度命令时，除严格执行《技规》有关要求外，还应遵守以下规定：

（1）发布行车调度命令，要一事一令，不得发布无关内容。一事一令是指对一个独立事件发布一个命令，该独立事件包括单因素事件和多因素事件两类。单因素事件是指不与其他工作发生关联的简单事件；多因素事件是指涉及两项及其以上工作内容，且因此及彼、因果相关、时间相连的复杂事件，可发布一个调度命令。

（2）设有双线双向闭塞设备且作用良好的区间，需要连续反方向行车时，可发布一个调度命令。

（3）对跨局（调度台）的列车，接车局（调度台）列车调度员可委托发车局（调度台）列车调度员发布调度命令。接车局（调度台）要将需转发的调度命令号码和内容发给邻局（调度台），邻局（调度台）在时间允许情况下，不得拒绝委托，并将受令情况向接车局（调度台）列车调度员通报。

(4)发布行车调度命令时,涉及限速内容应一并下达(司机已有限速调度命令除外)。

**(二)施工调度命令发布的规定**

施工调度命令是指施工作业当日由列车调度员发布的准许施工作业开始、确认施工作业结束等与实际施工作业有关的调度命令。

(1)施工调度员负责拟写次日施工调度命令,经一人拟写、另一人核对后,传(交)列车调度员。

(2)列车调度员根据施工日计划与车站值班员的施工作业申请核对一致后,发布准许进行施工作业的调度命令。

(3)施工作业结束后,列车调度员根据车站值班员申请,应及时发布施工作业结束的调度命令。

(4)施工开通后有第1、2、3……列限速要求的列车,由列车调度员发布调度命令。

(5)施工开通后启用新版本LKJ数据涉及径路、线路允许速度变化的第一列列车,列车调度员应发布调度命令。

(6)因施工提前、延迟或其他原因造成运行揭示调度命令与实际限速、行车方式或设备不符时,列车调度员应取消前发运行揭示调度命令,向有关司机、车站值班员、施工负责人重新发布全部内容的调度命令;相符时仍按前发运行揭示调度命令执行。

**(三)运行揭示调度命令发布的有关规定**

运行揭示调度命令是指由施工调度员发布的涉及限速、行车方式变化和设备变化的调度命令。

(1)运行揭示调度命令应包括时间、地点、因由、速度、行车方式变化、设备变化等内容。

(2)发布运行揭示调度命令,不得含有与受令处所无关的内容。

(3)施工调度员应依据施工日计划和主管业务处提报的灾害、故障涉及限速、行车方式变化和设备变化的申请编制运行揭示调度命令。

(4)国铁集团发布的"常用运行揭示调度命令模板"未涉及的项目,由铁路局集团公司制定"补充常用运行揭示调度命令模板"。

(5)运行揭示调度命令须一人拟写、另一人核对,施工办主管科室主任(副主任)、施工办主任(副主任)逐级审核签认,于施工前一日12:00前(其中0:00至4:00执行的运行揭示调度命令为前一日8:00前)发布至有关业务处、机务段、车务段(直属站),并传(交)相关列车调度台,其中涉及邻局的车务段(直属站)和相关调度台,传(交)邻局施工办并由其转达。主管业务处负责转交施工单位、自轮运转特种设备管理单位,车务段(直属站)负责转交相关车站。

(6)列车运行途中遇跨越运行揭示调度命令有效时段或其他原因,造成列车运行没有可依据的运行揭示调度命令时,司机须提前向车站值班员(列车调度员)报告,车站值班员立即向列车调度员报告,列车调度员安排交付书面调度命令(可在一个行车调度命令中转发有关运行揭示调度命令),跨局(调度台)运行时,须通知邻局(调度台)列车调度员。

(7)运行揭示调度命令发布的限速条件需转变为LKJ基础数据时,除按有关LKJ数据管理规定程序办理外,本着"谁申请(登记)、谁取消"的原则,由申请(登记)部门在LKJ数据换装生效时刻后，向施工办、车站申请取消限速。施工调度员须在得到申请（登记）部门取消限速的申请后，方准取消该运行揭示调度命令。

（8）发生灾害、设备故障等突发情况，需临时限速时（含施工开通后未达到规定的放行列车条件），应由有关单位（人员）提出限速申请，列车调度员按规定发布临时限速调度命令；对于暂时不能取消的临时限速，应纳入运行揭示调度命令管理，具体纳入时机由铁路局集团公司规定，限速登记单位或设备管理单位应提出限速申请，报告主管业务处室，由主管业务处室审核后提交施工办发布运行揭示调度命令。

### （四）调度命令发布的重要环节

行车调度命令是保证列车安全正点运行的重要措施，是列车调度员在调整列车运行时的必要手段。能否正确及时地发布调度命令，事关铁路行车工作的安全和运输效率，也是衡量一个列车调度员业务水平高低的重要标志。因此，列车调度员对于调度命令的发布工作不可忽视，必须认真严肃对待。

怎样才能做到正确及时地发布调度命令呢？根据实际工作的经验，列车调度员在发布调度命令时，应力求做到以下几个方面：

**1. 情况清楚**

在发布命令前，应详细了解现场当时的线路、设备、列车或机车车辆所处的状态，需要进行作业的性质、要求和必要性，了解有关领导的指示和日（班）计划的要求，并认真听取行车有关领导、其他工种调度和现场有关行车人员的意见，对现场的实际情况做出全面、正确的判断，确定该不该发布调度命令和应如何正确发布调度命令，做到情况不清不发调度命令。

**2. 规章明确**

规章制度是列车调度员发布调度命令的依据。当需要发布调度命令时，调度员应根据《技规》《行规》《调规》等有关行车工作规章、文件、电报等有关规定，正确及时地发布相应的调度命令。

**3. 内容确切**

调度命令的内容要严密、确切、详细、完整。在调度命令中一般应包括：作业的主体、对象、时间（包括起止时间）、地点（包括起止地点）、具体方法和安全注意事项。不得模棱两可、不明不白，防止命令下达后，被受令人误解、曲解而出现漏洞。

**4. 受令人齐全**

调度命令发出后，有关受令人将以调度命令的指示为依据进行作业，为了保证这些部门和人员工作时协调一致，发布调度命令时，必须受令人齐全，不可遗漏。

**5. 措词简明**

发布调度命令时，措词必须简明扼要、用词准确、文理通顺，要用最简洁明确的语言表述调度命令的全部内容。同时应注意不要随意简化、省略必要的内容。调度命令应尽可能规范化、标准化，以利于调度员迅速下达和受令人迅速抄收，使命令执行人正确理解和执行调度命令。

**6. 记载完整**

调度命令的号码、发布时间、受令人及转抄受令人、复诵人、命令内容、发令人等，必须在

"调度命令登记簿"中逐项记载齐全,并书写清楚。

## 五、调度命令交付的有关要求

### (一)交付行车调度命令的要求

交付行车调度命令时,除严格执行《技规》有关要求外,还应遵守以下规定:

(1)具备调度命令无线传送系统的,列车调度员(车站值班员)应使用调度命令无线传送系统向值乘司机发布(转达)调度命令。

(2)语音记录装置良好条件下,符合使用列车无线调度通信设备发布、转达调度命令内容的,列车调度员(车站值班员)可使用列车无线调度通信设备向列车司机发布(转达)调度命令。

(3)不具备上述条件时,本区段有停车站,列车调度员指定车站值班员在列车进入关系地点前的停车站交付调度命令;本区段无停车站或来不及时,在列车进入关系地点前的车站停车交付调度命令。

### (二)交付和核对限速调度命令的要求

(1)限速调度命令,须在列车进入限速地点前发布(转达)完毕,如来不及时,必须在列车进入限速地点前的车站停车转达调度命令。

(2)具备使用调度命令无线传送系统或提前在停车站交付调度命令条件的,须传送(交付)书面调度命令。

(3)不具备使用调度命令无线传送系统或提前在停车站传送(交付)书面调度命令,需使用列车无线调度通信设备发布(转达)调度命令时,列车调度员除发给限速地点关系站外,还应发给转达调度命令车站,转达调度命令车站应在列车于本站通过(开车)前转达完毕。

限速地点关系站(简称关系站):限速地点在区间内,关系站为区间的两端站;限速地点在车站站内或站内跨区间,关系站为限速地点车站和相邻车站。

限速地点关系站示意图如图 7-3 ~ 图 7-6 所示。

①站内限速(C 站站内限速,关系站为 B、C、D 站,图 7-3 运行方向 A 站或其后方站转达,B 站核对)

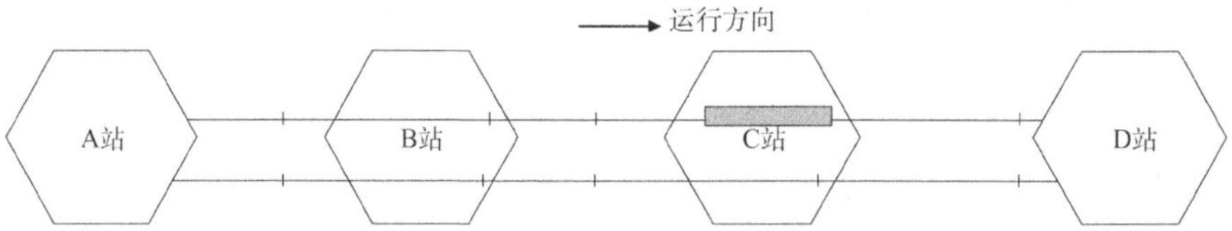


图 7-3 站内限速

②区间限速(B 至 C 站区间限速,关系站为 B、C 站,图 7-4 运行方向 A 站或其后方站转达,B 站核对)

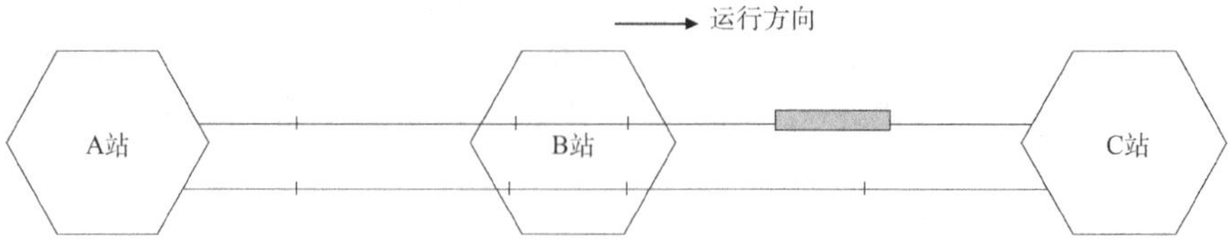


图 7-4 区间限速

③站内跨区间限速(C 站及 C 至 D 站区间限速,关系站为 B、C、D 站,图 7-5 运行方向 A 站或其后方站转达,B 站核对)

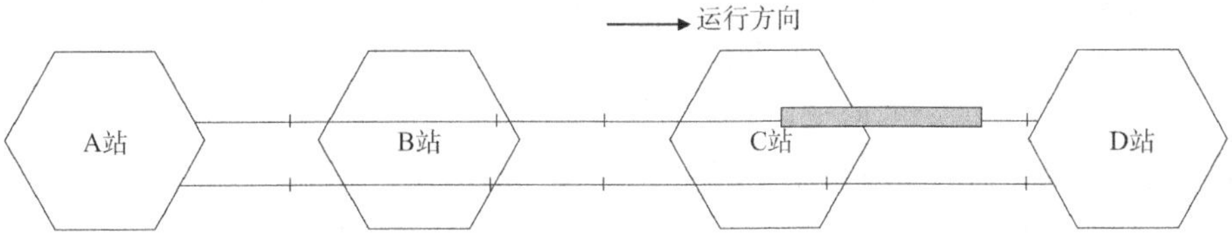


图 7-5　站内跨区间限速

④一站两区间限速(C 站及 B 至 C、C 至 D 站区间限速,关系站为 B、C、D 站,图 7-6 运行方向 A 站或其后方站转达,B 站核对)

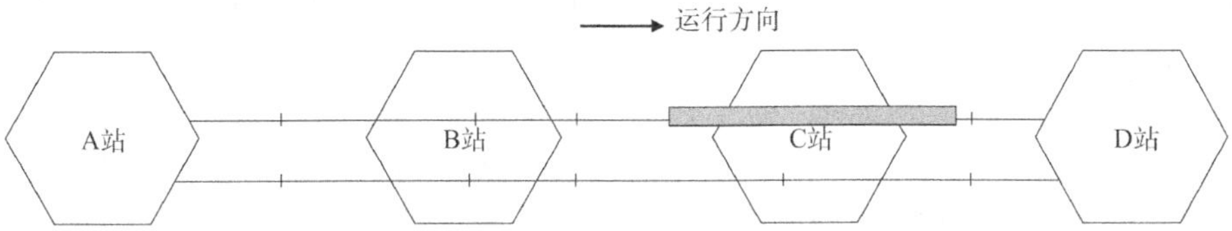


图 7-6　一站两区间限速

(4)对限速调度命令,列车进入限速地点前的关系站在列车通过(开车)前,须逐列与司机核对限速内容。调度集中区段、装备列控设备区段,有关核对要求由铁路局集团公司规定。

(5)核对不一致时,司机应在进入限速地点前的车站停车并向车站值班员报告,车站值班员立即向列车调度员报告,列车调度员核实后,发布(交付)正确的限速调度命令。

**(三)可使用语音记录装置良好的列车无线调度通信设备交付调度命令的情况**

以下调度命令可使用语音记录装置良好的列车无线调度通信设备向司机发布、转达:

(1)临时变更(改按电话闭塞法行车除外)或恢复原行车闭塞法。

(2)设有双线双向闭塞设备且作用良好的区间,双线反方向行车。

(3)变更列车径路。

(4)列车需临时降弓运行。

(5)有计划封锁施工开通后,指定 1、2、3……列限速。

(6)临时限速(指未纳入运行揭示调度命令的限速,下同)。

(7)动车组列车空调失效需打开部分车门限速运行。

(8)超长列车。

(9)单机附挂车辆。

(10)半自动闭塞区间,超长列车头部越过出站信号机(未压上出站方面的轨道电路)发车。

(11)在非到发线上接发列车。

(12)日(班)计划以外临时加开或停运列车。

(13)双线区间内进行跨线装卸作业,区间有除雪机、起重机工作,区间内发生冲突、脱轨、火灾、爆炸事故,对开入其邻线的列车。

(14)列尾装置故障(丢失)的货物列车继续运行。

(15)改按天气恶劣难以辨认信号的办法行车。

(16)动车组列车转入或退出隔离模式。

(17)动车组列车在列控车载设备控车和列车运行监控装置(LKJ)控车之间人工转换。

(18)临时利用本务机车调车作业。

(19)正线、到发线接触网停电后准许登顶作业。

(20)双管供风旅客列车运行途中改为单管供风。

(21)运行揭示调度命令与实际限速、行车方式或设备不符时。

(22)调度集中区段,由列车调度员办理接、发列车,作为行车凭证的调度命令。

(23)使用引导手信号接车。

(24)遇特殊情况,向已进入关系区间的列车司机发布(交付)的调度命令。

(25)铁路局集团公司规定可以利用列车无线调度通信设备发布、转达的调度命令。

## 六、调度命令的编号方法

调度命令号码的编制应按不同工种分别规定。铁路局集团公司行车调度命令按日循环,运行揭示调度命令及其他专业调度命令按月循环,国铁集团各工种的调度命令按月循环(其中国铁集团货运和列车工作日计划命令按年循环)。

调度命令日期的划分,以0:00为界。调度命令循环号码的起讫时间,以0:00区分。

各级调度命令应保管一年。

**1. 国铁集团调度命令号码**

(1)货运和列车工作日计划命令号码0001~0366。

(2)车流调整命令号码0401~0499。

(3)行车调度命令号码0501~1799。

(4)专运调度命令号码1801~1899。

(5)客运调度命令号码1901~2399。

(6)货运调度命令号码2401~2699。

(7)行包调度命令号码2701~2999。

(8)机车调度命令号码3001~3299。

(9)车辆调度命令号码3301~3399。

(10)军运调度命令号码3401~3699,其中,军运及军列空车底回送命令号码3401~3599,长大货物车(D型车)使用、回送及超限专列命令号码3601~3699。

(11)特运调度命令号码3701~3999,其中:机械冷藏车使用及回送命令号码3701~3799,重点石油装车命令号码3801~3899,国铁集团所属罐车调度命令号码3901~3999。

(12)供电调度命令号码4001~4099。

(13)停、限装及恢复装车命令号码4101~4399。

(14)备用车命令号码4401~4999。

(15)集装箱命令号码5001~5599。

(16)施工命令号码5601~5899。

(17)备用命令号段5901~5999。

2. 调度命令号码不得重复

铁路局集团公司与国铁集团调度命令号码不得重复，具体由铁路局集团公司规定。

## 七、常用行车调度命令模板

为规范铁路行车调度命令，国铁集团根据《技规》等规章和文件，对全路常用行车调度命令模板做了统一的规定，为列车调度员发布调度命令和有关行车人员执行调度命令提供了统一标准，为安全管理部门检查监督调度命令发布和执行提供了依据，为保证铁路行车安全提供了重要保证。

对国铁集团规定以外的行车调度命令模板，由各铁路局集团公司根据各自的具体情况自行制定，报国铁集团备案。

### （一）行车调度命令模板

1.“封锁及开通区间”调度命令模板（见表7-3）

调 度 命 令 ⑪ 表7-3

［封锁及开通区间］

____年____月____日____时____分 第________号

| 受令处所 | | 调度员姓名 | |
|---|---|---|---|
| 内容 | 1. 封锁区间<br>______站至______站间______行线因______，自接令时（______次列车到______站）起（至______时______分止），区间封锁。<br>2. 开通封锁区间<br>根据______站报告，______站至______站间______行线______完毕，（区间已空闲，）自接令时起区间开通。 | | |

受令车站________车站值班员________

注：使用项内不用字句划掉，不用项圈掉该项号码。

2.“向封锁区间开行救援列车”调度命令模板（见表7-4）

调 度 命 令 ⑫ 表7-4

［向封锁区间开行救援列车］

____年____月____日____时____分 第________号

| 受令处所 | | 调度员姓名 | |
|---|---|---|---|
| 内容 | 3. 向封锁区间开行救援列车<br>（自接令时起，______站至______站间______行线区间封锁。）<br>准许______站（利用______机车）开______次列车，进入______站至______站间______行线封锁区间______km______m处进行救援，将______次列车推进（拉回）至______站（，返回开______次列车）（，按救援负责人的指挥办理）。<br>4. 列车分部运行<br>根据______站报告，______次列车因______，自接令时起______站至______站间______行线区间封锁。<br>准许______站利用______机车开行______次列车进入封锁区间______km______m处挂取遗留车辆，将______次列车推进（拉回）至______站（，返回开______次列车）。 | | |

受令车站________车站值班员________

注：使用项内不用字句划掉，不用项圈掉该项号码。

### 3.“临时变更或恢复原行车闭塞法”调度命令模板(见表7-5)

**调 度 命 令** ⑬ 表7-5

[临时变更行车闭塞法或恢复原行车闭塞法]

____年____月____日____时____分 第________号

<table>
<tr><td>受令处所</td><td>------------------------------------------------------------------------</td><td>调度员姓名</td><td></td></tr>
<tr><td>内容</td><td colspan="3">5. 停用基本闭塞法,改用电话闭塞法<br>自接令时(______次列车到______站)起,______站至______站间______行线停用基本闭塞法,改用电话闭塞法行车。<br>6. 恢复原行车闭塞法<br>自接令时(______次列车到______站)起,______站至______站间______行线,恢复基本闭塞法行车。<br>7. 停用自动站间闭塞法,改用半自动闭塞法<br>自接令时(______次列车到______站)起,______站至______站间______行线停用自动站间闭塞法,改用半自动闭塞法行车。<br>8. 由半自动闭塞法恢复自动站间闭塞法<br>自接令时(______次列车到______站)起,______站至______站间______行线,恢复自动站间闭塞法行车。<br>9. 双线反方向行车(未设双线双向闭塞设备或双线双向闭塞设备故障)<br>自接令时(______次列车到______站)起,______站至______站间______行线停用基本闭塞法,改用电话闭塞法行车。准许______次列车在______站至______站间利用______行线反方向运行,______次列车到______站后,恢复______行线基本闭塞法行车。<br>10. 双线改单线行车(未设双线双向闭塞设备或双线双向闭塞设备故障)<br>自接令时(______次列车到______站)起,______站至______站间______行线停用基本闭塞法,改用电话闭塞法,按单线行车。<br>11. 恢复双线行车(未设双线双向闭塞设备或双线双向闭塞设备故障)<br>自接令时(______次列车到______站后)起,恢复______站至______站______行线基本闭塞法,______站至______站间恢复双线行车。<br>12. 列车反方向进入区间并运行至前方站(未设双线双向闭塞设备或双线双向闭塞设备故障)或发出由区间返回的列车<br>自接令时(______次列车到______站)起,______站至______站间______行线停用基本闭塞法,改用电话闭塞法行车。准许______站开______次列车(反方向)进入区间______km______m至______km______m处______,(返回开______次列车)限______时______分前到______站,本列到达后恢复基本闭塞法。<br>13. 单线半自动闭塞或双线反方向越出站界调车<br>自接令时(______次列车到______站)起,______站至______站间______行线停用基本闭塞法,改用电话闭塞法。准许______站利用该区间越出站界调车,限______时______分前完毕,作业完毕后恢复基本闭塞法。</td></tr>
</table>

受令车站________车站值班员________

注:使用项内不用字句划掉,不用项圈掉该项号码。

**4.“双线反方向行车、由双线改为单线**(设有双线双向闭塞设备)**或恢复双线行车”调度命令模板**(见表7-6)

**调 度 命 令** ⑭ 表7-6

[双线反方向行车、由双线改为单线(设有双线双向闭塞设备)或恢复双线行车]

____年____月____日____时____分 第________号

| 受令处所 | | 调度员姓名 | |
|---|---|---|---|
| 内容 | 14. 双线反方向行车<br>自接令时(______次到______站)起,准许______次(、______次……)列车在______站至______站间利用______行线反方向运行。<br>15. 双线改单线行车<br>自接令时(______次列车到______站)起,______站至______站间______行线改按单线行车。<br>16. 恢复双线行车<br>自接令时(______次列车到______站后)起,恢复______站至______站间双线行车。 | | |

受令车站________车站值班员________

注:使用项内不用字句划掉,不用项圈掉该项号码。

**5.“变更列车径路”调度命令模板**(见表7-7)

**调 度 命 令** ⑮ 表7-7

[变更列车径路]

____年____月____日____时____分 第________号

| 受令处所 | | 调度员姓名 | |
|---|---|---|---|
| 内容 | 17. 准许______次列车由原运行径路,改经______运行,各站按现时分办理。 | | |

受令车站________车站值班员________

注:使用项内不用字句划掉,不用项圈掉该项号码。

**6.“发出在区间内停车并运行至前方站的列车**(使用基本闭塞法)**”调度命令模板**(见表7-8)

**调 度 命 令** ⑯ 表7-8

[发出在区间内停车并运行至前方站的列车(使用基本闭塞法)]

____年____月____日____时____分 第________号

| 受令处所 | | 调度员姓名 | |
|---|---|---|---|
| 内容 | 18. 发出正方向进入区间内停车并运行至前方站的列车<br>准许______站开______次列车进入______站至______站间______行线______km______m至______km______m处______,限______时______分前到______站。<br>19. 发出反方向进入区间并运行至前方站的列车(设有双线双向闭塞设备)<br>自接令时(______次列车到______站)起,准许______站开______次列车反方向进入______站至______站间______行线______km______m至______km______m处______,限______时______分前到______站。 | | |

受令车站________车站值班员________

注:使用项内不用字句划掉,不用项圈掉该项号码。

### 7."列车需临时降弓运行"调度命令模板(见表7-9)

**调 度 命 令** ⑦ 表7-9

[列车需临时降弓运行]

____年____月____日____时____分　　　　第________号

| 受令处所 | | 调度员姓名 | |
|---|---|---|---|
| 内容 | 20.临时降弓运行<br>自接令时起,______站至______站间______行线(站内______道)______km______m至______km______m处,降弓(限速______km/h)运行。 | | |

受令车站________车站值班员________

注:使用项内不用字句划掉,不用项圈掉该项号码。

### 8."列车临时限速运行"调度命令模板(见表7-10)

**调 度 命 令** ⑧ 表7-10

[列车临时限速运行]

____年____月____日____时____分　　　　第________号

| 受令处所 | | 调度员姓名 | |
|---|---|---|---|
| 内容 | 21.站内或区间临时限速<br>自接令时(______时______分)起至另有命令时(______时______分)止,______站至______站间______行线______km______m至______km______m处限速______km/h。<br>______次列车运行至______站至______站间______行线______km______m至______km______m处限速______km/h。<br>22.列车中挂有限速的机车、车辆<br>______次列车在______站挂有限速______km/h车辆(机车),运行至______站。<br>23.旅客列车车辆故障、动车组安装过渡车钩限速运行<br>______次列车因空气弹簧故障(密接式车钩因故更换为15号车钩、动车组安装过渡车钩),限速______km/h运行。 | | |

受令车站________车站值班员________

注:使用项内不用字句划掉,不用项圈掉该项号码。

### 9."动车组列车空调失效需打开部分车门限速运行"调度命令模板(见表7-11)

**调 度 命 令** ⑨ 表7-11

[动车组列车空调失效需打开部分车门限速运行]

____年____月____日____时____分　　　　第________号

| 受令处所 | | 调度员姓名 | |
|---|---|---|---|
| 内容 | 24.动车组列车空调失效需打开部分车门限速运行<br>______次列车因空调失效打开部分车门限速60km/h运行,通过邻靠高站台的线路时限速40km/h运行。 | | |

受令车站________车站值班员________

注:使用项内不用字句划掉,不用项圈掉该项号码。

### 10."车站使用故障按钮、总辅助按钮"调度命令模板(见表7-12)

调度命令 ⑩ 表7-12

[车站使用故障按钮、总辅助按钮]

____年____月____日____时____分 第________号

| 受令处所 | | 调度员姓名 | |
|---|---|---|---|
| 内容 | 25.半自动闭塞区段车站使用故障按钮<br>根据______站申请,现查明______站至______站间______行线区间空闲,准许______站使用故障按钮办理闭塞机复原。<br>26.自动闭塞区段车站使用总辅助按钮<br>根据______站申请,现查明______站至______站间______行线区间空闲,准许______站使用总辅助按钮改变闭塞方向。 | | |

受令车站________车站值班员________

注:使用项内不用字句划掉,不用项圈掉该项号码。

### 11."超长列车或列车挂有装载超限货物的车辆"调度命令模板(见表7-13)

调度命令 ⑪ 表7-13

[超长列车或列车挂有装载超限货物的车辆]

____年____月____日____时____分 第________号

| 受令处所 | | 调度员姓名 | |
|---|---|---|---|
| 内容 | 27.货物列车超长<br>______次列车换长______,准许在______站至______站间超长运行。<br>28.列车挂有装载超限货物的车辆<br>______次列车挂有超限超重货物______辆,______站至______站间运行条件如下:<br>(1)限速______km/h;<br>(2)行经300m及其以下半径曲线,限速______km/h;<br>(3)进出站经侧向道岔限速______km/h,禁止(侧向)通过______号及其以下道岔;<br>(4)______站至______站间区间会车限速______km/h,……;<br>(5)______站至______站间……禁止在区间会车;<br>(6)______站至______站间……禁止在区间会______列车;<br>(7)禁止接(进)入有高站台的线路;<br>(8)各站按《站细》规定的线路接发;<br>(9)其他要求。 | | |

受令车站________车站值班员________

注:使用项内不用字句划掉,不用项圈掉该项号码。

### 12."单机附挂车辆"调度命令模板(见表7-14)

调度命令 ⑫ 表7-14

[单机附挂车辆]

____年____月____日____时____分 第________号

| 受令处所 | | 调度员姓名 | |
|---|---|---|---|
| 内容 | 29.单机附挂车辆<br>准许______次列车在______站挂车______辆到______站,尾部车辆车号______。 | | |

受令车站________车站值班员________

注:使用项内不用字句划掉,不用项圈掉该项号码。

13.“半自动闭塞区间,超长列车头部越过出站信号机(未压上出站方面的轨道电路)发车”调度命令模板(见表7-15)

调 度 命 令　　⑬　　表7-15

[半自动闭塞区间,超长列车头部越过出站信号机(未压上出站方面的轨道电路)发车]

____年____月____日____时____分　　第________号

| 受令处所 | | 调度员姓名 | |
|---|---|---|---|
| 内容 | 30. 半自动闭塞区间,超长列车头部越过出站信号机(未压上出站方面的轨道电路)发车<br>准许______次列车在______站______道______行出站信号机开放情况下越过出站信号机发车。 | | |

受令车站________车站值班员________

注:使用项内不用字句划掉,不用项圈掉该项号码。

14.“在非到发线上接发列车”调度命令模板(见表7-16)

调 度 命 令　　⑭　　表7-16

[在非到发线上接发列车]

____年____月____日____时____分　　第________号

| 受令处所 | | 调度员姓名 | |
|---|---|---|---|
| 内容 | 31. 在非到发线上接车<br>准许______次列车接入______站非到发线______道。<br>32. 半自动闭塞、自动站间闭塞区间在非到发线上发车<br>自接令时(______次列车到______站)起,______站至______站间______行线停用基本闭塞法,改用电话闭塞法行车,准许______次列车在______站非到发线______道发车,本列到______站后恢复基本闭塞法行车。<br>33. 自动闭塞区间在非到发线上发车<br>准许______次列车在______站非到发线______道发车。 | | |

受令车站________车站值班员________

注:使用项内不用字句划掉,不用项圈掉该项号码。

15.“调度日(班)计划以外,临时加开或停运列车(单机除外)”调度命令模板(见表7-17)

调 度 命 令　　⑮　　表7-17

[调度日(班)计划以外,临时加开或停运列车(单机除外)]

____年____月____日____时____分　　第________号

| 受令处所 | | 调度员姓名 | |
|---|---|---|---|
| 内容 | 34. 临时停运列车<br>准许______次列车在______站停运,______站至______站间加开______次列车,按现时分运行。<br>35. 临时加开列车<br>准许______站至______站间加开______次、______次……列车,______站至______站间加开______次、______次……列车,按现时分运行。<br>36. 加开救援列车<br>______站至______站间加开______次列车,(限速______km/h,)______站______时______分开,按现时分办理。 | | |

受令车站________车站值班员________

注:使用项内不用字句划掉,不用项圈掉该项号码。

16."双线区间在区间内跨线装卸作业，双线区间在区间内进行跨线装卸作业，有除雪机、起重机工作，发生冲突、脱轨、火灾、爆炸事故时，对开入其邻线的列车"调度命令模板(见表7-18)

调度命令 ⑯ 表7-18

[双线区间在区间内进行跨线装卸作业，有除雪机、起重机工作，发生冲突、脱轨、火灾、爆炸事故时，对开入其邻线的列车]

____年____月____日____时____分 第______号

| 受令处所 | | 调度员姓名 | |
|---|---|---|---|
| 内容 | 37. 双线区间在区间内进行跨线装卸作业，有除雪机、起重机工作，发生冲突、脱轨、火灾、爆炸事故时，对开入其邻线的列车<br>因_____站至_____站间_____行线_____km _____m 至_____km _____m 处，_____次列车注意运行。 | | |

受令车站_______ 车站值班员_______

注：使用项内不用字句划掉，不用项圈掉该项号码。

17."行车设备故障"调度命令模板(见表7-19)

调度命令 ⑰表7-19

[行车设备故障]

____年____月____日____时____分 第______号

| 受令处所 | | 调度员姓名 | |
|---|---|---|---|
| 内容 | 38. 列尾装置故障(丢失)的货物列车继续运行<br>根据_____站报告，_____次列车列尾装置故障(列尾主机丢失)，(_____站负责吊起尾部软管，)准运行至_____站，各站注意接车。<br>39. 货物列车列尾主机回送<br>指定_____次列车携带货车列尾主机_____台(回送)到_____站。 | | |

受令车站_______ 车站值班员_______

注：使用项内不用字句划掉，不用项圈掉该项号码。

18."改按天气恶劣难以辨认信号的办法行车或恢复正常行车"调度命令模板(见表7-20)

调度命令 ⑱ 表7-20

[改按天气恶劣难以辨认信号的办法行车或恢复正常行车]

____年____月____日____时____分 第______号

| 受令处所 | | 调度员姓名 | |
|---|---|---|---|
| 内容 | 40. 改按天气恶劣难以辨认信号的办法行车<br>根据_____报告，_____站至_____站间信号显示距离不足200m，自接令时起，改按天气恶劣难以辨认信号的办法行车。<br>41. 天气转好，恢复正常行车<br>根据_____报告，_____站至_____站间天气转好，自接令时起，恢复正常行车。 | | |

受令车站_______ 车站值班员_______

注：使用项内不用字句划掉，不用项圈掉该项号码。

## 19.“动车组列车转入或退出隔离模式（被救援时除外）”调度命令模板（见表7-21）

调 度 命 令　　⑲　表7-21

［动车组列车转入或退出隔离模式（被救援时除外）］

____年____月____日____时____分　　第________号

| 受令处所 | | 调度员姓名 | |
|---|---|---|---|
| 内容 | 42. 列车将列控车载设备转入隔离模式<br>准许______次列车将列控车载设备转入隔离模式。（运行至______站后将隔离模式退出，转换为列控车载设备方式行车。）<br>43. 列控车载设备由隔离模式退出，转换为列控车载设备方式行车<br>准许______次列车将隔离模式退出，转换为列控车载设备方式行车。 | | |

受令车站________车站值班员________

注：使用项内不用字句划掉，不用项圈掉该项号码。

## 20.“动车组列车在列控车载设备控车和LKJ控车之间人工转换”调度命令模板（见表7-22）

调 度 命 令　　⑳　表7-22

［动车组列车在列控车载设备控车和LKJ控车之间人工转换］

____年____月____日____时____分　　第________号

| 受令处所 | | 调度员姓名 | |
|---|---|---|---|
| 内容 | 44. 由列控车载设备行车转换为LKJ方式行车<br>准许______次列车（在______站）由列控车载设备方式行车转换为LKJ方式行车。（运行至______站后，由LKJ方式行车转换为列控车载设备方式行车。）<br>45. 由LKJ方式行车转换为列控车载设备行车<br>准许______次列车（在______站）由LKJ方式行车转换为按列控车载设备方式行车。 | | |

受令车站________车站值班员________

注：使用项内不用字句划掉，不用项圈掉该项号码。

## 21.“临时利用本务机车调车作业”调度命令模板（见表7-23）

调 度 命 令　　㉑　表7-23

［临时利用本务机车调车作业］

____年____月____日____时____分　　第________号

| 受令处所 | | 调度员姓名 | |
|---|---|---|---|
| 内容 | 46. 指定______次列车本务机车在______站进行调车作业。 | | |

受令车站________车站值班员________

注：使用项内不用字句划掉，不用项圈掉该项号码。

## 22."利用天窗施工、维修作业"调度命令模板(见表7-24)

调 度 命 令　　㉒　　表7-24

[利用天窗施工、维修作业]

____年____月____日____时____分　　第______号

| 受令处所 | | 调度员姓名 | |
|---|---|---|---|
| 内容 | (一)施工作业<br>47.封锁区间并向封锁区间开行路用列车(适用于每端各进一列)<br>_____站至_____站间_____行线因施工,自_____时_____分(_____次列车到_____站)起区间封锁,限_____时_____分施工完毕。<br>(1)准许工务部门在_____km_____m至_____km_____m处施工。<br>(2)准许供电部门在_____km_____m至_____km_____m处施工。<br>(3)准许_____部门在_____km_____m至_____km_____m处施工。<br>准许_____站开_____次列车,进入封锁区间_____km_____m处停车,按施工负责人的指示进行作业,(返回开_____次列车,)限_____时_____分前到达_____站。<br>准许_____站开_____次列车,进入封锁区间_____km_____m处停车,按施工负责人的指示进行作业,(返回开_____次列车,)限_____时_____分前到达_____站。<br>48.自动闭塞区间路用列车跟踪进入区间后封锁施工<br>准许_____站开_____次列车跟随_____次列车按自动闭塞方式进入_____站至_____站间_____行线,在_____km_____m处停车。_____次列车到达_____站后区间封锁。准许_____部门在_____km_____m至_____km_____m处施工,限_____时_____分施工完毕。_____次列车按施工负责人的指示进行作业,(返回开_____次列车,)限_____时_____分前到达_____站。<br>49.信联闭施工(采用施工特定行车)<br>自_____时_____分(_____次列车到_____站)起,准许_____站至_____站间_____行线_____部门施工,限_____时_____分施工完毕,施工期间:<br>(1)_____站_____行进站(_____接车进路)信号停用。<br>(2)_____站_____道_____行出站(_____发车进路)信号停用。<br>(3)自_____时_____分(_____次列车到达_____站)起_____站至_____站间_____行线停用基本闭塞法,改用电话闭塞法行车。<br>(4)有关行车凭证的交付和正线通过列车的引导按"施工特定行车办法"规定办理。<br>(二)维修作业<br>50.单个区间和车站维修作业<br>自_____次列车_____站出站(到达)(_____时_____分)起,准许_____站(含、_____道、_____号道岔)至_____站(含、_____道、_____号道岔)_____行线进行_____分钟维修作业。<br>51.单线连续多个区间和车站维修作业<br>_____站(含、_____道、_____号道岔)至_____站(含、_____道、_____号道岔)间自_____次列车各站出站或到达起,准许各站及后方区间进行_____分钟维修作业。<br>52.双线维修"V形天窗"作业(连续多个区间和车站)<br>_____站(含、_____道、_____号道岔)至_____站(含、_____道、_____号道岔)间_____行线自_____次列车各站出站或到达起,准许各站及后方区间进行_____分钟维修作业。<br>53.维修"垂直天窗"作业<br>自接令时(_____次列车到达_____站、_____次列车到达_____站、_____次列车到达_____站……)起,_____站(含、_____道、_____号道岔)至_____站(含、_____道、_____号道岔)间上下行线准许各区间及站内进行_____分钟维修作业。 | | |

受令车站________车站值班员________

注:使用项内不用字句划掉,不用项圈掉该项号码。

23."施工、维修作业较指定时间延迟结束"调度命令模板(见表7-25)

调 度 命 令 ㉓ 表7-25

[施工、维修作业较指定时间延迟结束]

____年____月____日____时____分 第________号

| 受令处所 | | 调度员姓名 | |
|---|---|---|---|
| 内容 | 54.施工、维修作业较指定时间延迟结束根据______站申请,准许______站(含、______道、______号道岔)至______站(含、______道、______号道岔)间______行线施工(维修)延迟至______时______分结束。 | | |

受令车站________车站值班员________

注:使用项内不用字句划掉,不用项圈掉该项号码。

24."运行揭示调度命令与实际限速、行车方式或设备不符时"调度命令模板(见表7-26)

调 度 命 令 ㉔ 表7-26

[运行揭示调度命令与实际限速、行车方式或设备不符时]

____年____月____日____时____分 第________号

| 受令处所 | | 调度员姓名 | |
|---|---|---|---|
| 内容 | 55.运行揭示调度命令与实际限速、行车方式或设备不符时<br>______次列车前发______号运行揭示调度命令取消,运行条件如下:<br>(1)______站(含、______道、______号道岔)至______站(含、______道、______号道岔)间______行线______km______m至______km______m处限速______km/h。<br>(2)______站至______站间______行线按基本闭塞法行车。<br>(3)施工结束后设备变化情况……。 | | |

受令车站________车站值班员________

注:使用项内不用字句划掉,不用项圈掉该项号码。

25."正线、到发线接触网停电或送电(接触网倒闸、跳闸后试送电、向中性区送电或弓网故障排查除外)"调度命令模板(见表7-27)

调 度 命 令 ㉕ 表7-27

[正线、到发线接触网停电或送电(接触网倒闸、跳闸后试送电、向中性区送电或弓网故障排查除外)]

____年____月____日____时____分 第________号

| 受令处所 | | 调度员姓名 | |
|---|---|---|---|
| 内容 | 56.接触网有计划停电<br>根据供电调度______号申请,自接令时(______次列车到______站)起,准许______站(含)至______站(含)间______行线(______km______m到______站至______站间km______m)接触网停电。<br>57.接触网故障停电<br>根据供电调度______号通知,自接令时起,______站(含)至______站(含)间______行线(______km______m到______站至______站间km______m)接触网已停电。<br>58.接触网送电<br>根据供电调度______号通知,______站(含)至______站(含)间______行线(______km______m到______站至______站间______km______m)接触网已恢复供电。 | | |

受令车站________车站值班员________

注:使用项内不用字句划掉,不用项圈掉该项号码。

### 26."正线、到发线接触网停电后准许登顶作业"调度命令模板(见表7-28)

调度命令 ㉖ 表7-28

[正线、到发线接触网停电后准许登顶作业]

____年____月____日____时____分 第_______号

| | | | |
|---|---|---|---|
| 受令处所 | | 调度员姓名 | |
| 内容 | 59.正线、到发线接触网停电后准许登机车(车辆)顶部作业<br>根据供电调度______号通知,______站(含)至______站(含)间______行线(______km ______m到______站至______站间______km ______m)接触网已停电,自接令时起,准许采取安全措施后进行登顶作业。 | | |

受令车站________车站值班员________

注:使用项内不用字句划掉,不用项圈掉该项号码。

### 27."双管供风旅客列车运行途中改为单管供风"调度命令模板(见表7-29)

调度命令 ㉗ 表7-29

[双管供风旅客列车运行途中改为单管供风]

____年____月____日____时____分 第_______号

| | | | |
|---|---|---|---|
| 受令处所 | | 调度员姓名 | |
| 内容 | 60.双管供风旅客列车运行途中改为单管供风<br>准许______次列车在______站由双管供风改为单管供风运行至终到站。 | | |

受令车站________车站值班员________

注:使用项内不用字句划掉,不用项圈掉该项号码。

### 28."调度集中区段,由列车调度员办理接、发列车,作为行车凭证的调度命令"调度命令模板(见表7-30)

调度命令 ㉘ 表7-30

[调度集中区段,由列车调度员办理接、发列车,作为行车凭证的调度命令]

____年____月____日____时____分 第_______号

| | | | |
|---|---|---|---|
| 受令处所 | | 调度员姓名 | |
| 内容 | 61.调度集中区段,由列车调度员办理发车,调度命令用作允许列车运行的行车凭证<br>(1)因______站至______站间______行线停用基本闭塞法,现查明______站至______站间______行线区间空闲,准许______次列车由______站发往______站。<br>(2)在______站______道出站(______发车进路)信号机故障(未设出站信号机、列车头部越过出站〔______发车进路〕信号机)的情况下,准许______次列车由______道发车。<br>62.调度集中区段,由列车调度员办理接车,调度命令用作允许列车运行的行车凭证<br>因______站______行进站(______接车进路)信号机故障,准许______次列车以不超过20km/h速度越过______站______行进站(______接车进路)信号机进入______站______道。 | | |

受令车站________车站值班员________

注:使用项内不用字句划掉,不用项圈掉该项号码。

## 29."其他"调度命令模板(见表7-31)

**调 度 命 令** ㉙ 表7-31

[其他]

___年___月___日___时___分 第_______号

| 受令处所 | | 调度员姓名 | |
|---|---|---|---|
| 内容 | 63. 自接令时起取消前发_____年_____月_____日_____号命令。<br>64. 施工开通启用新版本LKJ数据涉及径路、线路允许速度变化列车<br>_____次列车为施工开通启用新版本LKJ数据后第1列(或第2列、第3列……)列车:<br>(1)经由(_____线)_____站(含)至_____站(含)间_____行线运行。<br>(2)经由_____站_____道运行。<br>(3)运行至(_____线)_____站(含)至_____站(含)间_____行线_____km_____m至_____km_____m处限速_____km/h运行(按线路允许速度_____km/h运行)。<br>(注:限速和线路允许速度在同一命令中最多只能包含一项;限速列车为施工开通后低于线路允许速度且未纳入运行揭示调度命令的第1、2、3……列临时限速列车。) | | |

受令车站_______车站值班员_______

注:使用项内不用字句划掉,不用项圈掉该项号码。

### (二)运行揭示调度命令模板

## 1."限速"调度命令模板(见表7-32)

**调 度 命 令** ⑪ 表7-32

[限速]

___年___月___日___时___分 第_______号

| 受令处所 | | 调度员姓名 | |
|---|---|---|---|
| 内容 | _____月_____日_____时_____分至_____月_____日_____时_____分(另有命令时),____线___站(含、___道、___号道岔)至_____站(含、___道、_____号道岔)间___行线___km___m至___km___m处施工(灾害、故障),限速___km/h。 | | |

受令车站_______车站值班员_______

注:使用项内不用字句划掉,不用项圈掉该项号码。

## 2."封锁施工限速"调度命令模板(见表7-33)

**调 度 命 令** ⑫ 表7-33

[封锁施工限速]

_____年___月___日___时___分 第_______号

| 受令处所 | | 调度员姓名 | |
|---|---|---|---|
| 内容 | 因_____月_____日_____时_____分至_____月_____日_____时_____分,_____线_____站(含、_____道、_____号道岔)至_____站(含、_____道、_____号道岔)间_____行线封锁,_____km_____m至_____km_____m处施工。<br>开通后_____线_____站(含、_____道、_____号道岔)至_____站(含、_____道、_____号道岔)间_____行线_____km_____m至_____km_____m处第1列限速_____km/h,第2列限速_____km/h,第3列限速_____km/h,(……);_____月_____日_____时_____分至_____月_____日_____时_____分限速_____km/h运行。其中开通后第1、2、3……列限速由列车调度员发布调度命令。<br>设备变化:_____。 | | |

受令车站_______车站值班员_______

注:使用项内不用字句划掉,不用项圈掉该项号码。

### 3.“信联闭设备停用”调度命令模板(见表7-34)

调度命令　⑬　表7-34

[信联闭设备停用]

_____年____月____日____时____分　第_______号

| 受令处所 | | 调度员姓名 | |
|---|---|---|---|
| 内容 | ______月______日______时______分至______月______日______时______分,因______线______站施工,施工期间:<br>1. ______行进站(______接车进路)信号停用,列车凭引导(手)信号的显示进站。<br>2. (______道)______行出站(______发车进路)信号停用,列车凭绿色许可证发车。<br>3. ______站至______站间______行线停用基本闭塞法,改用电话闭塞法行车。______站______行列车凭路票发车。<br>4. 设备变化:______。 | | |

受令车站________车站值班员________

注:使用项内不用字句划掉,不用项圈掉该项号码。

### 4.“施工特定行车”调度命令模板(见表7-35)

调度命令　⑭　表7-35

[施工特定行车]

_____年____月____日____时____分　第_______号

| 受令处所 | | 调度员姓名 | |
|---|---|---|---|
| 内容 | ______月______日______时______分至______月______日______时______分,因______线______站施工______施工期间执行施工特定行车办法。<br>1. ______行进站(______接车进路)信号停用,引导接车并正线通过时,列车凭特定引导手信号的显示,以不超过60km/h速度进站。<br>2. ______道______行出站(______发车进路)信号停用,车站使用列车无线调度通信设备(其语音记录装置须作用良好)将绿色许可证编号和调度命令号码通知司机,列车凭通过手信号通过车站。<br>3. ______站至______站间______行线停用基本闭塞法,改用电话闭塞法行车。______站使用列车无线调度通信设备(其语音记录装置须作用良好)将路票电话记录号码和调度命令号码通知司机,列车凭通过手信号通过车站。<br>4. 设备变化:______。 | | |

受令车站________车站值班员________

注:使用项内不用字句划掉,不用项圈掉该项号码。

# 任务4　调度指挥方法

铁路运输调度担负着组织客货运输、保证国家重点运输、提高客货服务质量、确保运输安全的重要责任,对完成铁路运输生产经营任务,提高铁路运输效益起着重要作用。

## 一、调度指挥的基本原则

### 1. 安全生产的原则

在行车调度指挥工作中,必须坚持安全生产的原则,正确指挥列车运行。不能发布没有安全保障依据的命令和指示。当得到有关危及行车安全的信息时,要正确、及时、妥善处理,以保证旅客列车的安全为重点，组织列车安全运行。

**2. 按图行车的原则**

列车正点率是铁路运输产品质量的重要技术指标，也是铁路运输组织管理水平的综合反映。只有按图行车，才能保持正常的运输秩序，进而保证列车的正点率。

**3. 单一指挥的原则**

铁路行车工作是一个由互相联系、互相影响的多部门、多单位、各工种所组成的完整系统。在这个系统中，各部门、各单位、各工种间的紧密联系和协调一致，对于保证行车安全和运输效率有着决定性的意义。铁路行车调度是为适应铁路行车特点而设置的铁路行车工作的统一指挥者。在列车运行调整工作中，与行车有关的人员，必须服从所在区段当班列车调度员的集中统一指挥。

**4. 下级调度服从上级调度**

在列车运行组织与调整过程中，相邻调度台、相邻铁路局集团公司之间应保持紧密联系，以保证列车的正常交接。对出现的问题，双方要主动协商解决，当出现意见不一致的情况时，由上一级调度进行仲裁。调度台间由值班主任解决；铁路局集团公司间分界站出现的问题，由国铁集团解决。一经上级调度决定，有关人员必须无条件执行。

**5. 按等级调整列车运行的原则**

列车调度员要按列车运行图指挥列车运行，当列车不能按列车运行图运行时，除特殊情况外，原则上按速度等级从高到低排序，同速度等级的列车原则上按以下等级顺序：

(1)动车组列车。

(2)特快旅客列车。

(3)特快货物班列。

(4)快速旅客列车。

(5)普通旅客列车。

(6)军用列车。

(7)货物列车。

(8)路用列车。

开往事故现场救援、抢修、抢救的列车，应优先办理。

特殊指定的列车或列车种类，其等级应在指定时确定。

## 二、列车运行实绩图

### (一)基本图与实绩图的区别

列车基本运行图是指按最大运量编制的运行图，列车运行实绩图则是记载一个调度区段内列车运行实际情况以及列车运行有关事项的图表，二者的作用是不相同的。

### (二)实绩图的作用

列车运行实绩图的作用主要有以下几个方面：

(1)通过填记实绩图，可以随时掌握调度区段内的列车运行情况、有关车站到发线占用、作业情况及机车交路等。

(2)通过实绩图,可以及时发现问题,便于提早考虑采取必要的调整措施。

(3)作为统计列车正晚点、列车技术速度、旅行速度等项指标的主要依据。

(4)列车运行实绩图是分析列车运行情况,不断提出改进意见的重要资料。

**(三)实绩图的绘制方法**

列车运行实绩图一般采用十分格运行图,列车运行线的表示方法见表2-10。列车运行整理符号应按规定填绘在规定的表格内,其符号和表示方法如下:

(1)列车始发、终止、在中间站临时停运及由邻接区段转来或开往邻区段。

①列车始发(见图7-7)。

②列车终止(见图7-8)。

③列车在中间站临时停运(见图7-9)。

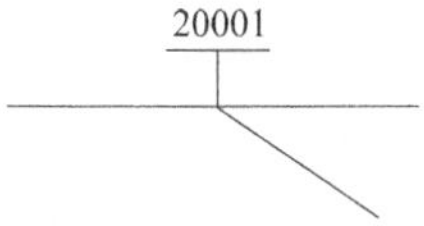


图7-7 列车始发

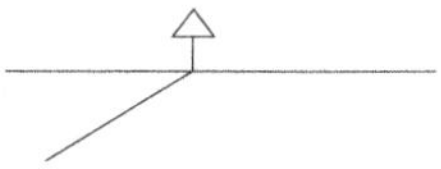

图7-8 列车终止

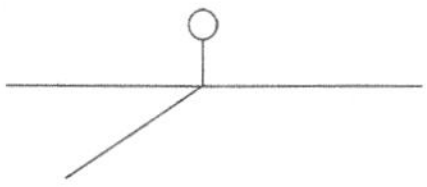

图7-9 列车在中间站临时停运

④列车由邻接区段转来(见图7-10)。

⑤列车开往邻接区段(见图7-11)。

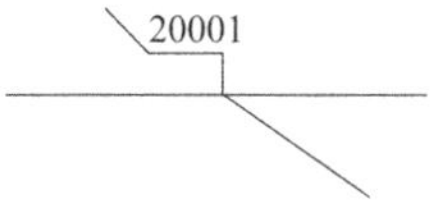


图7-10 列车由邻接区段转来

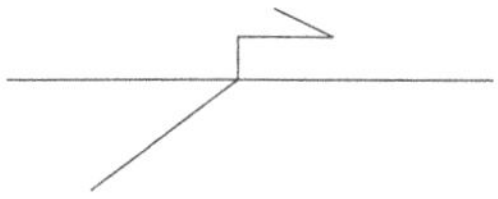

图7-11 列车开往邻接区段

⑥列车到开时分记在钝角内。早点用红圈、晚点用蓝圈记于锐角内,圈内注明早、晚点时分。晚点原因可用简明略号注明,如因编组晚点可只写“编”字。

(2)列车合并运行(在列车运行线上注明某次列车被合并)(见图7-12)。

(3)列车让车(见图7-13)。

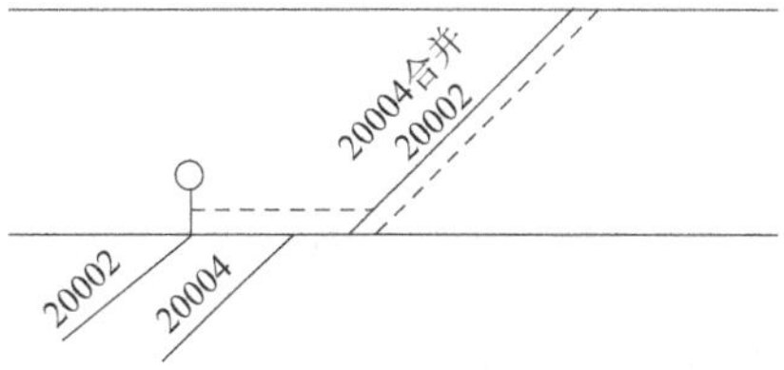


图7-12 列车合并运行

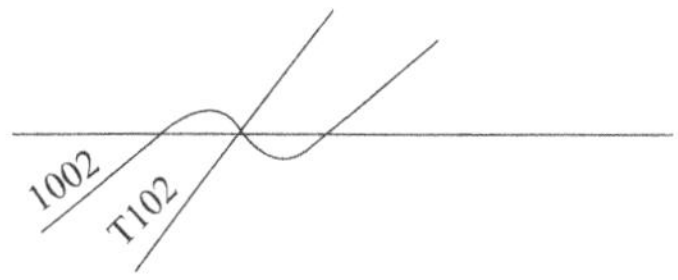


图7-13 列车让车

(4)列车反方向运行时,在反方向运行区间的运行线上填写车次及(反)字(见图7-14)。

(5)列车在区间内分部运行(见图7-15)。

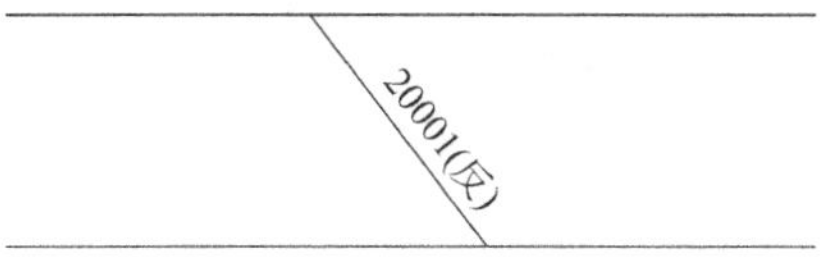


图7-14 列车反方向运行

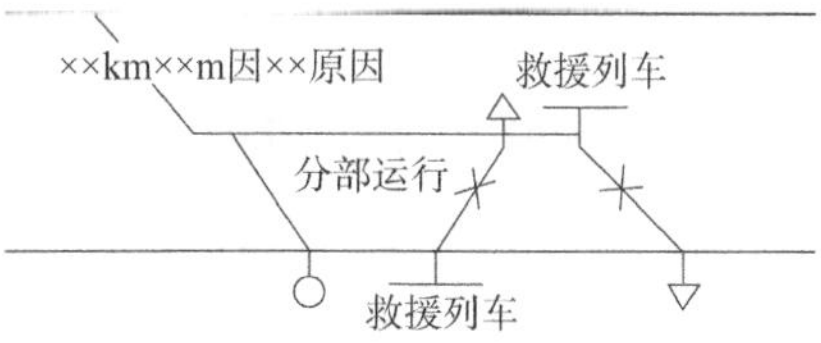


图7-15 列车在区间内分部运行

(6)补机途中折返(见图 7-16)。

(7)线路中断或施工封锁区间时,要在该区间内画一红横线表示,单线区间中断或封锁(见图 7-17)。

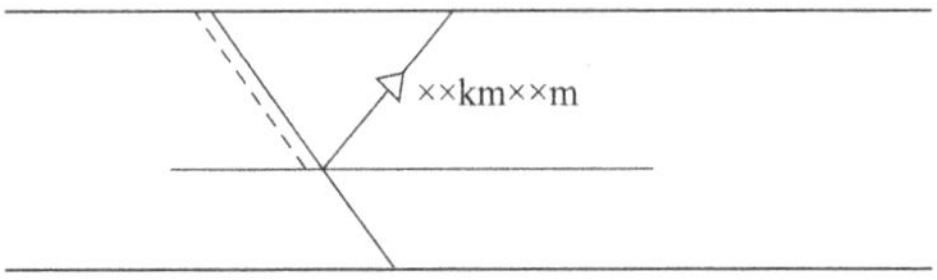


图 7-16　补机途中折返

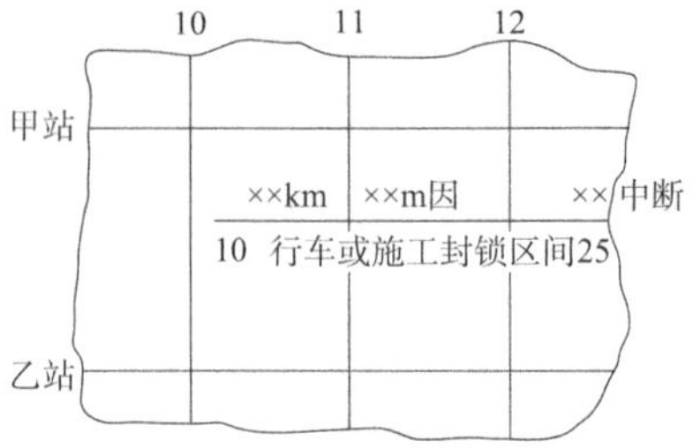


图 7-17　线路中断或施工封锁区间

双线区间上下行线路全部中断或封锁时,表示方法与单线区间相同;有一线中断或封锁时,以在红横线上或下画的蓝断线表示上行线或下行线中断或封锁(见图 7-18)。

(8)因施工或其他原因区间内需要慢行时,由开始时起至终了时止,用红色笔画断线表示,并标明地点、原因、限制速度(如双线就标明上行线或下行线)如图 7-19 所示。

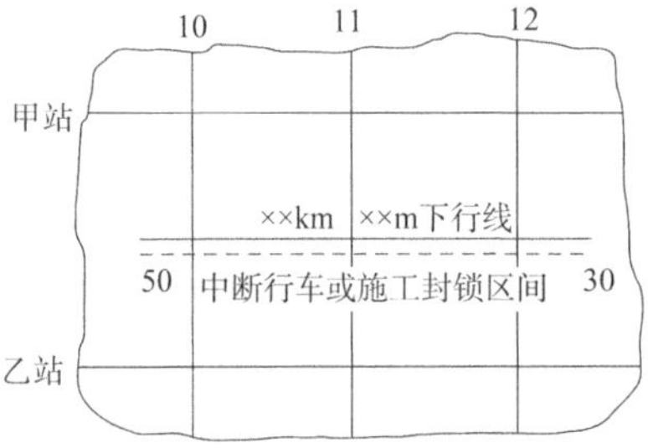


图 7-18　双线区间上下行线路全部中断或封锁

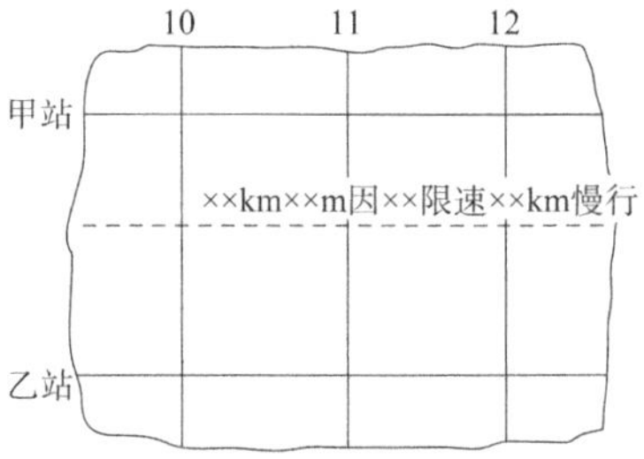


图 7-19　施工或其他原因区间内需要慢行

(9)列车在区间内有装卸作业时,要标明车次、作业地点、装卸货物品名(见图 7-20)。

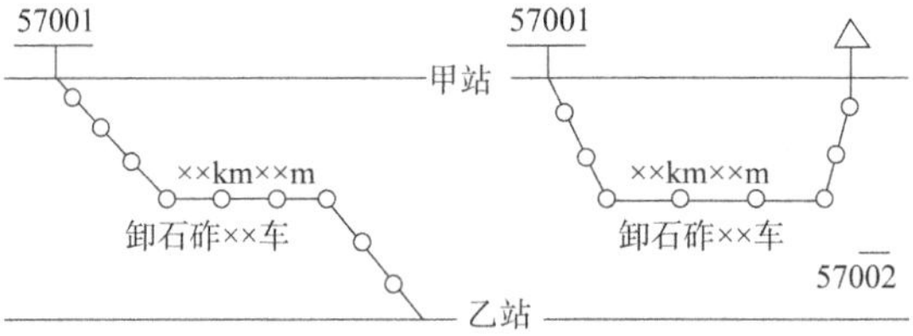


图 7-20　列车在区间内有装卸作业

(10)列车在中间站不摘车作业,用红色笔表示。

$$\frac{6}{9}$$

分子表示装车数

分母表示卸车数

(11)列车在中间站甩挂作业,用蓝色笔表示,“+”表示挂,“-”表示甩。

$$\frac{-3}{+6}$$

分子表示重车

分母表示空车

(12)列车运缓时,在列车运行线上方用蓝色笔标明运缓时分;赶点时在列车运行线上方用红色笔标明赶点时分。

(13)列车在进站信号机外停车时,用红色笔画“△”,并标明停车时分(见图7-21)。

(14)机车交路及机车出入库时间的表示方法:机车在本段交路用蓝色笔,在折返段用黑色笔画实线,并在交路上逐列标明出入库时间(见图7-22)。

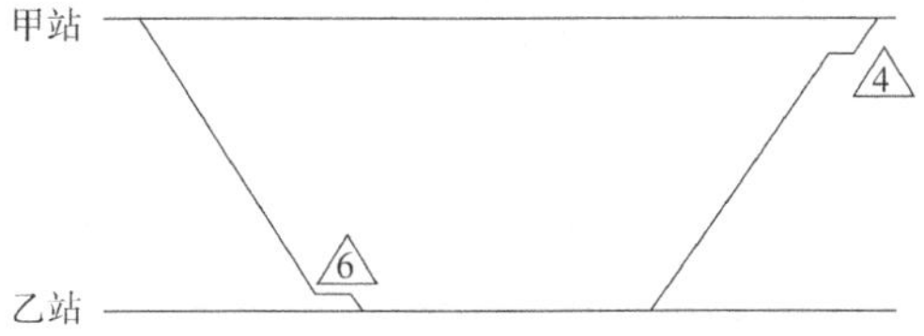


图7-21 列车在进站信号机外停车

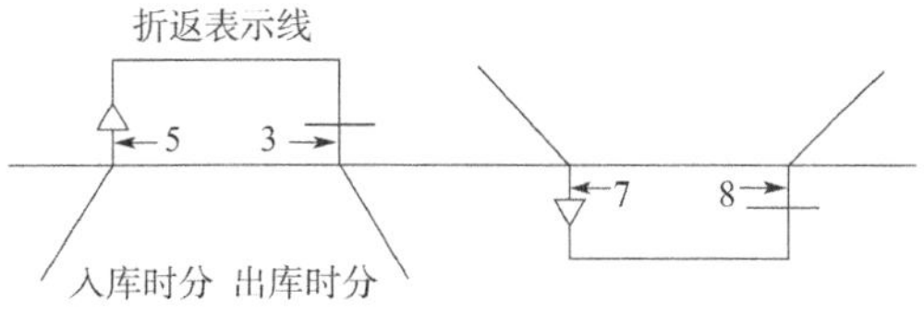


图7-22 机车交路及机车出入库时间

(15)铁路局集团公司列车工作计划表按下列规定填记。

①纳入日计划开行的列车,在其车次上用蓝色笔画“√”表示。

②日计划调整开行的列车,在其车次上部用红色笔画“√”表示。

③停运的车次用蓝色笔画“-”表示,并简要注明停运原因。

④班计划以外临时加开的列车,用红色笔画“+”表示。

⑤按照列车性质,另行指定车次而利用列车运行图(车次)时刻运行,在编制日计划时,用蓝色笔括上原车次,在原车次上部写指定的新车次;日计划调整时,用红色笔表示,方法同前。

其他未做统一规定的符号各铁路局集团公司可自行规定。

## 三、列车调度员基本作业程序

列车调度员是一个调度区段行车工作的组织者和指挥者,其主要职责是组织、指挥本区段车、机、工、电、辆等部门的有关行车人员,组织实现列车运行图、列车编组计划和运输方案。为此,列车调度员必须做到:

(1)检查各站执行列车运行图和编组计划的情况,及时发布有关行车命令和口头指示。

(2)严格按列车运行图指挥行车,遇列车发生晚点时,应积极采取措施,组织有关人员恢复正点。

(3)注意列车在车站到发及区间内的运行情况,正确、及时地处理临时发生的问题。

为了更好地完成上述工作,有关行车人员必须执行列车调度员命令,服从调度指挥。列车调度员应熟悉所辖区段内的天(气候变化)、地(线路、站场等技术设备)、人(主要行车人员)、车(机车车辆)、图(列车运行图);熟悉有关规章、制度;在接班前应详细了解情况;在值班过程中应加强与邻台列调、机调、客调等联系;及时制定列车运行调整计划;及时向主要站、段、邻台进行列车到达时刻的预确报;掌握列车运行及车站作业情况;及时、正确地填记列车运行实绩图;按规定提供编制日(班)计划的资料。交班前要为下一班打好交班基础,为接班列车调度员创造良好的工作条件。列车调度员基本作业程序见表7-36。

列车调度员基本作业程序　　表7-36

| 时　间 | 作业项目 | 作业内容 |
|---|---|---|
| 7:30—7:50<br>(18:30—18:50) | 班前准备 | (1)阅读有关命令、文电及领导重点指示;<br>(2)了解军运、重点列车注意事项及超限列车限制条件和挂运车次;<br>(3)了解分界口列车交接情况,车流接续,本台列车运行、编组及摘挂作业情况,中间站存车及股道运用、停运列车分布;<br>(4)行车设备使用状态、有关施工和区间路料卸车及区间限速情况;<br>(5)了解跨班的调度命令发布和交付情况;<br>(6)了解旅客列车接入情况及货物列车车位;<br>(7)了解本辖区内装卸作业和配空计划;<br>(8)了解机车交路情况;<br>(9)其他与本岗位有关的事宜 |
| 7:50—8:10<br>(18:50—19:10) | 参加接班会 | (1)认真听取上一班值班主任对重点事项的交班;<br>(2)汇报本岗位工作情况,针对存在的问题,提出完成任务的方法;<br>(3)听取相关台和其他工种调度情况介绍;<br>(4)听取值班主任布置本班的工作任务和有关的重点注意事项;<br>(5)听取领导传达上级文件、电报、命令及完成军运和各项任务的指示要求 |
| 8:10—8:20<br>(19:10—19:20) | 接班 | (1)按规定程序检查、使用调度管理信息系统;<br>(2)检查备品、图表和卫生;<br>(3)听取交班者的交班事项,情况不明不准接班;<br>(4)在交接本上互相签字 |
| 8:00—9:00<br>(20:00—21:00)<br>12:30—13:00<br>(0:30—1:00)<br>16:30—17:00<br>(4:30—5:00) | 编制阶段计划 | (1)收集编制阶段计划的相关资料;<br>(2)编制4h阶段计划:<br>①根据列车运行图按照先客后货、先跨局后管内和按列车的等级顺序的原则铺画列车运行计划线;<br>②车站列车到、发时分和列车会让计划;<br>③列车在中间站作业计划;<br>④区间天窗综合维修施工计划和装卸计划;<br>⑤重点列车注意事项 |
| 9:00(21:00)<br>13:00(1:00)<br>17:00(5:00) | 下达阶段计划 | (1)对所辖区段的车站、机务段(折返段)、乘务室等有关的作业人员点名;<br>(2)与现场校对钟表;<br>(3)列车到发车次、预计时分、编组内容、机车交路及型号;<br>(4)会让计划、摘挂列车和调小机车外出作业计划;<br>(5)列车保留及恢复运行计划;<br>(6)对重点事项列车调度员通过录音电话口头详细布置给有关站段和人员,并要求有关人员进行复诵 |

续上表

| 时　　间 | 作业项目 | 作 业 内 容 |
| --- | --- | --- |
| 8:20—19:10<br>(19:20—8:10) | 实施阶段计划 | (1)列车运行组织<br>①充分利用线路容许速度,组织晚点列车恢复正点或赶点;<br>②选择合理的会让站、越行站,在线路容许速度内加速放行列车;<br>③组织列车进行快速、平行作业,以缩短列车在站作业时间;<br>④组织好施工点前、点后的列车运行;<br>⑤按规定,组织反方向行车及列车合并运行;<br>⑥对非正常情况的列车运行组织指挥,严格按规定程序和要求作业,不得盲目求快;<br>⑦及时收取列车在车站运行实绩和作业后的列车编组内容并预报前方作业站<br>(2)发布调度命令<br>①详细了解现场情况(包括电化区段是否影响电力牵引);<br>②拟写调度命令;<br>③按规定审核签认;<br>④发布调度命令(电话发布命令的在复诵核对后再发命令号码和时间);<br>⑤按规定落实有关命令是否已经交付<br>(3)施工组织<br>①阅读施工电报;<br>②核对施工计划(包括天窗施工计划,下同);<br>③与车站核对施工申请;<br>④发布限速调度命令(包括施工前、后);<br>⑤发布准许天窗维修或施工封锁调度命令;<br>⑥确认施工完毕;<br>⑦落实是否具备区间开通的条件;<br>⑧发布施工完毕开通的调度命令<br>(4)区间装卸组织<br>①核对区间装(卸)计划;<br>②落实装、卸车负责人、劳力是否到位;<br>③发布准许进入区间作业的命令;<br>④电气化区段填写电调表;<br>⑤电力机车牵引的列车,接到列车到达指定卸车地点的报告后,办理停电手续;<br>⑥接到电调停电号码后,下达准许上车作业的命令;<br>⑦得到并确认作业完毕后请求送电;<br>⑧发布有关命令<br>(5)其他工作<br>①向有关站段通报旅客列车晚点情况;<br>②加强与司机出退勤的联系,根据列车运行情况按时叫班;<br>③及时、正确、完整地填记各种图表;<br>④及时完成其他规定内容的工作 |

续上表

| 时　　间 | 作业项目 | 作 业 内 容 |
|---|---|---|
| 14:00—14:30<br>(2:00—2:30) | 提供编制日<br>(班)计划资料 | (1)在途列车编组内容、预计到达编组、区段站的时间;<br>(2)按重车分去向,空车分车种,推定本区段各站18:00(6:00)现在车分布情况 |
| 19:10—19:20<br>(8:10—8:20) | 交班 | (1)整理有关文电重要事项并填写交班日志本;<br>(2)整理室内卫生;<br>(3)与接班人员按交班日志的内容逐项交班;<br>(4)在交接本上互相签字 |
| 19:20—19:30<br>(8:20—8:30) | 参加交班会 | (1)汇报本岗位工作情况,总结经验教训;<br>(2)听取值班主任对本班工作的情况总结及存在的问题;<br>(3)听取值班领导对本班工作的总结及存在问题 |

## 四、调度指挥的基本方法

为维护列车运行秩序,实现按图行车,列车调度员首先要抓列车始发正点,这是保证列车运行的基础。

**1.组织列车正点出发**

(1)组织旅客列车始发正点。

在组织列车正点出发的工作中,保证旅客列车始发正点是实现按图行车的首要条件,因为旅客列车等级高,一旦晚点就会影响整个区段的列车始发或运行。所以列车调度员应该重视旅客列车始发正点的组织工作。

在具体的组织工作中,对于在本区段始发的旅客列车,列车调度员应加强与各方面的联系工作。在开车前1h左右,对客车底的取送情况、机车的整备工作情况、行包及邮件的装卸情况、旅客组织工作情况等进行检查,发现问题应及时采取措施进行处理,保证列车正点开出。对由邻区段接入的旅客列车,列车调度员要及时向邻台(所)了解列车正、晚点情况,提前做好列车运行调整计划。当遇有旅客列车晚点时,应设法组织快速作业,与客运调度员密切配合,组织列车乘务员双开车门、组织旅客快上快下、行包邮件快装快卸,及时准备好换挂的机车,缩短列车停站时间,保证列车正点发车。

(2)组织货物列车始发正点。

为了保证货物列车始发正点,列车调度员要抓好车流和机车这两个环节,重点要做好以下工作:

①在编制日(班)计划时,所做出的列车出发计划要切合实际,车站作业时间、车流和机车要有保障,避免计划晚点。

②在运行组织上,对编组列车所需车流,组织按时送达,并注意技术站列车的均衡开到,保证车站的正常作业,为按时编组列车创造条件,同时,要注意督促车站按时编组,及时技检。

③对始发列车所需的机车,列车调度员应加速放行,保证机车有足够的整备时间,并督

促机务段组织机车按时出库。

④加强与车站的联系，督促车站按时做好发车的各项准备工作，确保按时发车。

### 2. 列车运行调整的方法

列车始发正点是保证按图行车的基础，但由于种种原因（如停车待发、停车待接、作业延误、途中运缓等），使列车不一定都能按运行图规定的时刻正点运行，当出现这种情况时，就需要列车调度员对列车运行进行调整，尽可能使晚点列车恢复正点运行。

列车调度员在进行列车运行调整时，所采用的方法一般有：

（1）充分利用线路、机车、车辆的允许速度，组织缩短列车区间运行时分。

为了使晚点列车恢复正点运行，或为了使列车赶到指定地点会车、让车，以及为了赶机车交路、车流接续等，在列车编组情况、机车类型及技术状态、乘务员技术水平、线路情况以及天气状况等条件允许的情况下，说明运行调整的意图，提出对本次列车赶点的要求，在司机同意配合的情况下，方可组织实施。

例如，在某单线区段，按运行图规定 10001 要在 B 站停会 K168 次，实际工作中因 K168 次晚点 36min，影响 10001 次的正点运行。列车调度员预先了解到这种情况后，经过周密的计算分析，提前在 A 站通知 10001 次司机并征得同意，要求在 A—B、B—C 两区间“赶点”4min，至 C 站会 K168 次，如图 7-23 所示。

| 区间运行时分 | | | |
|---|---|---|---|
| 旅客 | | 货物 | |
| 上行 | 下行 | 上行 | 下行 |
| $18^{1}_{1}$ | $16^{1}_{1}$ | $20^{1}_{2}$ | $18^{2}_{1}$ |
| $20^{1}_{1}$ | $18^{1}_{1}$ | $22^{1}_{2}$ | $20^{2}_{1}$ |
| $20^{1}_{1}$ | $18^{1}_{1}$ | $22^{1}_{2}$ | $20^{2}_{1}$ |

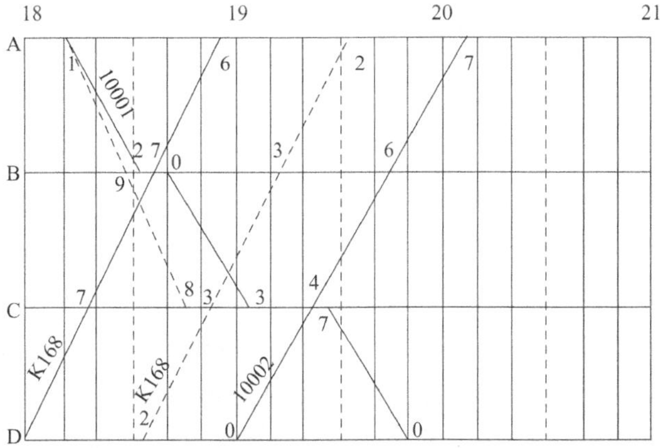


图 7-23 组织列车加速运行调整方法

注：图中实线为计划线，虚线为调整线（下同）。

（2）选择合理的会让站，加速放行列车。

当有列车发生早点、晚点或停运、加开时，往往有变更会让、越行站的必要，以提高铁路运输质量和运输效率。

如图 7-24 所示，按运行图规定 22001 次在 C 站会 22002 次让 K225 次，现由于 22001 次在 A 站早开 15min，此时可将 22001 次与 22002 次的会车地点改在 D 站，这样就不必在 C 站会 K225 次，提前到达终点，而 22004 也能早到 A 站。在双线区段，适当组织列车早开，可以减少待避次数，进而有利于提高列车旅行速度。

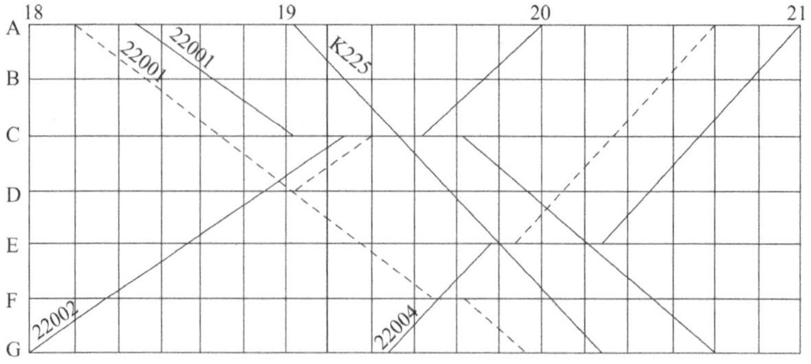


图 7-24　列车早点时,变更会让地点示意图

如图 7-25 所示,11005 次图定在 18:50 到达 C 站停会 11006 次,但因 11005 次列车晚点 40min,此时可将会车地点由 C 站改为 B 站,这样就保证了 11006 次列车的正点运行。

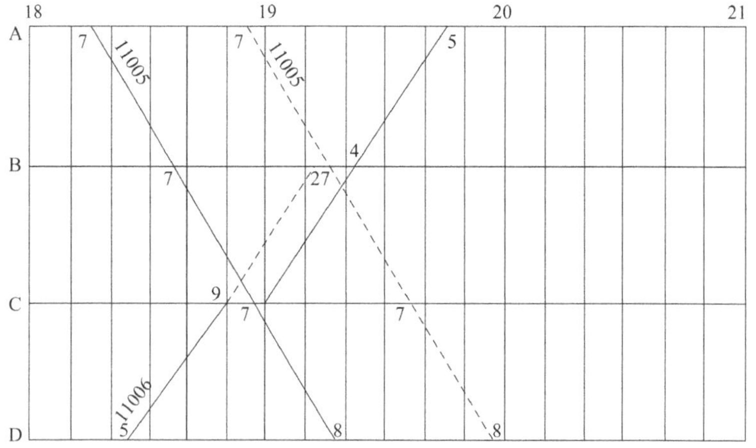


图 7-25　列车晚点时,变更会让地点示意图

(3)组织列车进行快速、平行作业,缩短列车在站作业时间。

一般来说,列车在运行途中往往要进行一些技术作业。例如,旅客列车在途中要进行旅客上下、行包装卸等客运作业,摘挂列车要进行车辆甩挂等作业。当遇有列车发生晚点或加开、停运需要压缩某列车的停站时间时,列车调度员要事先周密计划部署,与车站和司机提前联系说明情况,取得有关人员的支持,组织快速平行作业,压缩列车在站作业时间,保证列车正点运行。

如图 7-26 所示,按运行图计划规定 45415 次摘挂列车在 B 站作业并等会 T208 次旅客列车,在 C 站也要进行甩挂作业。现因 T208 次列车晚点,若仍按图定计划在 B 站等会 T208 次列车,就会大大延长 45415 次列车在 B 站的停留时间,造成该列车晚点。此时为了保证 45415 次列车的正点运行,列车调度员应有预见性地组织 B 站采取各种措施(如提前准备好待挂车辆,尽可能进行平行作业等)抓紧 45415 次列车的作业,压缩其在 B 站的作业停留时间,提前开到 C 站等会 T208 次。这样既保证了 45415 次在 C 站的正常作业时间,也使其能按图定时间正点到达终点。

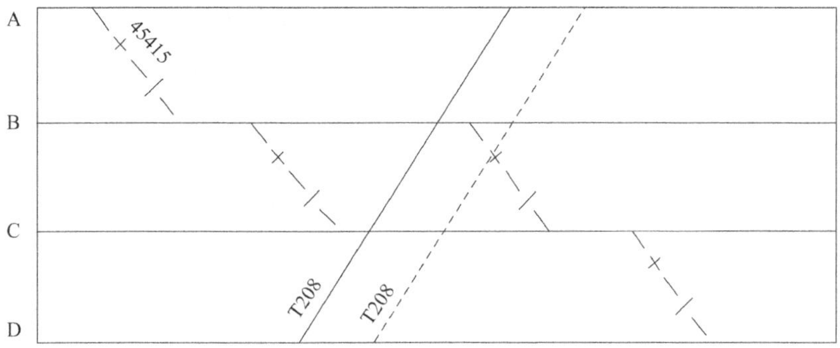


图 7-26 缩短列车在站停留时间示意图

(4)组织反方向行车及列车合并运行。

双线列车反方向运行,是列车调度员调整列车运行的一种方法。它是充分运用现有技术设备,提高区间通过能力,组织列车按图行车的有力措施。调整列车运行时,为了避免列车晚点及作业需要,根据不同方向的列车密度,选择有利时机,可组织适当的列车反方向行车。组织列车反方向行车时,因其属于非正常行车组织办法,不安全的因素较多,因此列车调度员要检查督促车站及有关人员注意行车安全,严格按有关作业程序和要求进行组织。

如图 7-27 所示,按运行图规定 42158 次列车要在 C 站待避 2416 次,又要会 25665 次,现 25665 次因故停运,同时 42158 次在 B 站的甩挂作业量较大,在此种情况下,列车调度员可组织利用下行线的空闲时间,在保证安全的前提下,组织 42158 次列车在 C—B 区间反方向运行,这样就可以保证 42158 次摘挂列车在 B 站有充分的作业时间,并保证其正点运行。

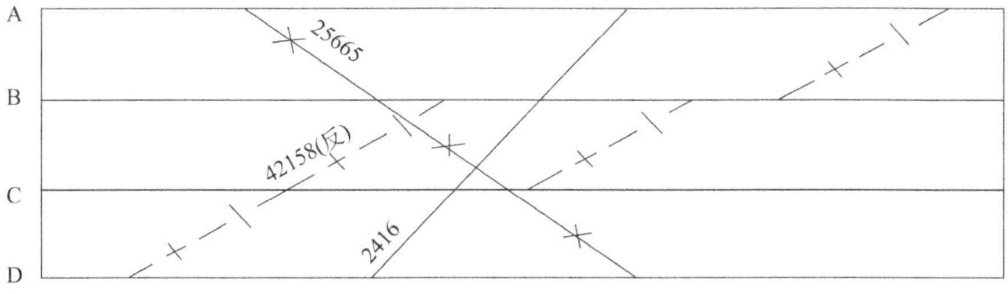


图 7-27 组织列车反方向运行示意图

组织列车合并运行是将两个在途列车(包括单机)合并成一条运行线运行,是列车调度员在调整列车运行时,为了缓和区间通过能力和车站到发线使用紧张时采取的一种运行调整方法。一般是对单机、小运转列车或牵引辆数较少而前方又无作业的列车采用此方法。

如图 7-28 所示,将单机 51008 次与 32326 次列车合并,不但节省了一条运行线,而且还可以增加 32326 次列车的牵引力。

当技术站接车线路紧张时,把编组辆数较少的列车(如摘挂列车、小运转列车等)保留在技术站附近的中间站,与同方向的次一列车合并运行,可以缓和接车线路紧张的矛盾。

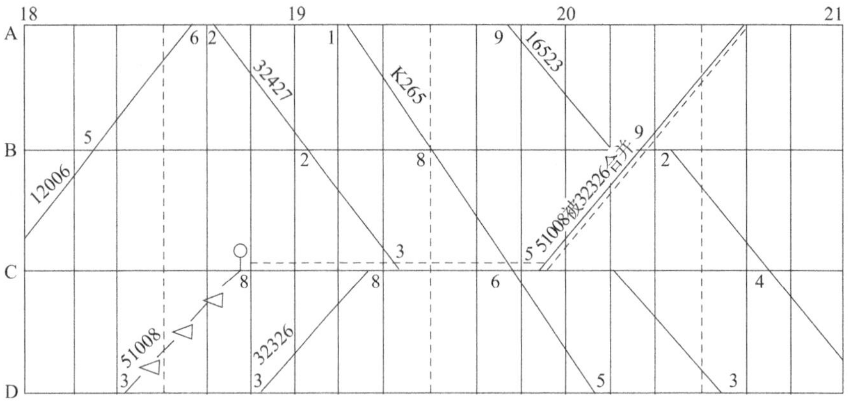


图 7-28　组织列车合并运行示意图

## 复习思考题

1. 铁路运输调度的基本任务是什么?
2. 铁路运输调度机构是如何设置的? 各级调度有哪些职责?
3. 调度日(班)计划的主要内容有哪些?
4. 列车运行调整计划的主要内容有哪些?
5. 哪些情况需发布调度命令?
6. 调度命令发布的基本规定有哪些?
7. 调度命令发布应注意哪些环节?
8. 哪些调度命令可使用语音记录装置良好的列车无线调度通信设备向司机发布、转达?
9. 哪些情况列车调度员不发布调度命令?
10. 调度命令循环号码的起止时间是如何规定的?
11. 基本图与实绩图有哪些区别?
12. 组织货物列车始发正点时,列车调度员应重点做好哪些工作?

# 项目8 施工维修

## 项目内容

本项目主要介绍普速铁路的施工维修认知基本要求、施工维修防护、轻型车辆及小车使用、固定行车设备检修及故障处理。

## 教学目标

**1. 能力目标**

了解普速铁路施工维修的作用和作业要求，会正确地组织施工维修作业。

**2. 知识目标**

了解普速铁路施工维修流程和防护方法，熟悉施工维修时的运输组织方法。

**3. 素质目标**

培养责任意识和施工维修安全思想。

## 任务1 施工维修认知

铁路营业线施工是指影响营业线设备稳定、使用和行车安全的各种施工作业，按组织方式、影响程度分为施工和维修两类。天窗是指列车运行图中不铺画列车运行线或调整、抽减列车运行线为施工和维修作业预留的时间，按用途分为施工天窗和维修天窗。

影响行车的施工（特别规定的慢行施工除外）、维修作业必须纳入天窗，不得利用列车间隔时间进行。线路、桥隧、信号、通信、接触网及其他行车设备的施工、维修，力争开通后不降低行车速度。

### 一、封锁施工

（1）施工封锁前，通过施工地点的最后一趟列车前进方向为不大于6‰的上坡道时，列车调度员可根据施工负责人的请求，在调度命令中注明该次列车通过施工地点后即可开工（按自动闭塞法行车时可安排施工路用列车跟踪该次列车进入区间），列车到达前方站后，再封锁区间。上述命令应抄交司机，该列车不得后退。

（2）封锁施工时，施工负责人应确认已做好一切施工准备，按批准的施工计划（临时封锁区间抢修施工时除外），亲自或者指派驻站联络员在车站“行车设备施工登记簿”中登记，按规定向车站或者通过车站值班员向列车调度员申请施工。

(3)封锁区间施工时,车站值班员根据封锁或者开通命令,在信号控制台或者规定位置上揭挂或者摘下封锁区间表示牌。列车调度员应保证施工时间,并向施工区间的两端站、有关单位及施工负责人及时发出实际施工调度命令。施工负责人接到调度命令,确认施工起止时刻,设好停车防护后,方可开工,并保证在规定时间内完成。

(4)施工单位及设备管理单位应严格掌握开通条件,经检查满足放行列车的条件,且设备达到规定的开通速度要求,办理开通登记后,通过车站值班员向列车调度员申请开通区间。如因特殊情况不能按时开通区间或者不能按规定的开通速度运行时,应提前通知车站值班员,要求列车调度员延长时间或者限速运行。

(5)施工时,除本项施工外的车列或者列车不得进入封锁区间。进入封锁区间的施工列车司机应熟悉线路和施工条件。

## 二、施工特定行车办法

遇有施工又必须接发列车的特殊情况时,可按以下施工特定行车办法办理:

(1)车站采用固定进路的办法接发列车。施工开始前,车站应将正线进路开通,并对进路上所有道岔按规定加锁(集中联锁良好的道岔可在控制台上进行单独锁闭)。铁路局集团公司应规定有关道岔密贴的确认及具体的加锁办法。

(2)引导接车并正线通过时,准许列车司机凭特定引导手信号的显示,以不超过60km/h速度进站。

(3)准许车站不向司机递交书面行车凭证和调度命令。但车站仍按规定办理行车手续,并使用列车无线调度通信设备(其语音记录装置应作用良好)将行车凭证号码(路票为电话记录号码、绿色许可证为编号)和调度命令号码通知司机,得到司机复诵正确后,方可显示通过手信号。列车凭通过手信号通过车站。

## 三、路用列车开行

### (一)路用列车的基本条件

路用列车是指为铁路内部自用而开行的列车。路用列车按用途主要有以下几种:

(1)以非运用车编成的专列,如回送入厂的列车、试验列车、除雪车、救援列车等。

(2)回送封存车的列车。

(3)进、出封锁区间为运送施工作业人员及各种路用器材而开行的列车。

(4)为施工而开行的按列车办理的线路作业机械。

(5)为由区间内收集路用器材而开行的列车。

### (二)路用列车的行车凭证

(1)向非封锁区间开行路用列车时,列车仍以该区间原使用的行车凭证进入区间。

(2)封锁区间开行路用列车时,列车进入封锁区间的行车凭证为调度命令。

(3)当调度电话中断时,遇有急需封锁区间抢修线路、桥涵或隧道等处的紧迫施工,路用列车进入封锁区间的行车凭证为发车站值班员的命令。

#### (三)向封锁区间开行路用列车的要求

(1)向施工封锁区间开行路用列车时,原则上该区间两端车站每端只准开进一列。如超过时,铁路局集团公司应规定安全措施及运行办法。

(2)路用列车应由施工单位指派胜任人员携带列车无线调度通信设备值乘,并在区间协助司机作业。路用列车或者施工机械进入施工地段时,应在施工防护人员显示的停车手信号前停车,根据施工负责人的要求,按调车办法,进入指定地点。

#### (四)区间装卸作业

列车在区间装卸车时,装卸车负责人应指挥列车停于指定地点。装卸车完毕后,其负责人应负责检查装卸货物的装载、堆码状态,确认限界,清好道沿,关好车门,通知司机开车。

## 任务2 施工维修防护

### 一、施工、维修时的防护要求

机车车辆进入影响行车的施工及故障地点容易发生意外,而且危及施工人员的人身安全。所以,应在施工与故障地段按规定设置防护。

#### (一)基本要求

(1)施工前,施工负责人应充分做好一切准备,在接到调度命令(由车站值班员批准的施工为车站已签认给点),并确认施工起止时间与具体要求后,方可指示设置防护。在确认施工防护已符合规定要求后,方可开工。

(2)施工完了后,经检查已达到准许放行列车的条件时,方可指示撤除防护。经确认防护已全部撤除后,方可向车站或通过车站值班员向列车调度员报告开通设备。

(3)施工防护的设置与撤除,由施工负责人决定。

(4)多个单位在同一个区间施工时,原则上应分别按规定进行防护,由施工主体单位负责划分各单位范围及分界。

#### (二)邻线安全

施工、维修及各种上道检查巡视作业,应严格遵守作业人员和机具避车制度,采取措施保证邻线列车和施工作业人员安全。

#### (三)联络员、防护人员的要求

##### 1.施工时

(1)在区间或者站内线路、道岔上封锁施工作业时,施工单位在车站行车室设驻站联络员,施工地点设现场防护人员。

(2)驻站联络员和现场防护人员应由指定的、经过考试合格的人员担任。

(3)驻站联络员负责在车站办理施工封锁及开通手续,向施工负责人传达调度命令,通报列车运行情况,并向车站值班员传达开通线路请求。

(4)驻站联络员和现场防护人员在执行防护任务时,应佩戴标志,携带通信设备;现场防护人员还应携带必备的防护用品,随时观察施工现场和列车运行情况。发现异常情况时及时通报车站值班员和施工负责人。

(5)驻站联络员应与现场防护人员保持联系。如联系中断,现场防护人员应立即通知施工负责人停止作业,必要时将线路恢复到准许放行列车的条件。

**2. 维修时**

(1)在区间线路、站内线路、站内道岔上维修时,现场防护人员应站在维修地点附近、且瞭望条件较好的地点进行防护,在天窗内作业时,显示停车手信号。

(2)维修作业应在车站与作业地点分别设驻站联络员和现场防护人员,并保持联系。

#### (四)设备上道使用的要求

(1)凡上道使用涉及行车安全的养路机械、机具及防护设备,应符合有关技术标准,满足运用安全的要求。养路机械、机具及防护设备应专管专用,加强日常检修和定期检查,经常保持良好状态。状态不良的,禁止上道使用。

(2)在线间距不足6.5m地段施工维修而邻线行车时,邻线列车应限速160km/h及以下,并按规定设置防护。施工单位在提报施工计划时,应提出邻线限速的条件。

(3)邻线来车时,现场防护人员应及时通知作业人员,机具、物料或者人员不得在两线间放置或者停留,并应与列车保持安全距离,物料应堆码放置牢固。

(4)备用轨料堆放要求

线路备用轨料应在车站范围内码放整齐,线路两侧散落的旧轨料、废土废渣应及时清理。因施工等原因线路两侧临时摆放的轨料,要码放整齐,并进行必要的加固。有栅栏的地段要置于两侧的封闭栅栏内;需临时拆除封闭栅栏时,应设置临时防护设施并派人昼夜看守。

### 二、使用移动停车信号的防护办法

#### (一)在区间线路上施工

在区间线路上施工时,其防护距离为:自施工地点边缘起,向外方20m处设移动停车信号,距施工地点边缘800m处、来车方向左侧,设有显示停车手信号的防护人员,防护人员负责向驶来的列车显示停车手信号。使用移动停车信号的防护办法如下:

(1)单线区间线路施工时,自施工地点边缘起,向两端分别设置防护,如图8-1所示。

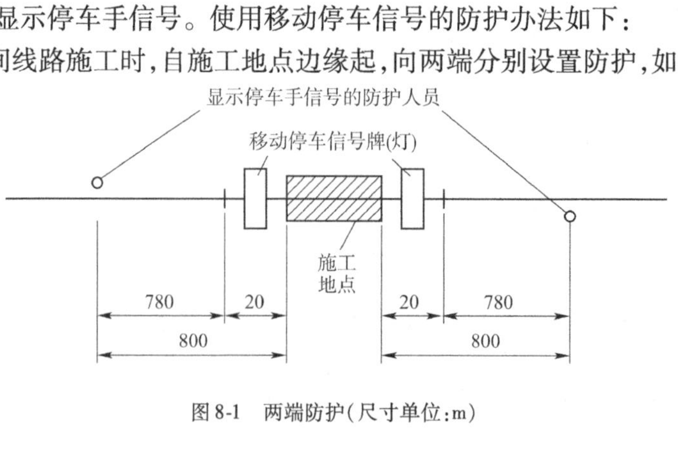


图8-1　两端防护(尺寸单位:m)

(2)双线区间一条线路施工时,防护办法与单线相同,但对其邻线距施工地点边缘两端各800m处设置作业标,如图8-2所示。

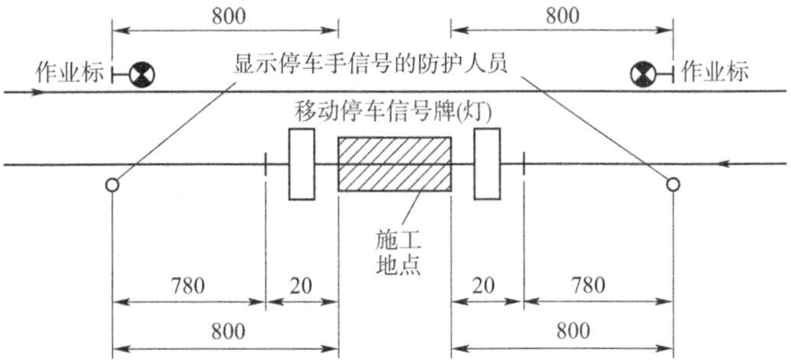


图8-2 两端防护(尺寸单位:m)

(3)双线区间两条线路同时施工时,防护办法与单线相同,只是在每端来车方向左侧各设一名显示停车手信号的防护人员,负责两条线路的防护,如图8-3所示。

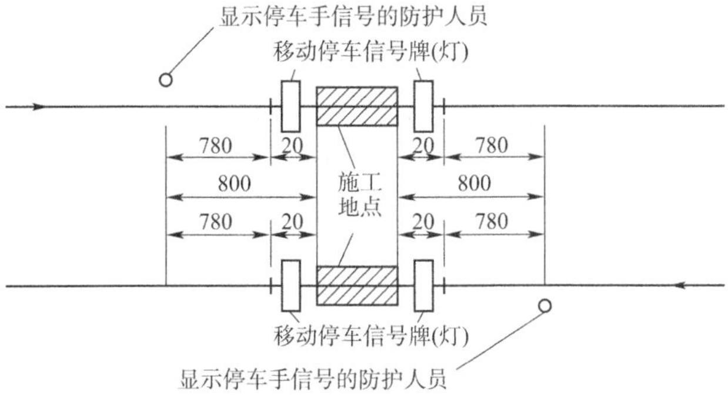


图8-3 两端防护(尺寸单位:m)

(4)作业地点在站外,当靠近车站一端由施工地点边缘至进站信号机(反方向进站信号机)的距离小于820m时,对区间方向仍按区间线路上施工防护办法进行防护。对车站方向的防护,在进站信号机(反方向进站信号机)处设移动停车信号,现场防护人员应站在距进站信号机(反方向进站信号机)20m附近,如图8-4所示。

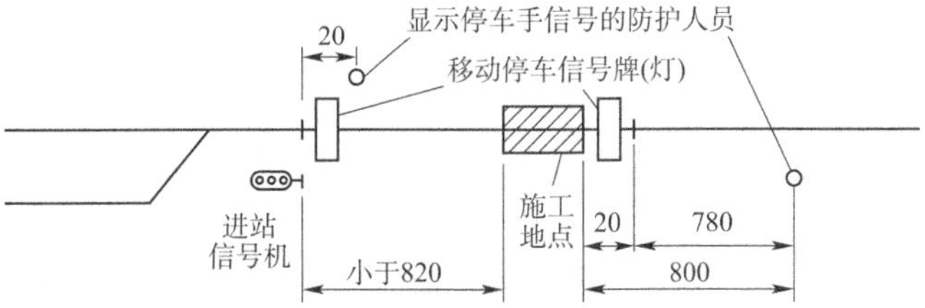


图8-4 两端防护(尺寸单位:m)

(5)关于防护中的几个问题:

①施工防护人员应站在距离施工地点800m附近瞭望条件较好的地点,显示停车手信号。施工地点与防护员间应有良好的瞭望条件并设电话联系。如实现以上要求有困难时,应设中间防护人员,以免往返派人联络,耽误时间。

②在尽头线上施工,施工负责人经与列车调度员(车站值班员)联系确认尽头一端无列车、轨道车时,则尽头一端可不设防护。

③凡用停车信号防护的施工地段，在停车信号撤除后，如还需列车减速通过施工地点时，应设置移动减速信号和减速地点标进行防护。

### （二）在站内线路上施工

在站内线路上施工时，使用移动停车信号防护，防护办法如下：

（1）将施工线路两端道岔扳向不能通往施工地点的位置，并加锁或紧固，可不设置移动停车信号牌（灯）。当施工线路两端道岔只能通往施工地点的位置时，在施工地点两端各50m处线路上，设置移动停车信号牌（灯）防护，如图8-5所示；如施工地点距离道岔小于50m时，在该端警冲标相对处线路上，设置移动停车信号牌（灯）防护，如图8-6所示。

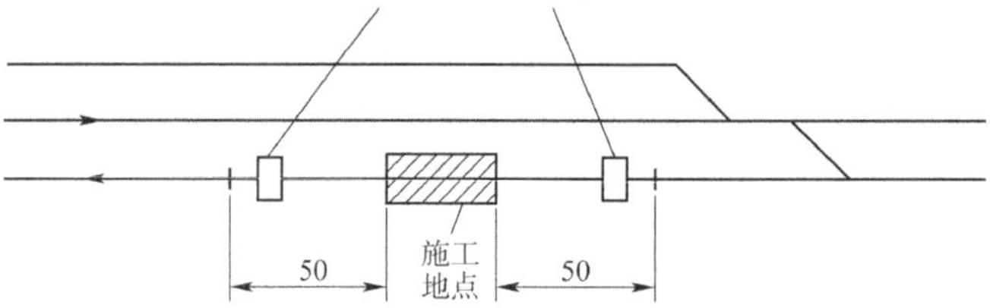


图8-5　两端防护（尺寸单位：m）

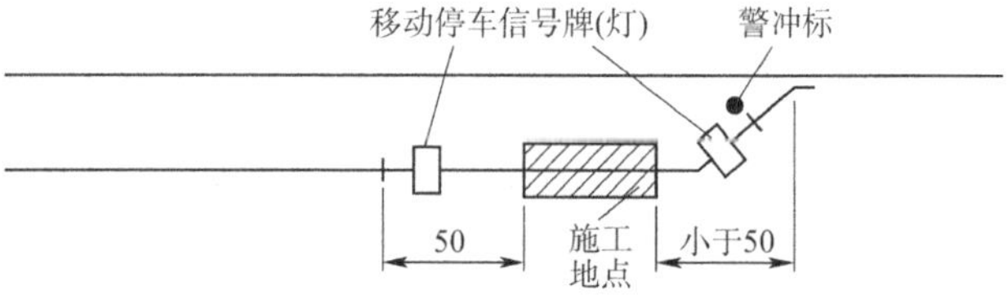


图8-6　两端防护（尺寸单位：m）

（2）在进站道岔外方线路上施工，对区间方向，以关闭的进站信号机防护；对车站方向，在进站道岔外方基本轨接头处（顺向道岔在警冲标相对处）线路上，设置移动停车信号牌（灯）防护，如图8-7所示。

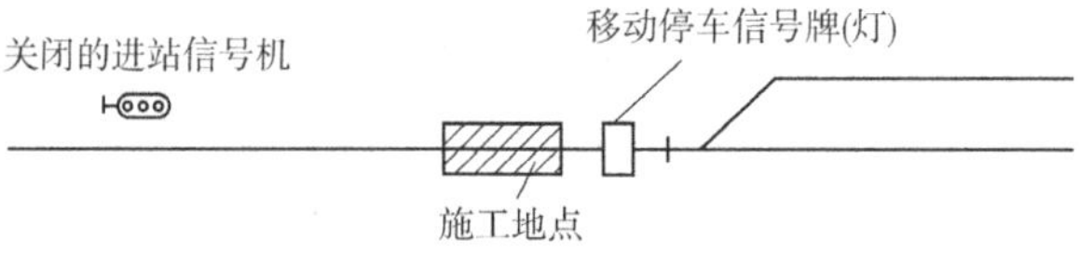


图8-7　停车信号牌（灯）防护

（3）双线区段，在反方向进站信号机至出站道岔的线路上施工，对区间方向，以关闭的反方向进站信号机防护。对车站方向，在出站道岔外方基本轨接头处（对向道岔在警冲标相对处）线路上，设置移动停车信号牌（灯）防护，如图8-8所示。

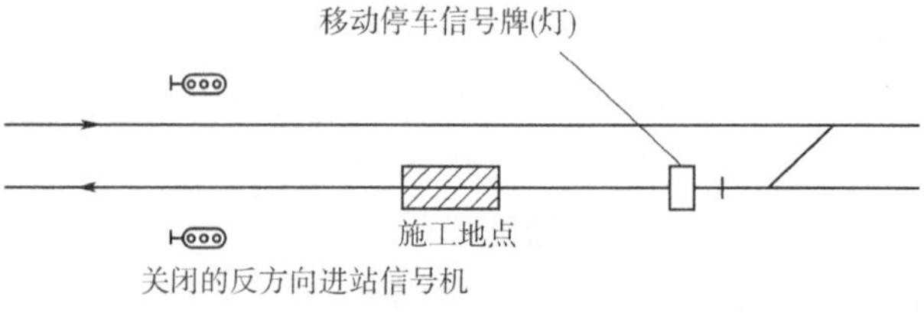


图8-8　停车信号牌（灯）防护

### （三）在站内道岔上施工

在站内道岔上（含警冲标至道岔尾部线路、道岔间线路）施工时，使用移动停车信号防护，防护办法如下：

（1）在站内道岔上施工，一端距离施工地点 50m，另一端两条线路距离施工地点 50m（距出站信号机不足 50m 时，为出站信号机处），分别在线路上设置移动停车信号牌（灯）防护，如图 8-9 所示；如一端距离外方道岔小于 50m 时，将有关道岔扳向不能通往施工地点的位置，并加锁或紧固。

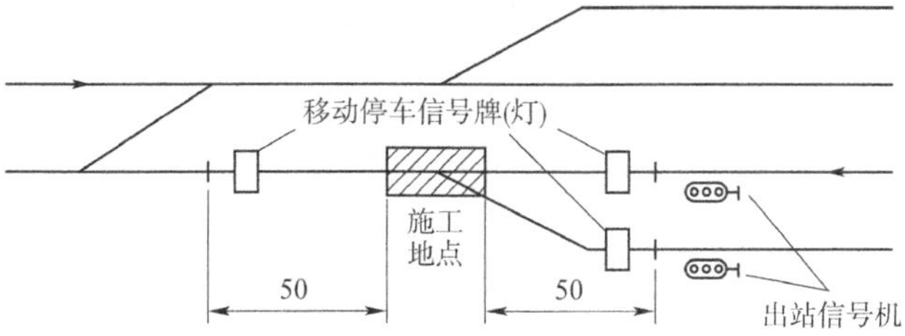


图 8-9　停车信号牌（灯）防护（尺寸单位：m）

（2）在进站道岔上施工，对区间方向，以关闭的进站信号机防护；对车站方向，在距离施工地点 50m 线路上，设置移动停车信号牌（灯）防护，如图 8-10 所示。距邻近道岔不足 50m 时，在邻近道岔基本轨接头处设置移动停车信号牌（灯）防护，将有关道岔扳向不能通往施工地点的位置，并加锁或紧固。

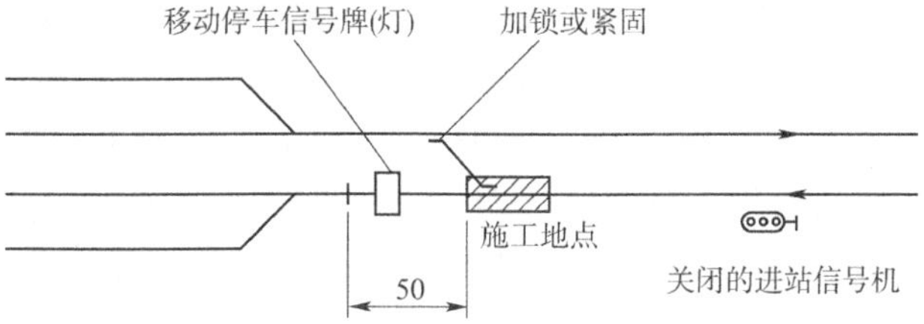


图 8-10　停车信号牌（灯）防护（尺寸单位：m）

（3）在出站道岔上施工，对区间方向，以关闭的反方向进站信号机防护；对车站方向，在距离施工地段不少于 50m 线路上，设置移动停车信号牌（灯）防护，如图 8-11 所示。距邻近道岔不足 50m 时，将有关道岔扳向不能通往施工地点的位置，并加锁或紧固。

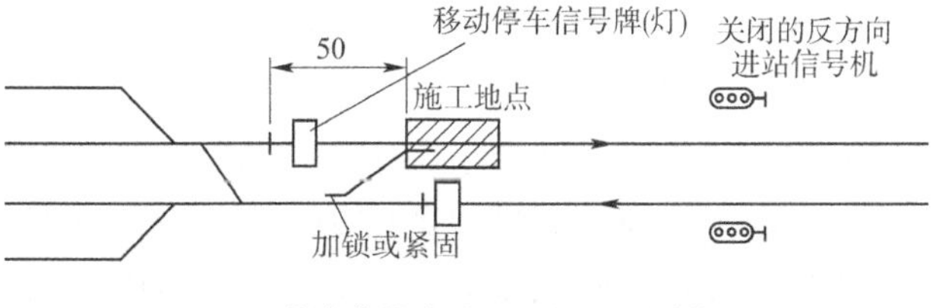


图 8-11　停车信号牌（灯）防护（尺寸单位：m）

（4）在交分道岔上施工，将有关道岔扳向不能通往施工地点的位置，并加锁或紧固，在距离施工地点两端 50m 处线路上，设置移动停车信号牌（灯）防护，如图 8-12 所示。

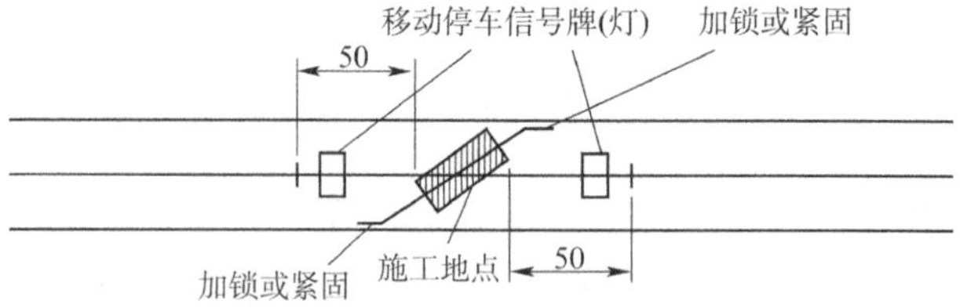


图 8-12　停车信号牌（灯）防护（尺寸单位：m）

（5）在交叉渡线的一组道岔上施工，一端在菱形中轴相对处线路上，另一端在距离施工地点 50m 处线路上，分别设置移动停车信号牌（灯）防护，将有关道岔扳向不能通往施工地点的位置，并加锁或紧固，如图 8-13 所示。

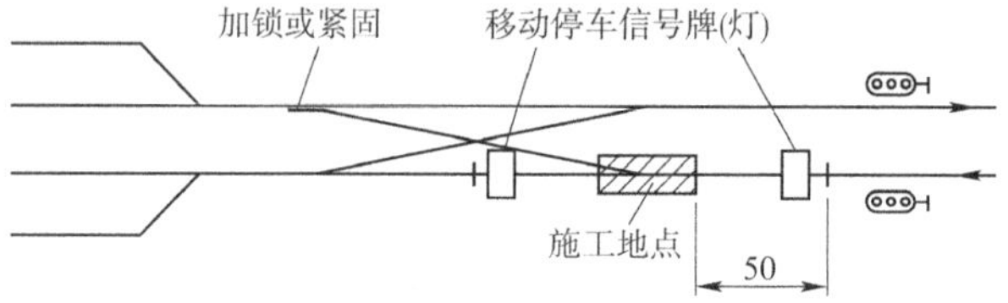


图 8-13　停车信号牌（灯）防护（尺寸单位：m）

（6）在道岔上进行大型养路机械施工时，如延长移动停车信号牌（灯）防护距离后占用其他道岔时，对相关道岔应一并防护。

**（四）在区间线路上施工**

在区间线路上，根据线路速度等级，使用移动减速信号的防护办法如下：

（1）单线区间施工的防护，自施工地段边缘两端各 20m 处，设减速地点标，800m 处设移动减速信号。允许速度 120km/h < $v$ < 200km/h 的线路，根据不同线路允许速度的列车紧急制动距离，在移动减速信号牌外方增设带 T 字的移动减速信号牌，均设在来车方向线路左侧。设立位置如图 8-14 所示，图中 $A$ 为不同线路允许速度的列车紧急制动距离（下同）。

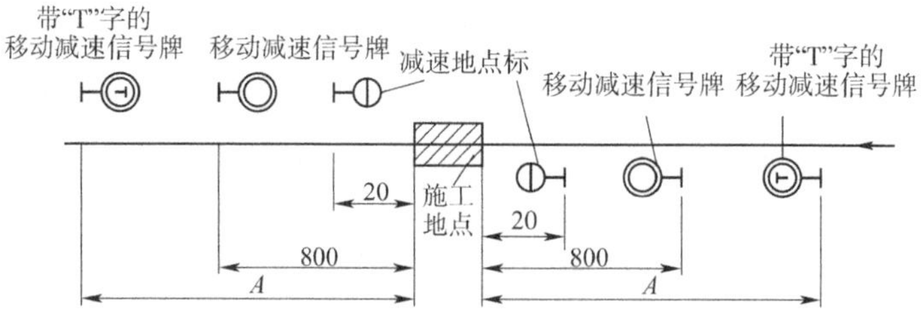


图 8-14　移动减速信号的防护（尺寸单位：m）

（2）双线区间在一条线上施工，施工线路上的防护与单线施工防护距离相同，只是按列车运行方向的左侧设减速防护地段终端信号牌。同时，在邻线相对于施工地段边缘两端各 800m 处设置作业标。允许速度 120km/h < $v$ < 200km/h 的线路，根据不同线路允许速度的列车紧急制动距离，在移动减速信号牌外方增设带 T 字的移动减速信号牌，均设在来车方向线路左侧。设立位置如图 8-15 所示。

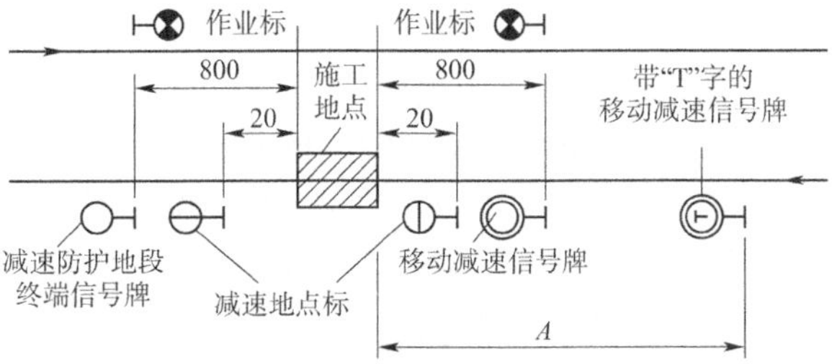


图 8-15 移动减速信号的防护(尺寸单位:m)

(3)双线区间两条线路同时施工,与双线区间一线施工时施工线路上的防护相同,只是按各该线运行方向左侧分别设置防护。允许速度 120km/h < $v$ < 200km/h 的线路,根据不同线路允许速度的列车紧急制动距离,在移动减速信号牌外方增设带 T 字的移动减速信号牌,均设在来车方向线路左侧。设立位置如图 8-16 所示。

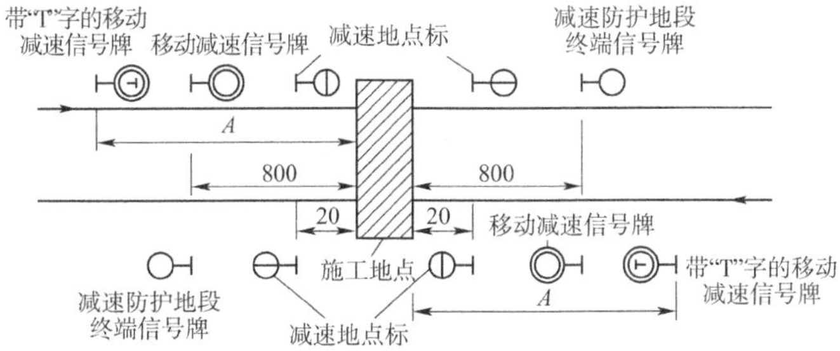


图 8-16 移动减速信号的防护(尺寸单位:m)

(4)施工地点距离进站信号机(或站界标)小于 800m 时,区间方向防护与单线区间防护相同,对车站方向除距施工地点边缘 20m 处设减速地点标外,还应在有关发车线警冲标处和线路左侧设移动减速信号防护,起到预告减速的作用。允许速度 120km/h < $v$ < 200km/h 的线路,根据不同线路允许速度的列车紧急制动距离,在移动减速信号牌外方增设带 T 字的移动减速信号牌,均设在来车方向线路左侧。设立位置如图 8-17 所示。

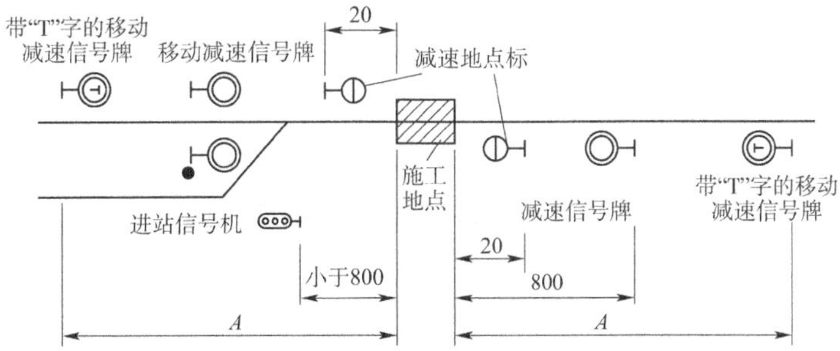


图 8-17 移动减速信号的防护(尺寸单位:m)

**(五)在站内线路或道岔上施工**

在站内线路或道岔上,根据线路速度等级,使用移动减速信号的防护办法如下:

(1)在站内正线线路上施工,施工地点距进站信号机大于或等于 800m 时,在进站信号机处设移动减速信号防护;施工地点距进站信号机不足 800m 时,自施工地点起至 800m 处区间线路列车运行方向左侧,设移动减速信号牌防护。同时,在两端距离施工地点 $A$ 处设置带 T 字的移动减速信号牌;当进站信号机距离施工地点大于或等于 $A$ 时,不设置带 T 字的移动信号牌。单线设立位置如图 8-18 所示，双线施工线路上的防护与单线施工防护距离相同，只是按列车运行方向的左侧设减速防护地段终端信号牌。当施工地点距反方向进站信号机不足 800m 时，自施工地点起至 800m 处区间线路列车运行方向左侧，设减速防护地段终端信号牌；当施工地点距反方向进站信号机大于或等于 800m 时，在反方向进站信号机处，设减速防护地段终端信号牌。双线设立位置如图 8-19 所示。

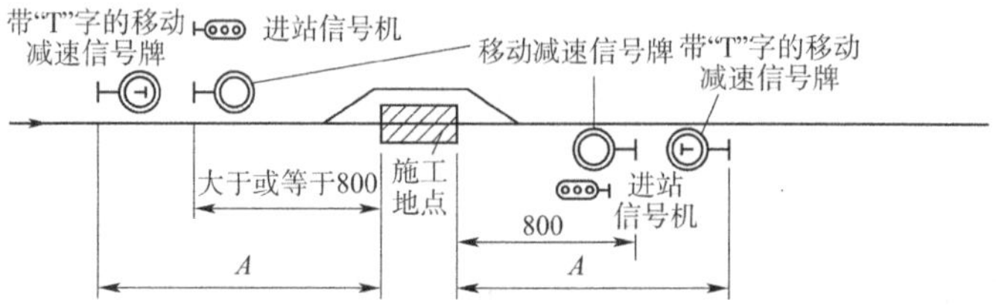


图 8-18　移动减速信号的防护(尺寸单位:m)

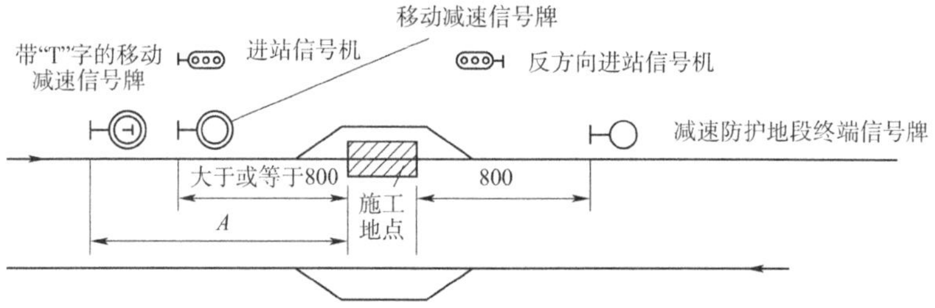


图 8-19　移动减速信号的防护(尺寸单位:m)

(2)在站内正线道岔上施工，与站内正线线路上施工防护相同。单线设立位置如图 8-20 所示，双线设立位置如图 8-21 所示。

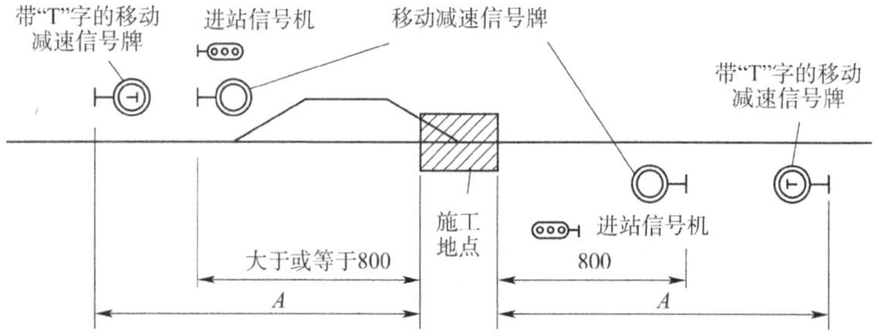


图 8-20　移动减速信号的防护(尺寸单位:m)

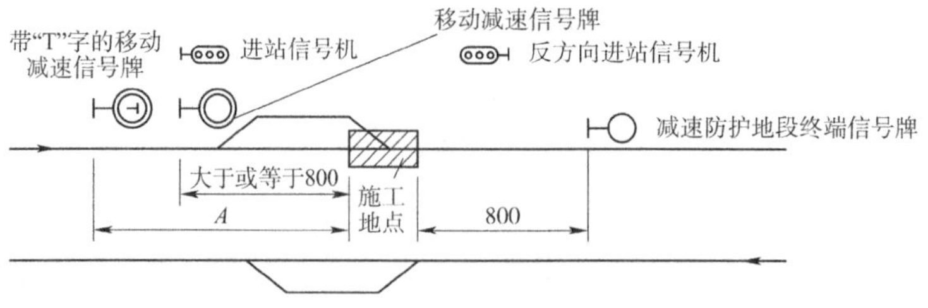


图 8-21　移动减速信号的防护(尺寸单位:m)

(3)在站线线路上施工，在线路两端警冲标处设移动减速信号。由于进入站线的列车速度较低，虽防护地点距施工地点可能不足 800m，但司机和调车指挥人只要认真确认，是可以保证安全的。设立位置如图 8-22 所示。

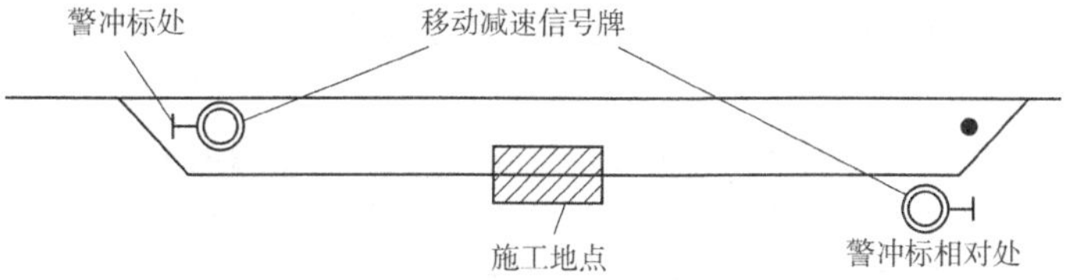


图8-22 移动减速信号的防护

(4)在站线道岔上施工,该道岔中部线路旁,设置两面黄色的移动减速信号牌,设立位置如图8-23所示。

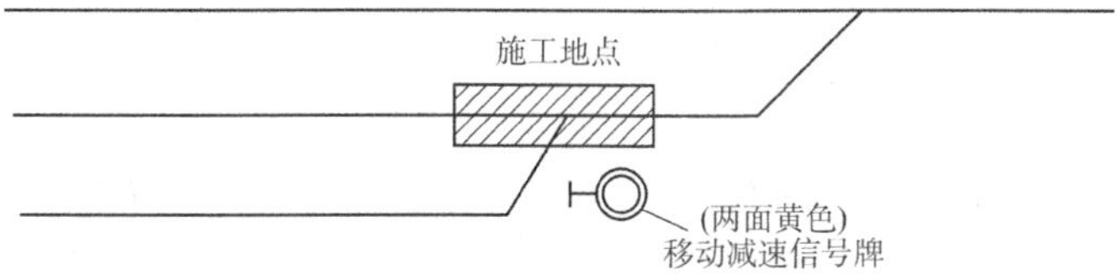


图8-23 移动减速信号的防护

当线间距离小于规定标准时,应设置矮型(1m高)的移动减速信号牌。

慢行地段的移动减速信号牌上,应注明规定的慢行速度,以便机车乘务员按其要求减低速度,保证行车安全。

**(六)不影响行车的作业**

在区间线路上进行不影响行车的作业,不需要以停车信号或移动减速信号防护,应在作业地点两端500~1000m处列车运行方向左侧(双线在线路外侧)的路肩上设置作业标,设立位置如图8-24所示。列车接近该作业标时,司机须长声鸣笛,注意瞭望。

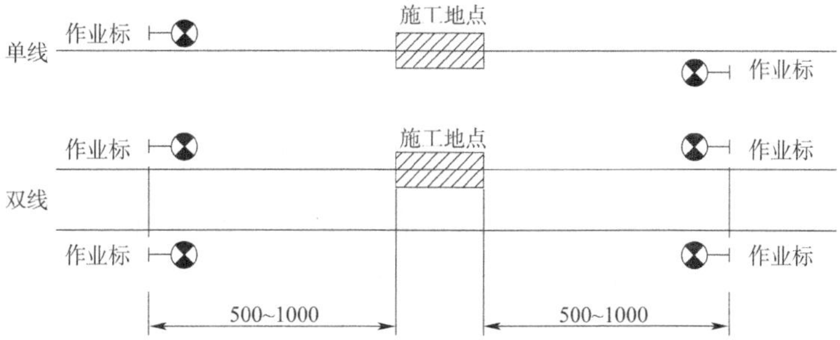


图8-24 作业标的设置(尺寸单位:m)

# 任务3 轻型车辆及小车的使用

轻型车辆是指由随乘人员能随时撤出线路外的轻型轨道车及其他非机动轻型车辆。小车是指轨道检查仪、钢轨探伤仪、单轨小车、吊轨小车等。

## 一、轻型车辆及小车的使用原则

(1)轻型车辆仅限昼间封锁施工时使用,由于其本身重量轻,可由随乘或使用人员随时撤出线路,因此不按列车办理,不发给行车凭证。

(2)在夜间或降雾、暴风雨雪时,仅限于消除线路故障或执行特殊任务时使用轻型车辆。

为了确保行车安全,此时开行的轻型车辆必须有照明设备及停车信号装置等备品,并应按列车办理。

(3)轻型轨道车过岔速度不得超过15km/h,区间运行最高速度不得超过45km/h,并不得与重型轨道车连挂运行。轻型轨道车连挂拖车时,不得推进运行。

(4)小车不按列车办理。在昼间使用时,可跟随列车后面推行。夜间仅限于封锁施工时使用。160km/h以上的区段禁止利用列车间隔使用小车。

(5)在双线地段,单轨小车应面对来车方向在外股钢轨上推行。

(6)开行轻型车辆及使用小车时,在任何情况下,均不得影响列车的正常运行。

## 二、使用轻型车辆、小车的手续

为了避免与对向列车或尾随列车发生冲突,使用轻型车辆时,须取得车站值班员对使用时间的承认,填发轻型车辆使用书(在区间用电话联系时,双方分别填写),见表8-1,并须保证在承认使用时间内将其撤出线路以外。

**轻型车辆使用书** 表8-1

| 使用日期 | 车种 | 使用区间 | 上下行别 | 起讫时间 | 使用目的 | 负责人 | 承认号码 | 车站值班员<br>承 认 站 |
|---|---|---|---|---|---|---|---|---|
| 月<br><br>日 | | 自 站<br>公里<br><br>至 站<br>公里 | | 自 时 分<br><br>至 时 分 | | | | |
| 注意事项 | | | | | | | | |

(规格88mm×125mm)

使用各种小车时,负责人应了解列车运行情况,按规定进行防护,并保证能在列车到达前撤出线路以外。在车站内使用装载较重的单轨小车及人力推运的轻型车辆时,须与车站值班员办理承认手续。

## 三、使用轻型车辆及小车时,必须具备下列条件

(1)应有经使用单位指定的负责人和防护人员。

(2)轻型车辆具有年检合格证。

(3)应有足够的人员,能随时将轻型车辆或者小车撤出线路以外。

(4)应备有防护信号、列车运行时刻表、钟表及列车无线调度通信设备。

(5)轻型车辆应有制动装置(其他非机动轻型车辆根据需要安装);牵引拖车时,连挂处应使用自锁插销,拖车必须有专人负责制动。

(6)在有轨道电路的线路或者道岔上运行时,应设置绝缘车轴或者绝缘垫。

## 四、区间使用轻型车辆及小车的防护

利用列车间隔在区间使用轻型车辆及小车时,应在车站登记,并设置驻站联络员,按下

列规定防护：

（1）轻型车辆运行中，应显示停车手信号，并注意瞭望。

（2）在线路上人力推行小车时，应派防护人员在小车前后方向，按线路最大速度等级的列车紧急制动距离位置显示停车手信号，随车移动，如瞭望条件不良，应增设中间防护人员。

（3）在双线地段遇有邻线来车时，应暂时收回停车手信号，待列车过后再行显示。

（4）轻型车辆遇特殊情况不能在承认的时间内撤出线路，或者小车不能立即撤出线路时，在轻型车辆或者小车前后方向按线路最大速度等级规定的列车紧急制动距离位置以停车手信号防护，自动闭塞区段还应使用短路铜线短路轨道电路。在设置防护的同时，应立即使用列车无线调度通信设备报告车站值班员或者通知列车司机紧急停车。

（5）小车跟随列车后面推行时，应与列车尾部保持大于500m的距离。

# 任务4　固定行车设备检修及故障处理

## 一、固定行车设备检修的规定

为避免施工、维修作业和行车相互干扰，确保行车安全，规定影响设备使用的检修均纳入天窗进行。

（1）在车站（包括线路所、辅助所）内及相邻区间、列车调度台检修行车设备，影响其使用时，事先应在“行车设备施工登记簿”中登记，并经车站值班员（列车调度员）签认或者由扳道员、信号员取得车站值班员同意后签认（检修驼峰、调车场、货场等处不影响接发列车的行车设备时，签认人员在《站细》中规定），方可开始。

（2）正在检修中的设备需要使用时，应经检修人员同意。检修完毕，检修人员应将其结果记入“行车设备施工登记簿”。

（3）对处于闭塞状态的闭塞设备和办理进路后处于锁闭状态的信号、联锁设备，严禁进行检修作业。

## 二、固定行车设备故障时的处理

车站信号楼（行车室）和列车调度台设有“行车设备检查登记簿”，用于车站值班员（列车调度员）掌握固定行车设备状态和进行设备交接。

（1）车站值班员发现或者接到行车设备故障的报告后，应立即通知设备管理单位相关人员，并在“行车设备检查登记簿”中登记。

（2）列车调度员发现或者接到调度台行车设备故障的报告后，应立即通知设备管理单位相关人员，并在“行车设备检查登记簿”中登记。

（3）设备管理单位应在“行车设备检查登记簿”中签认，尽快组织修复。对暂时不能修复的，应登记停用内容和影响范围，并注明行车限制条件。

（4）沿线工务人员发现线路设备故障危及行车安全时，应立即连续发出停车信号和以停车手信号防护，还应迅速通知就近车站和工长或者车间主任，并采取紧急措施修复故障设备;如不能立即修复时,应封锁区间或者限速运行。

(5)车站值班员接到区间发生故障的报告后,应立即通知有关列车停车,并报告列车调度员。

必要时进入该区间的第一趟列车由工务部门的工长或者车间主任随乘。列车在故障地点停车后继续运行时,应根据随乘人员的指挥办理。

## 三、线路发生故障时的防护办法

(1)应立即使用列车无线调度通信设备通知车站值班员或者列车司机紧急停车,同时在故障地点设置停车信号。

(2)当确知一端先来车时,应急速奔向列车,用手信号旗(灯)或者徒手显示停车信号。

(3)如不知来车方向,应在故障地点注意倾听和瞭望,发现来车,应急速奔向列车,用手信号旗(灯)或者徒手显示停车信号。

(4)设有固定信号机时,应先使其显示停车信号。

(5)站内线路、道岔发生故障时,应按规定设置停车信号防护。

## 四、信号、通信设备故障时的处理

设备维修人员发现信号、通信设备故障危及行车安全时,应立即通知车站,并积极设法修复;如不能立即修复时,应停止使用,同时报告工长、车间主任或者电务段、通信段调度,并在"行车设备检查登记簿"中登记。

五、铁路职工或者其他人员发现设备故障危及行车和人身安全时,应立即向开来列车发出停车信号,并迅速通知就近车站、工务、电务或者供电人员。

## 复习思考题

1. 什么是铁路营业线施工?
2. 施工特定行车办法行车如何办理?
3. 铁路营业线施工维修登记和销记有何规定?
4. 路用列车如何开行?
5. 设备上道使用有哪些要求?
6. 在区间线路上施工时,使用移动停车信号防护中应注意哪几个问题?
7. 什么是轻型车辆及小车?
8. 使用轻型车辆及小车时,必须具备哪些条件?
9. 区间使用轻型车辆及小车如何防护?
10. 固定行车设备故障时应如何处理?
11. 线路发生故障时如何防护?
12. 信号、通信设备故障时如何处理?

# 附件1 《铁路技术管理规程》缩写词对照表

| 序　号 | 缩写字母 | 中文名称 |
| --- | --- | --- |
| 1 | CBI | 计算机联锁 |
| 2 | CIR | 机车综合无线通信设备 |
| 3 | CTC | 调度集中系统(调度集中设备) |
| 4 | CTCS | 中国列车运行控制系统(列控系统) |
| 5 | DMI | 列控车载设备人机界面 |
| 6 | FAS | 固定用户接入交换机 |
| 7 | GPRS | 通用分组无线业务 |
| 8 | GSM-R | 铁路数字移动通信系统 |
| 9 | GYK | 轨道车运行控制设备 |
| 10 | LKJ | 列车运行监控装置 |
| 11 | RBC | 无线闭塞中心 |
| 12 | TAX | 机车安全信息综合监测装置 |
| 13 | TCC | 列控中心 |
| 14 | TDCS | 列车调度指挥系统 |
| 15 | TDMS | 运输调度管理系统 |
| 16 | TEDS | 动车组运行故障动态图像检测系统 |
| 17 | TSRS | 临时限速服务器 |
| 18 | UPS | 不间断电源 |
| 19 | ZPW | 自动闭塞移频无绝缘轨道电路 |

# 附件 2 《铁路技术管理规程》词语释义

**1. 技术设备**

在本规程中是指与铁路运输组织、安全生产直接相关的设备，包括铁路机车车辆、线路、桥隧、通信、信号、牵引供电、电力、给水、房建、信息、安全、防灾救援、铁路轮渡、客货运设备及其相关维修、检测、监测、监控设备等。铁路用地虽不是铁路技术设备，但纳入铁路技术设备管理。

**2. 不同物理路由**

在本规程中物理路由是指光、电缆直埋沟或管道、槽道的敷设径路(含引入口)；不同物理路由是指相隔一定距离分别设置的物理路由。

**3. 双电源**

在本规程中是指牵引变电所两路电源一般来自电力系统不同变电站、电厂，确有困难时可来自同一变电站不同母线段。连续两座及以上牵引变电所的电源不能同时引自同一座变电站。

**4. 双回路**

在本规程中是指牵引变电所两路电源须经不同回路独立引入牵引变电所。双回路原则上不应同杆架设。

**5. 径路**

本规程中的“列车径路”“运行径路”是指列车运行图、列车开行文电、调度命令等规定的列车从始发站到终到站所经过的线路。车站作为列车径路中一个点，其接发列车进路变更不属于变更列车径路。

**6. 进路**

在本规程中是指在站内、岔线、段管线，列车、机车(自轮运转特种设备)或车列由一个地点运行(移动)到另一个地点，所经由(或为此准备)的一段线路，集中联锁区一般采用按压列车、调车按钮的方式办理。进路包括列车进路和调车进路。列车进路包括接车进路、发车进路和通过进路，延续进路为接车进路的一部分。

**7. 经路**

在本规程中是指列车、机车(自轮运转特种设备)或车列由一个地点移动至另一地点所经过的路线，经路可以是一条进路，也可以是多条进路或进路与区间线路、联络线、走行线等综合构成。

**8. 列检作业**

在本规程中是指在列检作业场由现场检车员对列车进行的技术检查作业，或在客列检所在站由现场检车员对旅客列车和特快货物班列进行的技术检查作业。

**9. 运行途中**

在本规程中是指列车从始发站出发后到终到站终到前的运行过程。

**10. 在站折返**

在本规程中是指旅客列车、特快货物班列到达终到站，车底不入库作业，仅完成客列检或车辆乘务技术检查等作业后，折返运行。

**11. 立即停车**

在本规程中是指立即采取停车措施。司机根据现场实际情况，自行决定采取何种停车措施。

**12. 双线**

在本规程中是指区间内设有两条正线，上下行列车分别在各自正线上按左侧单方向运行的线路。

**13. 两线**

在本规程中是指区间内设有两条正线，分别按两条单独的线路组织行车的线路。

**14. 多线**

在本规程中是指区间内设有三条及以上正线的线路。

**15. 尽头线**

在本规程中是指站内股道终端设置车挡的线路。尽头线的起点应根据设备情况确定，到发线一般为进入该股道道岔的尖轨尖，正线一般为股道出发信号机。

**16. 折角运行**

在本规程中是指列车在运行途中因变更列车运行方向或运行线路，需变更列车首尾方向运行。

**17. 临时定点列车**

在本规程中是指列车运行图文件及有关文电以外以调度命令加开的列车。

# 参 考 文 献


[1] 中国铁路总公司. 铁路技术管理规程(普速铁路部分)[S]. 北京:中国铁道出版社,2014.

[2] 中国铁路总公司. 铁路运输调度规则(普速铁路部分)[S]. 北京:中国铁道出版社,2017.

[3]《技规》条文说明编写组. 铁路技术管理规程(普速铁路部分)条文说明[S]. 北京:中国铁道出版社,2018.

[4] 中华人民共和国国务院. 铁路安全管理条例[S]. 北京:中国铁道出版社,2013.

[5] 中华人民共和国铁道部. 列车运行图编组规则[S]. 北京:中国铁道出版社,2008.

[6] 中华人民共和国铁道部. 货物列车编组计划规则[S]. 北京:中国铁道出版社,2012.

[7] 铁路行车组织词汇:GB/T 8568—2013[S]. 北京:中国标准出版社,2014.

[8] 李一龙. 铁路行车规章教程[M]. 北京:中国铁道出版社,2015.

[9] 李一龙. 列车调度指挥[M]. 北京:中国铁道出版社,2015.

[10] 李一龙. 铁路运输调度指挥[M]. 北京:人民交通出版社股份有限公司,2020.